NO OVERDUE DEBT IN THE WORLD

王世全 任立华◎著

商战债权管理界的

孙子兵法

天下无债

中国财经出版传媒集团

经济科学出版社

Economic Science Press

图书在版编目（CIP）数据

天下无债/王世全，任立华著．—北京：经济科学
出版社，2018.6
ISBN 978 - 7 - 5141 - 9550 - 7

Ⅰ．①天…　Ⅱ．①王…②任…　Ⅲ．①债权管理 -
研究　Ⅳ．①D913.304

中国版本图书馆 CIP 数据核字（2018）第 161370 号

责任编辑：王红英
责任校对：杨　海
版式设计：齐　杰
责任印制：邱　天

天下无债

王世全　任立华　著

经济科学出版社出版、发行　新华书店经销
社址：北京市海淀区阜成路甲 28 号　邮编：100142
总编部电话：010 - 88191217　发行部电话：010 - 88191522
网址：www.esp.com.cn
电子邮件：esp@ esp.com.cn
天猫网店：经济科学出版社旗舰店
网址：http://jjkxcbs.tmall.com
北京季蜂印刷有限公司印装
710 × 1000　16 开　25.5 印张　300000 字
2018 年 8 月第 1 版　2018 年 8 月第 1 次印刷
ISBN 978 - 7 - 5141 - 9550 - 7　定价：58.00 元

友 情 推 荐

在这个风险与机遇并存的时代，企业家要有勇气与智慧拥抱并驾驭风险。本书强调在债权风险管理的实践中，企业家要让债权经营领先债权管理一步，这是一个很不错的管理思想。

——江苏小天鹅集团副总裁、中国市场学会副会长　徐　源

"价值"是价值互联网时代，技术研究者和业务经营者都需要充分重视、深度思考和努力解决的终极问题。作者基于从事多年债权管理的经验，在此书中指出债权管理的核心价值在于通过帮助客户提供信用管理的解决方案，提升客户信用级别。该观点直指这一问题的本质，因此本书有较高的阅读价值。

——中国科学院计算技术研究院研究员、博导，清华大学公共管理学院教授，中国互联网络信息中心（CNNIC）原主任　李晓东博士

债权管理应该像德鲁克先生所说的，将昨天的优秀表现视为今天的制度标准，把昨天的卓越绩效视为今天的一般水准，本书知识体系与德鲁克先生的这一观点如出一辙，作者调研了 100 多家企业债权管理实践中的前沿理念、先进知识、卓越技能，形成完整的债权管理体系，相信本书能够让众多企业的债权管理事业卓有成效。

——德鲁克研究院原副院长、清华大学

创新创业教育导师　余大洪

师弟世全和任立华律师以传播债权管理智慧为使命，写了《天下无债》一书，这与总裁读书会"以传播最具价值的商业思想和商业智慧为使命，推进中国新商业文明进程"的目的契合。要做一个有智慧的明白人，推荐大家认真阅读本书，可以少走弯路，少犯错误。

——著名财经传记作家、总裁读书会创始人　刘世英

两位作者很专业，对债权管理深有心得，而且善于简单清晰地表达，作者在本书中为一些债权管理的重点、难点问题提供了解决方案，比如信用审查、合同签订及管理、诉讼管理等，随着时间推移，人工智能技术可能会帮助大家解决这些问题。

——新加坡国立大学副教授，360 集团副总裁、人工智能研究院

院长，第十三批国家"千人计划"专家　颜水成

作为新时代职业经理人，要有理想、有信心、有担当，敢为天下先。作者相信奋斗的力量，为解决债权管理这个痛点，写了《天下无债》一书，有益于行业振兴、国家发展。

——北大青年 CEO 俱乐部理事长、爸爸的选择 CEO　王胜地

高水平的债权数据分析能力可以更好地表达、定义债权风险，帮助企业找到高效解决方案。商业数据值得不断深入挖掘，会产生出越来越高的价值，随着技术的不断发展和数据的跨界融合，大数据将成为现代商业的核心资产。

——京东数据研究院院长　刘　晖

我们研究 50 大突破技术后发现了三个规律，第一个规律是"跨界重混"，《天下无债》一书实现了"债权＋经济学"和"债权＋心理学"的跨界重混，创造性地提出了"债权管理经济学""债权管理心理学"等理论，这种基于实践的创新模式是符合时代发展规律的，推荐大家认真阅读本书。

——阿里云研究中心高级总监　田　丰

初创企业不能过于依赖融资，除了全力以赴促进销售增加现金流，还应该充分利用好信贷和供应链债权债务，处理得当将有利于扩大规模以及利润最大化。创业者通过此书能学到很多好方法。

——创客总部合伙人、北大校友创业

联合会副会长　陈荣根教授

北大人从来都是很有家国情怀的，师弟世全为解决企业"债权风险"问题写了本书，情系企业债权风险管理这个痛点，提出解决方案，对有债权业务的创业者和企业管理者，都有相当大的借鉴作用。

——北京大学创业联合会副会长　徐志勇

《易传》说："观乎天文以察时变，观乎人文以化天下"，世全师弟通过本书提出"债权管理的人文精神"，角度独特且立意高远，把一个看似冷冰冰的金融领域的课题赋予了温度，值得期待！

——北大纵横管理咨询公司合伙人　丁利平

区块链技术推动了大数据的高效可信流动，可有效运用到企业债权管理实践中去，本书提到的"区块链仲裁"等应用，能大幅降低企业债权逾期风险。

——中国移联国际区块链创新应用联盟秘书长、

中国普惠金融教育家、博士后导师　陈晓华

世界因你而不同，世界也因书而不同，每本好书都蕴涵着作者沉甸甸的爱及对社会的强烈责任感，作者非常具有进取心和科学精神，在经营实践中扎扎实实地探索债权管理规律，并通过本书分享债权管理智慧，可敬可爱，我为本书创作点赞。

——海涛工作室创始人，《世界因你不同·李开复自传》

《颠覆者：周鸿祎自传》等畅销书作者，

中国最佳本土商业作者奖获得者　范海涛

万里长城是人类文明之路的里程碑，象征着中华民族追求和平的锲而不舍的精神。作者勇担社会责任，付出巨大心血，用5年时间撰写《天下无债》一书，帮助企业提升债权管理水平，降低风险，这也是"长城精神"的体现。

——著名长城专家、中国长城学会常务副会长、国家

十二五项目《中国长城志》总主编　董耀会

这本书是管理领域的真知灼见，值得所有企业家和管理者认真阅读，企业要想做好债权管理，就应该放弃任何投机想法，脚踏实地做好细节管理才是正道。

——CCTV 著名节目主持人　姜鑫鑫

改革开放 40 年来，我国经济迅猛发展，已经成为当今世界第二大经济体，金融产业蓬勃发展，促进我国实体经济快速发展。我国信用经济对社会越来越大的贡献度与相对落后的债权管理体系之间的矛盾日益突出，债权管理领域还有许多根本性的问题尚待解决。

本书是我和任立华长期从事债权管理实践的理论总结与创新。借本书出版机会，我提出"债权管理的人文精神"这一理念，旨在梳理债权管理对人类经济社会的积极作用，期望可以为债权管理的发展尽绵薄之力。我认为债权管理主要有以下三大人文精神。

一、债权管理为信用经济的可持续发展保驾护航

信用经济是货币经济的一种形式，交易者通过建立债权债务关系来实现商品交换或货币转移。人类社会交易方式历经实物交换、以货币为媒介的交换和靠信用完成的交换这三个发展阶段，可以说，信用经济是商品经济发展到一定阶段后所产生的一种经济现象。

商业信用是信用发展史上最早的信用方式，人们通过"赊账"，即建立债权债务关系实现商品交换。信用经济的首要条件就是遵守信用协议，否则就会产生信用风险。债权管理的首要功能是通过债权管

理文化、技术和手段，防止信用风险发生。改革开放 40 年，国民教育水平大幅提升，但是由于历史原因，一部分人信用意识淡薄，"老赖问题"比较突出，2017 年 4 月 12 日发布的《中国法院信息化第三方评估报告》显示，截至 2016 年 2 月 29 日，全国法院公布失信被执行人员 302 万人，失信信息查询 4011 万人次。逾期支付或逾期不付的"合同失信人"每年不低于 2000 万人次。解决这些债权逾期问题，需要一批经过专业学习、受过专业训练的债权管理人员，在法律范畴内向客户催收，完整地收回债权从而为信用交易完成闭环，才能保证信用经济健康可持续发展。

二、债权管理实践推动了我国法治建设

信用交易产生后，债权人员开始债权管理工作。我国大多数信用消费者都有较强的法制意识和契约精神，能够按期偿还债务。但有一部分人，要么客观上丧失了还债能力，要么主观上不愿意履约偿债，在法院执行前，恶意转移、藏匿、变卖财产。甚至有些债务人通过合同诈骗、恶意躲债等方式不当获利，影响了市场经济秩序，造成了很多社会问题。

国家有关部门敏锐地发现了"老赖问题"对社会的危害性。为了维护社会公平正义，国家陆续制定了诸多法律法规，如《关于落实"用两到三年时间基本解决执行难问题"的工作纲要》《国家发展改革委、最高人民法院、中国人民银行等关于印发对失信被执行人实施联合惩戒的合作备忘录的通知》《最高人民法院、公安部关于建立快速查询信息共享及网络执行查控协作工作机制的意见》《最高人民法院关于建立执行约谈机制的若干规定》《中共中央办公厅、国务院办

公厅关于加快推进失信被执行人信用监督、警示和惩戒机制建设的意见》等文件，其中明文规定，一旦列入被失信执行人名单，法院可拍卖老赖唯一住房、法院可查封冻结老赖支付宝账户，老赖不得乘坐飞机，不得担任老板、董事、监事、高管职务，老赖不能上高速公路等严格的惩戒措施。

这些法律法规的产生，是国家对近十年国内债权管理形势准确判断后的决策，极大地保护了我国信用经济健康发展，为依法治国提供了明确的法律依据，推动了我国法治建设，加速了法制文明进程。

三、债权管理强化了我国现代社会诚信体系建设

2016 年 3 月 16 日，李克强总理指出："市场经济是法制经济，也是道德经济。"商业诚信作为道德经济的本质内涵，直接影响着市场经济的运行效率。

第一，在签订合同文本时，债权管理人员对借款方进行"契约精神"和"诚实守信"教育，让借款方诵读违约条款，并进行"诚实守信宣誓"，实时录像，并将录像资料作为合同附件，以此教育借款方遵守商业信用。

第二，在债权管理过程中，债权管理人员通过各种方式褒扬诚信，惩戒失信，充分运用信用激励和约束手段，加大对诚信主体激励和对失信主体惩戒的力度，让守信者受益、失信者受限，推动了现代社会诚信体系建设。

第三，债权管理人员通过树立商业诚信典型，强化"诚信兴商"。债权管理人员积极应用多种策略，比如对长期守约客户，颁发《重合同守诚信》证书，通过公司官方网站或官方微信公众号向社会公示。

并在后续合作中，给予诚信合作伙伴额外商务政策支持，从物质和精神两方面强化债务人守约意识。

我认为债权管理具有重要的人文精神，债权管理对社会的贡献不可估量，一方面，我们要勇于实践，提升国内债权管理水平；另一方面，要将实践升华成理论，指导新的实践。本书的理论总结与理论创新，有利于强化我国债权管理理论自信，降低债权风险。

本书创作团队年轻、富有情怀、爱好学习且行动力强。任立华律师是行业公认的"融资租赁律师第一人"，几乎为业内所有大企业都做过辅导、培训、咨询，他常年坚持发表高质量文章，品质和专业得到企业家们高度认同，甚至一些法官在处理融资租赁案件时，也愿意和他探讨。他对融资租赁法律的钻研，对债权管理的深度思考，可谓到了痴迷的程度，只要涉及融资租赁业务和债权管理问题，他立即充满力量，和你侃侃而谈。这种精益求精的专业精神和对债权管理业务的深刻领悟在本书中体现得淋漓尽致。

我是一家世界500强企业中国区子公司负责债权管理的职业经理人，平均每年管理几十亿元应收账款，为国内几十家企业做过上百场债权管理实操咨询及培训；2016年，我在业内首创提出"生存经济学"，指导一部分企业做好经营数字化，提升管理会计水平，精益经营，控制风险，被评为"风险管控专家"；我崇尚知行合一，近10年拜访了三四百位企业家，从他们及我的实践中抽象出理论，将这些理论知识应用到实践中去，通过实践验证后再次总结，为下一步实践作指导。

本书创作的过程中，得到了立华律师合伙人、知名律师李瑞女士的鼎力支持。李瑞律师是有梦想、有情怀的青年，才华出众、专业度高并且乐于奉献。她在本书第六章、第七章的编纂过程中付出了辛苦与努力，提供了很多实用性较强的理论框架和案例，内容深刻而生动。我相信，只要李瑞律师持续精进，深耕于实践，假以时日，一定会成为国内最顶尖的债权管理律师之一。

在本书创作前，基于债权管理业务对理论的需求，我们非常清晰地定位了本书创作原则——"从实践中来，到实践中去"，宁愿语言土一些，接地气一些，也不愿意为了写作而故作理论抽象，一定要以指导实践为出发点和落脚点，做到干货满满，这是我们的追求和本书最大的特点。

债权管理的最高境界就是公司债权管理文化深入人心，让债权风险防范和控制文化渗透到公司经营的每个环节中，好的债权管理体系，是公司全员参与的体系，所以，本书不仅适用于融资租赁公司、资产管理公司、银行等金融机构、类金融企业、工业制造业企业及经销商应收账款管理部门、赊销型商贸企业及所有债权单位的债权管理人员，还是高级企业管理层、中层经理、营销团队、售后服务团队、财务团队等与债权业务直接或间接相关人员的案头必备书。本书写作过程非常艰辛，每个章节写作前，为了让写作内容更加翔实，具有普遍性，找到规律性。我都会亲自上门拜访6位以上企业家、债权管理职业经理人等，所以，本书凝结了上百位企业家及几百位债权管理专业人士的智慧，实践意义和借鉴价值之大，只有你完整阅读后才能充分感知。

本书创作历时5年，在创作过程中，很多志同道合的债权管理经理人和企业家朋友，给了我们丰富的实践素材及心得，使本书内容丰富、深刻、接地气。在此，一并向这些业界的好朋友们表示衷心的感谢！

　　由于本人知识、能力有限，本书确有很多不足之处，这些不足，正是我们未来学习及实践的不竭动力。如果你在阅读过程中，有什么想法和意见，可以随时联系我们。做债权管理，我们是认真的！

　　再次向所有在本书出版过程中帮助过我们的各位老师、领导、同学、朋友表示感谢！

　　最后，感谢我的父母、妻子、儿子、女儿和兄弟姐妹们，我这么多年专注于工作和学习，没有好好陪伴你们，这本书，献给你们！我爱你们！

二零一八年五月四日晚
于北京大学光华管理学院

No Overdue Debt In The World | 第一章

债权逾期率上升原因分析

一、促成债权逾期剧增的六大因素

　　众所周知，债权是公司资产的重要组成部分，如果没有按期足额回收债权，那么即使有再多的债权资产，也无法转化成有效的现金流和利润来支撑公司发展。因此，为厘清债权管理问题，我们有必要先找出债权逾期率上升的原因（见图1-1）。

图1-1　促成债权逾期剧增的六大因素

1. 市场竞争环境的影响

面对激烈的市场竞争，企业为了获取竞争优势，通常会借助杠杆的力量，比如降低全款销售比例，提升信用销售比例，赢得订单。现在很多行业都采取信用销售模式，比如在中国工程机械行业中，信用销售比例已逾八成。近些年来，信用经济规模急速扩张，后续管理、人才和制度没有跟上，势必会带来债权逾期率上升。

2. 缺乏债权风险管理文化

企业家普遍重视销售，忽视对应收账款的科学管理；一些企业家认为销量的增加可以弥补呆坏账损失，或者坏账越多越抓销售，销量不断增长，坏账非但没有减少反而增加，导致销售端被厂家严格管控，债权端被客户牢牢拖住，最终致使公司现金流断裂，经营失控，走向败落。因此，销量的增加与坏账的弥补并不能形成完全的正向比，只有通过科学的债权管理，销售出去的产品能及时回款，才真正实现了信用销售的目的。

3. 客户方面的原因

（1）资金周转困难，无支付能力。这类客户缺乏资金实力，可能所付30%的首付款都是从外面借来的，或者后期经营不善、资金紧张、无力偿还。针对该类客户，即使加大催收力度，回款效果也不明显。

（2）不满产品质量或售后服务，支付意愿下降。这类客户有偿付能力，但在使用过程中产品出现故障，影响了客户体验或给客户造成了经济损失，客户心里不爽，不愿意付款。

（3）无偿占有公司现金流，从中获利。这类客户生意头脑发达，经营状况比较好，但发展中缺乏现金流。如果公司对其催收的强度增大、管理严格，他就按时付款，如果公司管理松懈，或给他比较宽松的还款环境，他能拖则拖。这类客户通常会找一些借口，比如：产品出现小毛病，售后服务质量差，交货期晚了等，从而要挟公司放弃向其主张收取滞纳金的权利。现实中这类客户所占比例较大。

（4）道德水准低，能付不付、装作忘记。这类客户有能力也不偿付，想要通过赖、哄、骗等方式蒙混过关，对欠债没有任何愧疚感。

4. 销售方面的原因

（1）过度销售，售后服务、管理没有跟上。公司过度利用信用销售杠杆，销量猛增，但财务、债权、管理等部门对客户的后续服务没有跟上，客户满意度降低，逾期增加。

（2）过于偏重销售，忽视了销售与应收账款之间的平衡。在中国，很多企业家都有投机主义倾向，把公司最大的资源——"老板的注意力"投向销售板块，没有费太多心思去建立健全科学的债权管理体系，忽视了应收账款管理。

（3）没有重视客户资信审查。资信审查是筛选客户风险的第一道防火线，如果对客户资信审查不足或根本不重视客户资信审查，当我们与客户完成交易时，风险已经悄然光临到我们身边。

（4）未重视客户投诉或没有兑现服务承诺，造成客户抱怨而拒绝付款。赢得销售订单不是合作的结束，而是与客户建立合作伙伴关系的开始。如果不重视客户在产品使用过程中的问题反馈，或在销售过程中过多地给客户承诺而未及时兑现，都会影响债权回收。有一位资深债权总经理说过，"销售人员说出去的承诺，就是欠下的债务，千万不要让客户向我们催债"，如果客户向我们催债，那势必造成客户抱怨，影响债权回收。

5. 员工技能方面

（1）缺乏科学、规范的销售理念。当我们做一笔买卖时，首要考虑的是资金能否安全回收，销售 = 交易 + 回款，只有在 100% 回款的前提下，利润才能实现，如果这个销售理念没有深入人心，抱着"只要有人敢买，我就敢卖"的心态，风险就已经与你如影随形了。

（2）缺乏科学、紧凑的应收账款回收计划。客户总会有各种原因和理由不还款，如果专业债权人员也和客户一样，缺乏明确的回款计划，时紧时松，客户会感受到这是一名不专业的债权人员，趁机能拖则拖，甚至一次又一次试探你的底线，逾期情况不断恶化。

（3）职业道德差，私自截留、侵吞货款。员工私自截留货款情形时有发生，对任何一家公司来说都是扎在心里的刺，所以说，在对员工的选择上，我们宁愿选择一名资质平庸的员工，绝不能选一名有道德缺陷的员工，选择有道德缺陷的员工就是给公司埋下了一颗定时炸弹。

6. 内部管理问题

（1）销售人员突然离职，遗留问题一大堆。如：客户欠款资料丢失，有的欠款客户失踪，有的欠款客户赖账。

（2）销售人员不负责任地随意向客户做出承诺。

（3）销售人员垄断客户，公司不掌握全面的客户信息。

（4）公司对所有客户的信用政策没有区分对待。

（5）业务人员与客户狼狈为奸，合演双簧，造成收款困难重重。

（6）销售人员在客户处借款或截留货款。

（7）公司对账不及时。

（8）收款权责不清，造成冤无头，债无主。

（9）缺少科学实用的债权管理及相关配套制度。债权迟迟不能实现的原因是由于追款不力，而追款不力的原因是缺少有效的债权管理制度和薪酬激励政策。

二、债权管控的七大难点

格言：

一个公司销售的成功并不代表经营的成功，成功的经营是将商品转变为现金而不是将商品转变为债权。

债权在手并不是胜券在握，一旦应收账款成为呆账，真就成了"任你有理走遍天下，无钱也寸步难行"。

1. 客户信审盲区

（1）客户所提供部分资料的真实性无法核实。比如客户提供了房产信息或土地信息，到房管局或土地局进行查询时，没有法院的立案通知书或调查令，根本不予受理查询，致使公司核实客户信息真实性的难度加大。

（2）无法持续动态关注客户资信。现实生活中，客户资信处于动态变化当中，囿于程序的烦琐以及公司人力的限制，无法对客户的资信动态时时给予关注。

（3）资信调查时间短，科学性大打折扣。信审人员用 2~3 个小时判断客户风险，客观上难以对客户真实风险做出准确判断，甚至有些客户，为了获取信用高分，可能会提供一些虚假材料夸大其经济实力与资信能力，信审人员无从核实其中真伪，导致资信调查准确性无从保证。

（4）部分资产容易失去有效履约保证。客户资信是动态的，特别是房产类资产，在做交易查询时还在客户名下，但如果以此与客户签订《房产抵押合同》，未在房产所在地不动产登记部门办理抵押登记手续，事后可能被客户转让或抵押给他人，从而失去有效履约保证。

2. 催收乏力

（1）客户资金实力差，对公司有多重性质欠款时，比如存在首付欠款、融资租赁或银行按揭代垫欠款、到期月供欠款等多种欠款，催收难度将大幅增加。

（2）客户逾期账龄长，金额大时，催收效果变差。

（3）客户以信用销售方式购买多个产品，往往会出现还款下账及开具发票混乱情形，容易形成纠纷，影响后期还款。

（4）制衡客户逾期的财务杠杆发挥不了理想中的作用。客户要赖不认可、不支付违约金，或在诉讼中，法院为了息事宁人，不主张收取全额违约金。

3. 档案管理缺失

（1）合同管理混乱，诉讼时经常出现合同原件丢失或客户指出签字不是本人所为的情形。

（2）没有专人管理，合同签订后长时间无人管理。

（3）存在合同丢失或缺页情形，致使整个诉讼都处于被动地位。

4. 资产取回困局

（1）资产取回反被诉。

（2）债权车变现手续合法性问题。

（3）债权车变现亏损部分的追偿问题。

（4）资产取回时易发生伤亡事故并涉嫌刑事犯罪。

5. 诉讼消耗大

（1）送达难。

（2）保全难。

（3）证据缺失。

（4）周期长、成本高。

6. 法院执行难

（1）异地执行难。

（2）人车失联。

（3）客户已将财产转移或没有可执行财产。

7. 刑事立案难

（1）合同欺诈与合同诈骗。实践中，购买人资金实力一般，却能够通过支付30%首付款，以分期、融资租赁、按揭等方式购买昂贵设备，致使公司债权难以回收，公司通常会以客户在签订合同时存在欺骗行为为由到公安机关立案，但一般都会被告知属于民事范畴，刑事责任难以立案。

（2）逃避执行和拒不执行。案件起诉到法院后获得胜诉判决，但到了执行阶段却没有办法执行判决书所确定的内容，债权人申请法院将案件移送到公安部门，但因目前的法律仅对拒不执行情节严重的情形做了列举，并没有金额上的标准，因此，在实践中认定是否构成犯罪的认识不一。

（3）劳资纠纷和职务侵占。在公司管理中，时常会发生公司员工扣押或滞留公司款项，并以公司拖欠工资等为说辞，对有劳资纠纷情形下扣留公司款项的情形到底是双方之间的经济纠纷还是应单独认定构成职务侵占，在实务中有不同的认识，一种认识为劳资纠纷与职务侵占是两种不同的法律关系，即使公司拖欠工资也应通过合法途径解决；另一种认识为如果员工与公司之间存在劳资纠纷，对员工侵占的超过劳资纠纷部分认定为是职务侵占；还有一种认识则为只要有劳资纠纷，就不构成职务侵占，因此在实践操作层面，当员工侵占公司款项，能否立案是不确定的。

三、债权管理的八大误区

格言：

金融环境的影响对金融机构倒闭只是起了加速作用，并不是危机的根本原因。20 世纪 80 年代银行和储蓄机构保险基金的倒闭，大多源于道德风险。

债权管理的八大误区如图 1－2 所示。

8.这个产品由于竞争利润很低，客户没风险，没必要强制购买保险

1.销售人员既负责销售，又承担客户拖欠责任

7.我们整天在催收债权，对客户风险情况很了解，无须与客户签订《季度对账函》

2.资信审查流程太烦琐，容易引起客户反感，没必要搞那么复杂

6.过于相信客户的承诺和保证

八大债权管理误区

3.合同就是个形式，签不签无所谓

5.对已有客户债权催收会对潜在客户产生不良影响，潜在客户会转向竞争对手致使我方丢单

4.催收太紧会影响与客户之间的关系

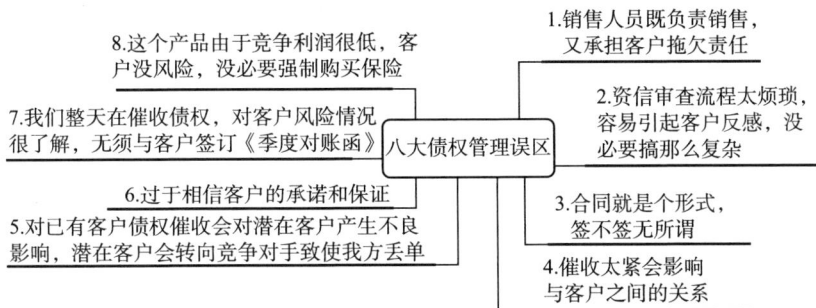

图1-2　债权管理的八大误区

误区一：销售人员既负责销售，又承担客户拖欠责任。

现实中，销售人员往往既负责销售，又承担客户拖欠责任，这会带来以下弊端：（1）销售人员迫于销售压力，盲目做分期，面临债权催收压力增大时，会选择离职而去；（2）销售人员控制客户风险专业度差，发生大量拖欠；（3）销售人员担心客户风险，过分谨慎，销售下降；（4）销售人员与客户太熟悉了，难于拉下脸面回收债权，债权催收力度变小，逾期增加。

误区二：资信审查流程太烦琐，容易引起客户反感。

资信审查是判断能否与客户建立商业合作的依据，更是为日后客户逾期进行追索提供财产线索的重要信息来源，前期的资信审查是为了让后续工作变得简单高效。同时，通过全面资信审查，会让客户感觉到公司对债权管理十分规范，有利于强化后期客户还款意愿，客户不愿意配合公司资信审查，可能是一个风险信号。

误区三：合同就是个形式，签不签无所谓。

合同不仅是双方建立业务关系的形式，更是确定双方权利义务关系的契约，没有合同，一旦出现纠纷，双方各执一词难以说服对方。

所以，签订合同不是形式，如何设置合同条款，如何签订合同是一门学问。

误区四：催收太紧会影响与客户之间的关系。

债权人与客户签订合同后，双方就确定了债权债务关系，公司是债权人，客户是债务人，此时把客户想象成是你的朋友，认为催款会破坏朋友之间的关系，那么债权催收是不可能顺利进行的，只会因为这种错误的认识使债权催收力度越来越小，当有一天客户逾期严重，公司不得已将其告上法庭之时，客户不但不认为你是无奈之举，还反倒视你为仇人，得不偿失。

误区五：对已有客户债权催收会对潜在客户产生不良影响，潜在客户会转向竞争对手致使我方丢单。

如果潜在客户仅仅是因为公司按照合同约定，对债务人履行催收责任，就转向购买竞争对手产品，那么，还是让这个潜在客户去祸害竞争对手吧！

误区六：过于相信客户的承诺和保证。

账是"追"和"讨"回来的，不是"等"和"熬"回来的，过于相信客户的承诺和保证，只会为客户继续拖延提供机会。

误区七：我们整天在催收债权，对客户风险情况很了解，无须与客户签订《季度对账函》。

公司要求债权人员每个季度与重点客户签订《季度对账函》，目的是确保将来出现诉讼时诉讼材料准确、真实、有效，同时，在签订《季度对账函》时，能够让客户感受到公司财务管理规范，给客户形成震慑感。

误区八：这个客户没风险，没必要强制购买保险。

如果产品标的额大，信用销售周期长，应收账款多，风险评级达到行业平均级别以上，建议一定要求客户购买保险，对于防范出险后客户无力还款的风险来说有着重要意义。

No Overdue Debt

In The World

第二章

债权管理本质论

　　从哲学角度讲，"本质"指事物的根本性质，是事物自身组成要素之间相对稳定的内在联系，是由事物本身所具有的特殊矛盾构成。要深入科学认识债权管理的本质，笔者认为要从以下三个角度研究：（1）用马克思辩证唯物主义和历史唯物主义方法论，遵从时代精神，以实践的观点认识和定义债权管理的核心理念；（2）要立体地看待公司债权管理体系，明确债权管理的范围、债权管理的位阶等基本要素；（3）基于本质是实践的理论升华，要深刻领悟债权管理的经典理论。

　　通过研究总结出规律，形成哲学性概括，在实践中反复验证，经过理论化修正后，形成"债权管理本质论"。

一、债权管理的新定义

　　传统理论从法律角度，对债权管理做出了准确定义，具有高度概括性和抽象性，不容易理解。我从实践角度，针对债权管理的本质特征做出新定义：

（1）债权管理的业绩取决于公司对债权管理规律的认识与执行力考核。

（2）债权管理的核心要素在于如何调动员工积极性。

（3）债权管理的难点在于如何平衡销售和债权管理之间的关系。

（4）债权管理的高级阶段为债权风险文化深入公司全流程。

（5）债权管理的最终结果取决于公司核心管理层的风险喜好。

（6）债权管理的本质是企业内部管理，"内无忧则外无患"。

二、债权管理的范围

债权管理并非简单的应收账款管理，真正的债权管理应当是企业从信用销售开始，到货款收讫全流程的风险管理工作。具体而言，应当包括以下六方面工作。

1. 该约束的需约束——人员管理

公司每一位债权管理人员，都是实现债权回收最宝贵的资源，需要在公司整体债权管理规划之下采取行动和措施，特别是在月末等一些关键时点，一定要指导员工充分利用每一分钟回收债权。

2. 不该放的不要放——授信管理

因为你只得到眼前的账面利润，要承担的却是利润背后全部的风险。

3. 应该收的必须收——债权催收

因为你一旦把客户宠坏，带给你的将是一系列不良示范。

4. 该出手时就出手——设备取回

因为你一旦错过最佳时机，将会对残值变现亏损埋单。

5. 善用程序来助力——诉讼清欠

尽管成本高于非诉讼方式清欠，但也可以让老赖无路可逃。

6. 守住清欠底限——执行回款

提前做好准备工作，协助法官共同执行，群策群力多条路。

三、债权管理的位阶

要想做好债权管理，必须厘清债权管理工作主次。我们可借鉴美国的管理学家史蒂芬·科维提出的时间"四象限"法则，把工作按重要和紧急两个不同维度划分为四个"象限"（见图2-1）。管理人员科学安排时间的位阶顺序应依次为：（1）既紧急又重要；（2）重要但不紧急；（3）紧急但不重要；（4）既不紧急也不重要。

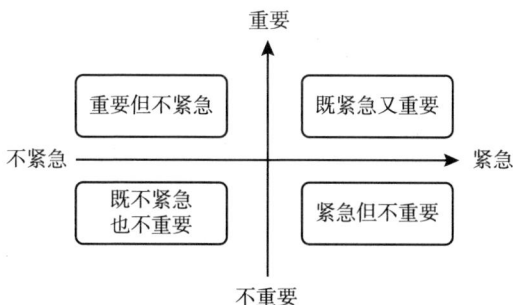

图2-1 "四象限"法则

"四象限"法则的关键在于第2类和第3类的顺序问题，必须小心区分。另外，也应注意划分好第 1 类和第 3 类，都是紧急事项，区别在于前者能带来价值，实现某个重要目标，而后者不能。

对于债权管理者而言，工作的位阶顺序应为：

1. 既紧急又重要的

（1）欠款大户的催收。

（2）时效即将逾期的客户催收。

（3）转移财产的客户催收。

（4）保全期限及评估拍卖期限届满的案件处置。

（5）客户出现突发风险后的应急预案。

2. 重要但不紧急的

（1）客户资信审查。

（2）合同文本完善。

（3）进行合同公证。

（4）业务档案管理。

（5）债权团队建设。

（6）取回车辆处置。

（7）定期与客户签订书面对账函。

（8）诉讼重大逾期客户。

（9）寻找被执行客户财产信息，协助法官执行。

（10）更新债权人员薪酬体系与时俱进，确保薪酬按时足额发放。

3. 紧急但不重要的

（1）取回车辆后的客户告知电话。

（2）车辆取回后的公安协查。

（3）客户的打款确认。

（4）客户有异议账目核对。

（5）客户购机保险购买。

4. 既不紧急也不重要

（1）执行结案的文书签收。

（2）小金额超过时效债权的催收。

（3）办理客户结清手续。

四、债权管理经典理念

债权管理是一个系统工程，其核心在于通过"管理"做到事前预防、事中补救、事后反省，通过有效的管理措施，为可能的风险穿"防弹衣"，为已发生的风险打补丁，并做更好的防弹衣。因此，树立正确的债权管理理念是更加有效地进行债权管理的前提。

1. 销售工作是一个闭环，产品售出后必须回收货款

债权风险管控的第一个环节是身处市场一线、每天都在和客户直接打交道的销售经理，他们是控制债权风险的第一道关口。这道关口至关重要，销售经理一方面要达成交易、扩大销量，而另一方面也要识别风险、控制债权。企业在任何条件下（包括与第三方担保公司合作时）都不能向销售经理传递"销售仅仅是卖产品"的错误信息，而应严肃认真地告诉销售经理"销售是卖产品并回款"，只会卖产品而没有回款是在为企业创造债务，而不是利润。

任何工作都有各自的专业属性，一名合格的销售经理，不仅销量做得好，风险管控也做得好，不断在业内形成良好的职业口碑，长远收益远远大于那些只图眼前销量指标，而不全面考虑债权指标的销售人员，这种精神，从本质上来讲，就是"主人翁精神"，把公司经营当成自家的利益来衡量，就不会出现只考虑赊销产品，而把风险抛诸脑后的现象。同时，作为一名优质的销售经理，一旦客户因各种原因产生逾期，他会主动承担起降低客户逾期的责任，把债权部门定位成配合、协助销售经理回款的角色，而不会把债权管理与销售管理对立起来，一旦这种认知不断增强，信用销售健康度会大幅提升，"天下无债"将不再是口号，公司经营质量和效益将会大幅提升。

2. 债权管理的关键是管理力度，而不是管理模式

当出现债权问题时，很多企业都认为是管理模式的问题。其实，管理模式并不是关键，关键是管理力度。我们发现，一方面，有些企业并没有十分规范的债权管理体系，但在信用考察、信用审核、货款催收等环节却抓得很紧，他们一样获得了不错的效果；而另一方面，各种管理模式都有不少成功的案例，其共性特点就是高层领导重视、管理力度大。这些都充分说明管理力度比管理模式更关键。

债权管理力度，不仅是对客户逾期行为的管理力度，也包括公司内部债权管理制度的执行力度。现实中，一些企业有着非常成熟的债权管理思想和模式，为什么逾期率还居高不下呢？笔者多年研究发现，主要还是债权管理力度不够，也就是在管理过程中，债权管理业务受到太多因素影响导致优秀的债权管理思想和模式无法落地。举一个例子，有一家国内工程机械经销商，在 2017 年 1 月 1 日开始制定了《GPS 管理规定》，明文规定"客户逾期立即通过 GPS 锁车"，总经理签署该文件后，债权部长担心销售人员不理解，在 1 月份公司例会上，对该方案做了充分宣传与讲解。管理过程中，该债权部长铁面无私，坚定不移地执行"只要客户逾期立即通过 GPS 锁车"的原则，一年坚持下来，取得了非常好的成效。2017 年销售业务几乎零逾期。但管理过程并不容易，销售人员反对的声音特别强烈，认为公司这样做毫无人性，严重影响了客情关系，不符合公司"与客户共赢"的企业文化。债权部通过各种场合不断与客户、销售人员反复沟通，这样做的目的是帮助客户养成良好的还款习惯，一旦 GPS 锁机设备停工，直接影响客户工程进度，这种压力促使客户主动还款。通过 GPS 锁机功能，把回款主动权掌握在公司手里，取得了明显效果。

从多家公司实践来看，债权管理者严格执行规章制度非常重要，最大的好处，就是始终把回款主动权掌握在公司自己手中，而不是逾期到一定程度时受制于客户。

3. 客户的付款习惯是由债权人养成的

债权管理能够做好的关键不取决于管理模式，而是催收力度，客户只会将欠款支付给追款力度最大的债主；任何时候，企业都不能放松债权催收工作，更不能给自己找理由允许客户产生不良欠款。正是因为我们一次又一次的"软弱"和"仁慈"，使原本只是打算"试一试"的客户逐渐变成习惯性欠款客户；这种习惯的养成，既影响了我们业务工作的正常开展，也不利于客户今后的发展。

让客户养成良好的还款习惯，是债权部门的日常工作。债权管理者眼光应该更高远一些，债权管理部门不仅服务于公司，更应该服务好客户，让客户高高兴兴地买车，开开心心地还钱，这就要求债权人员对客户做好服务工作。客户买车后，还款到期日前几天，给客户打个电话，这第一通电话不是催款的，而是做个自我介绍，告诉客户，我作为公司债权人员，从今天开始接替销售人员为您提供服务，与客户核对一下提车的时间、合同价、首付款、还款金额、还款时间等关键信息，还要把客户的还款账号发到客户手机上，给客户提供方便还款的准确信息，并告知客户以后对账，查账都可以打我的电话，于是就建立起良好沟通的开端了。接下来，客户按照债权人员提供的账户信息打款后，债权人员要给客户回一个电话，告诉客户本期货款已经收到，并划扣成功，请您放心，同时提醒客户做好下个月还款准备。客户对债权人员的信任，是在日积月累中逐步建立起来的。

笔者研究发现，债权管理中，"镜子效应"特别突出，公司员工讲诚信，说到做到，客户也会还以诚信。如果与客户接触的所有员工，包括销售人员、服务人员、债权人员、财务人员等都对客户讲诚信，并能为客户做好服务工作，客户不守诚信都难，除非遇到经济危机或行业风险。很多时候，都是我们自己先失信，客户心里不爽，开始逾期。所以，要想让客户养成讲诚信还款的好习惯，首先从做一名诚信的债权经理开始吧，并竭尽全力为客户提供各种便于还款的服务，在此基础上，严格要求客户按照合同约定时间和金额还款，一旦逾期，按合同约定向客户收取滞纳金，同时启动 GPS 锁机措施，绝不纵容。只有这样，债权管理质量才会保持比较高的水准。

4. 先追收货款，后修复关系

很多销售人员认为，如果催款太紧，会影响客情关系；其实影响客情关系的关键因素并不是催款，而是产品品质和服务。销售人员及债权催收人员都应坚信：只要积极、真诚地服务，客户就有可能再次购买你的产品。

另外，企业一定要让客户明白：我们欢迎你再次购买我们的产品，但按时还款是合同中约定的买方义务，再次购买和按时还款是两回事，绝对不能把再次购买变成欠款的保护伞。

古人云：欠债还钱，天经地义。客户先出现违约，才会引起债权人员不断催款，客户的种种反抗行为，只是对欠款后产生的不确定性感到恐惧而已。债权人员理应不依不饶，想办法收回货款，若债权逾期，公司只能用自有资金给客户垫付，会引起公司现金流紧缺，也给客户养成了不良的还款习惯。同时，债权人员一定要按照合同规定向客户收取滞纳金，让客户承担相应违约成本，并告诉客户若不付款，公司只能被迫取回设备、对客户提起诉讼，要让客户透彻地领悟违约带来的严重后果。

总之，不论出现什么情况，一定要确保客户还款到位，这是债权人员的基本职责，若客户持续不还款且不讲理，这样的客户，肯定不是诚信客户，势必给公司造成麻烦，丢了也不可惜，甚至是一件好事。等债权全部收回后，公司可采取一系列措施修复客户关系。实践证明，只要公司产品和服务过硬，客户关系还是比较容易修复的。

5. 把握销售和债权平衡，管理张弛有度，提升经营效益

债权和销售工作，犹如鸡蛋中蛋清和蛋黄一样，原本就是一体，都是基于开发、服务、维护客户的工作，双方没有明确界限，共同统一于实现市场占有率和利润提升上。真正的销售高手，大多都非常敬畏债权管理工作，带头做"绿色销售"，为公司发展优质诚信客户，可持续销售能力强。

在一次行业会议上，有几位企业老总向笔者提问，是不是逾期越低越好，笔者的回答是：得看实际情况，若债权管理严肃性有了，灵活性没了，在激烈的市场竞争中，会丢掉市场，产生市场风险，得不偿失，但过于注重灵活性，债权失控也不行，所以，债权和销售的关系，不是简单的"此消彼长"，而是要在两者之间找到平衡点。总体来说，债权管理，既是一门科学，也是一门艺术，只有在实际业务中不断寻找内在规律，才能拿捏好分寸，应用得当。

五、债权管理的本质是企业内部管理

格言：

债权管理的本质，不在于知，而在于行。做，让改变发生！

从事债权管理工作第一天，笔者就开始研究债权管理的本质。一开始，笔者认为债权管理的本质在于客户信用管理，后来，笔者认为客户是多样化的，债权管理的本质应该是债权管理模式的设定，反复验证后，笔者认识到债权管理的模式再好，执行力不到位也达不到预期效果。

2015年某一天晚上，笔者在家重读《马克思主义基本原理》一书，看到马克思主义辩证法关于"内因和外因"关系分析中内因的定义，"内因，是事物变化发展的内在根据，指一事物内部矛盾对立双方的相互作用和斗争。内因是事物存在的基础，是一事物区别于他事物的内在本质，是事物运动的源泉和动力，它规定着事物运动和发展的基本趋势。"看到这句话，笔者瞬间茅塞顿开，有一种醍醐灌顶的感觉，债权管理的本质不在于企业外部，而是企业内部管理，参差不齐的债权管理背后，折射出的并非客户信用之优劣，而是企业家对整个公司运营管理能力与"健康态"文化的塑造。

笔者随后的多年工作经历不断印证着"债权管理的本质是企业内部管理"的观点，企业内部管理好的企业，债权逾期率总体偏低，相反，企业内部管理混乱，员工认同感差的企业，债权逾期率往往居高不下。

1. 企业债权管控体系的先进程度取决于公司对风险认知的内部归因

风险管控中，有一个核心理念，"解决风险问题，需要风险的制造者完成"，这个理念告诉了笔者一个很深刻的管理道理，风险形成后，不应该简单地将问题归咎于终端用户违约，而是要从该笔信用销售的销售人员抓起，解决该销售人员的风险意识和风险行为，才能真正将风险从根源处消除。做到这一点，整个公司的债权管理就抓住了来龙去脉，打蛇打到七寸，形成良好的风险管控体系。

在实践中，笔者观察到企业不同，债权管理体系截然不同，管理体系其实并无好与坏之分，却有先进与落后之分，先进的管理体系首先认同"内因是事物发展的根本动因"，换言之，企业管理者承认债权管理的根本，不在企业之外，而在企业之内。所以，企业管理者就有充足的动因去建立基于内部风险控制的债权管理体系，这种体系相当牢靠，标本兼治。反观在这一点上没有更多认同和行动的企业，债权管理部门的角色只能停留在救火队上，解决完一波风险，另一波风险又到来了。

所以，内部归因法则，是债权管理永恒的第一法则，是企业家对待债权管理的科学态度，这个态度是实事求是的态度，是解决根本问题的科学态度，是马克思主义唯物观的态度，引领整个债权科学管理的过程。

2. 客户债权难管的真相是缺乏对债权人员的有效支持与管理

（1）为什么债权人员不同，客户还款情况会有天壤之别？

一是，公司对债权人员的有效支持程度影响回款结果。人类本性是"遇弱则强，遇强则弱"，客户心态亦是如此，债权人员的催收态度，决定了客户的还款心态，公司给予债权人员强大内心支持措施，债权人员就会"持理强势"，要求客户按照合同约定支付逾期欠款及违约金，债权人员强势的气质会给客户造成精神压力，降低逾期概率。

二是，债权人员的管理水平影响回款结果。债权人员上门催收频率会对债权走势产生巨大影响，责任心强大的债权人员，会持续跟踪逾期客户还款，但对于很多责任心不强的债权人员，要给予一定管理措施，比如在每天电话催收次数、给客户发微信或短信数量、上门频次上有一定管理标准，债权人员因此不敢偷懒，回款效果会更好。

（2）客户更喜欢低水平的债权人员。

债权人员将客户视为管理目标的同时，客户也将债权人员视为"敌人"，水平低的债权人员积极性不高，不喜欢动脑子，无法真正给客户造成压力，客户容易在还款过程中"占到便宜"。例如：债权人员小李与小王，同样是"锁车"，小李观察 GPS 动态后，趁着设备在工地施工时，告知客户不还钱将锁车的信息，而小王却从来不关心设备是否施工，就告知客户锁车的信息，对于不施工的设备，客户是不畏惧锁车的，所以小李催收效果要好很多。欠款客户总有千万个不还款的理由，水平高的债权人员会动脑子让客户的各种理由不成立，而水平低的债权人员，会让各种理由成为自己收不到钱的借口。如果不对水平低的债权人员采取并实施一些管理办法，那将会给客户养成不按时足额还款的坏习惯。

（3）缺乏对债权人员行为的监督机制，部分客户货款逾期不真实。

在现实中，会有一小部分债权人员教唆客户不付款，或以各种理由侵占公司货款。如果公司缺乏有效监督机制，就很难发现这些问题，比如有的客户"人机消失"，真相是债权人员在收取了客户大额货款后伙同客户欺骗公司。债权人员"绑架"客户债权的行为屡屡发生，这就要求财务部门做好监察工作，定期与客户对账，特别是向客户收取的罚息，要完善手续，确保真实性。对于债权人员侵占公司货款的最好监督方式，就是让他们接触不到现金货款，并定期与客户对账。

3. 债权管理问题根源于债权管理体系不能与时俱进

（1）债权人员不能在岗位上实现自我价值。

每位员工在内心都会有实现自我价值的诉求，债权管理人员的自我价值会不断随着阅历、年龄、心态变化而变化。若管理者不能灵敏发觉这些细微变化，不能够把完成工作业绩与实现债权人员自我价值有机结合起来，一厢情愿地给债权人员施加压力，债权人员就会产生消极怠工情绪，影响回款效果。所以，债权管理者一方面要关心部门业绩实现，另一方面要加强与员工沟通，关心员工诉求，关心员工自我价值的实现，不断给予员工实现自我价值的土壤与阳光。

（2）债权人员的收入达不到预期。

销量好的时候，销售人员收入高；市场稳定时，服务人员收入高；在行业出现恶劣的信用环境时，债权人员首先要解决历史逾期问题，充当救火英雄角色，"挽狂澜于既倒，扶大厦之将倾"。既然他们为工作付出了极大体力和精力，就应该享受英雄般的待遇，否则，一旦这项工作性价比降低，留住真正人才就会成为一件很难的事情，吸引新的人才也会更困难。

（3）债权人员普遍缺乏安全感。

债权催收是一份高风险的工作，不仅源自于客户对债权人员精神及身体上的威胁，还随时可能踩到法律的雷区。虽然这几年委托第三方取回标的物比较盛行，但最终面对客户的还是债权人员，欠款客户还是会将麻烦记过在债权人员头上。最近几年发生了很多债权人员与客户产生矛盾的事件，虽然公司力图通过各种方式避免这种事件发生，但这种精神压力，使债权人员普遍缺乏安全感。

作为公司管理层，要做到未雨绸缪，防患未然，可以通过为债权人员购买商业意外险等各类保险，并给予物质及精神奖励的方式，来抚平债权人员不断受挫的心灵。

4. 向内部管理要效益，从根本上提升债权清收生产力

（1）债权管理是"一把手"工程，老板要亲自抓，赋予债权管理一切资源。

债权管理的目的就是把逾期货款收回来，收回来谁受益最大？公司股东！收不回来谁损失最大？公司股东！信用销售比例居高不下，大量货款及利润以债权形式存在，债权不仅关系到企业生死存亡，更关系到股东的投资回报能否实现。如此重要的事情，需要核心股东亲自管理，最忌讳委托职业经理人管理债权，血淋淋的事实证明，债权由职业经理人掌管的，成功案例少之又少。核心股东管理债权，可以调动公司一切资源为债权工作服务，也能激发债权人员积极性，更能掌握现金流量，为公司治理提供贴近实际的决策。

（2）把债权管理列为公司第一价值观，坚决不允许任何人践踏货款管理制度。

在财务三表中，大多数企业家更关心利润表，容易忽视现金流量表，甚至很多企业会计半年才做一次现金流量表，但决定一个企业生死存亡的并非"所有者权益"有多大，而是现金流能否满足企业日常运营需求。现金流如同人体血液，一旦供血不足，不论企业所有者权益多么庞大，企业都会瞬间倒闭。债权虽然属于流动资产，但非货币，有效流通性很差，公司不能以债权支付上游货款，不能以债权支付银行贷款，不能以债权支付公司运营费用或员工工资。因此，回收债权获取现金流是公司头等战略大事，公司应将回收债权列为公司第一价值观，动员全公司力量支持债权清收，将公司运营置于风险可控之下，这样才能保证公司现金流充足，实现可持续发展。

很多企业债权管理制度很丰富，但一旦遇到客户申请延付货款时，很多销售人员、服务人员、股东都会无视制度，替客户说情，甚至很多股东未经债权人员同意，私自答应延期支付，这让债权人员在客户面前的威信大打折扣，导致后期工作很难开展。作为公司股东，一定要带头遵守公司货款制度，在客户面前给债权人员树威信，才能做好债权管理。

（3）实施"三三制"信审，即销售、债权、服务人员均需对客户信审，充分降低风险发生概率。

信用审查是信用销售防范风险的第一道关口，实施"全员信审"对风险把控有很大裨益，按照概率理论，对风险筛查程序越完善、筛选风险人员数量越多，风险产生概率越小。销售人员最早接触客户，对客户的信用、工地、设备情况、财务、资产等情况了解最为透彻，可从客户还款能力及还款意愿方面进行首次筛选；债权人员通过家访，从专业信审角度筛选出风险客户，并与优质客户签订完善的法律文本，防止因销售人员口头承诺等造成后期还款纠纷；服务人员可从设备操作手册中挖掘有关购机人更多的个人信息，防备客户在还款过程中失联。

（4）优化债权团队薪酬体系，使债权人员收入在公司排名靠前，并按照薪酬制度及时兑现奖励。

2014年，在北京举办的一次全国性债权研讨会上，来自工程机械行业各个品牌的债权部长沟通债权团队薪酬体系，全国债权催收外勤人员平均工资6000~8000元/月，但有某一国产品牌担保公司总经理表示，他们公司债权催收外勤人员平均年薪15万元/年，公司货款逾期率不到2%，人员稳定性很好。笔者调研过债权人员薪酬期望值，他们更倾向于与本公司销售人员横向对比，符合按劳分配原则，收入不低于销售人员平均水平。

（5）适度给予债权人员一定特权，便于增加客户黏性与忠诚度。

在收款过程中，很多债权人员和客户关系比较熟悉，客户会通过债权人员提出很多诉求，比如：如果你们公司赠送我一次保养，我会多支付几期逾期款；或者如果你能够免除我的全额罚息，我会介绍朋友购买你的产品等。如果总经理能够给债权人员适当的应急处理特权，便于债权人员更好地维护客情关系，在增加回款的同时，也能对提升销量做出贡献。

（6）财务部门定期与客户对账，防止债权人员非法侵占客户货款。

很多公司债权监督制度不够完善，或者执行制度力度不大，债权人员非法占用公司货款情形层出不穷，给公司现金流管理带来了诸多麻烦。财务部门应当履行监控债权人员回款的职责，定期与终端客户对账，签订《对账函》，一方面能确定客户实际欠款金额，防止债权人员或销售人员挪用客户货款，另一方面对前期合同资料存在瑕疵的客户，可通过签署《月度对账函》补全材料，明确欠款本金、罚息金额，为将来可能出现诉讼提供书面证据。

（7）压缩管理周期，由按月考核向按天考核转变。

压缩管理周期是现代先进的企业管理理念，笔者看过一个资料，沃尔玛、7－11 等国际性零售企业，大多实施按小时管理模式，对下个小时的工作具有很强的指导价值。目前国内企业债权清收一般按月管理，很容易出现债权人员上旬清闲放松，中旬开始发力清收，下旬拼命回款的弊病，这种不均匀付出模式是造成回款不稳定的根源。

笔者给一些企业做咨询，要求他们压缩管理周期，实施按天管理考核，取得了非常好的效果，这个管理理念，是笔者对企业债权管理实践的重要贡献。具体操作模式如下：

① 将本月总回款任务额按天平均分布，如：当月回款任务 1000万元，债权部每天回款任务应该是 1000/30＝33（万元）。

② 将日任务分配到每个人，千斤重担人人挑，人人头上有指标。

③ 每天下班前以"微信战报"形式发布当日回款指标完成数据，发送给总经理、债权清收等人员。

④ 当天回款任务没有完成的，缺口部分自动叠加到第二天任务当中。

⑤ 对连续两天完不成回款任务的债权人员给予负激励，对周冠军、旬冠军给予精神及物质奖励。

对于债权管理本质的探索，让债权管理工作重点变得清晰起来。提升债权回收质量，首先要强化企业内部管理，将债权风险考核体系与销售人员、债权人员、售后服务人员等相关人员薪酬体系挂钩。同时加大对员工定期培训，因为很多客户逾期的真相是公司销售人员和服务人员惹了麻烦，但没有对该风险的制造者给予教育与技能提升，或者债权员工没有执行好债权管理制度。也就是说，大多数客户逾期并非恶意所为，只是企业内部管理不到位，给了客户通过违约手段提升经济收益的机会罢了。

债权管理经济学，是研究企业债权管理经济活动的规律，即如何通过科学、艺术、符合实际的债权管理方式，预防、控制债权风险及回收债权以实现利润增长、提升公司价值的规律。债权管理经济学的核心思想是通过研究、把握、运用债权管理经济规律，最大限度创造和实现企业价值，满足企业竞争需求与促进企业健康可持续发展。

正如马歇尔在《经济学原理》中所说，"经济学是一门研究财富的学问，同时也是一门研究人的学问"。债权管理经济学特别关注人在债权管理中的作用和价值，一方面研究"债务人"，另一方面研究"债权管理者"，通过观察人的外部表现，研究人的动机、动力、情感、人类本性，并充分借助和利用这些因素，防范债权风险，提升债权管理质量。

一、人力资源是债权管理最大的资本

债权管理运营效益，与管理人员的责任心、道德感、心理素质等自然人的主观性内容息息相关，同时也与管理人员的技术性、专业度、知识素养等客观内容正相关，这种工种，属于对人力资源质量高度依赖性的工作，而人力资源质量，与经济学中"生产率"概念密切相关，也就是每个债权管理人员的产出比，基于人的自然情况迥异，应收账款逾期率及财务呆坏账差异极为明显。

举个简单例子，很多企业债权管理运行不畅后，会更换债权管理部总经理，很大概率会起到"换帅如换刀"的效果，债权板块换帅后运营质量提升的概率，往往比营销、售后服务、综合管理、人力资源、财务等工种大出不少，所以，从经济学产出比来讲，企业总经理应该不断物色运营素质好、具有债权管理特质的管理人员。当然，具有优秀管理才华、能控制好逾期率及财务呆坏账比例的债权管理人员，往往对薪酬及职位有更高诉求，特别在当前竞争性劳动市场背景下，每个社会人都会衡量劳动量和收益比，如果企业想让债权管理人员承担更多，那就要相对支付更多的薪酬或给予更多福利、更高职位等。如果企业历史债权管理质量差，完全可以战略性地选择最佳的薪酬—工作量组合，相信债权人员的投资产出比会非常高。曾获诺贝尔经济学奖的美国经济学家舒尔茨指出，在过去半个多世纪的美国经济增长中，物质资源投资增加4.5倍，收益增加3.5倍；人力资源投资增加3.5倍，收益却增加了17.5倍。加大对债权管理人员投入，带来的高产出能大幅降低企业财务风险，也能大大提高上游企业的合作满意度，对企业直接、间接回报都会很高。

当然，薪酬成本是相对的，可以采取低底薪、高提成的绩效导向型模式，也可以独立核算，如果半年或全年债权项目盈利的话，可按照收益额给予一定比例分红。同时，企业家必须很明确，债权部门人员数量多少，也要科学核定，尽量做到在绩效有保证的前提下，人员更少，单个员工收益更高，更有利于提升员工积极性。总之，要让债权管理人员的付出和收获成正比，这一点是调动员工积极性的核心要义。美国经济学家斯蒂格利茨曾经说过，如果人们认为他们得到了公平对待，他们不仅会有工作满足感，并且能够更卖力地为雇主工作。

二、实现债权生态链条各要素的整合，创造更大财务价值

要做好债权管理，首先得认真考虑，整个企业运营生态链上，有哪些部门的效率与债权管理质量相关，我们会梳理出这么一条生态链：销售—债权—售后服务/财务—销售，债权起源于销售，又在财务确认后，形成新的销售链条，所有四个板块对客户的服务质量，都会影响到债权实现，这就需要整个企业运营生态链条要素努力合作，才是做好债权管理的本质所在。

如果把"销售—债权—售后服务/财务—销售"理解成债权管理显性生产要素的话，还有产品力、管理软件技术力等隐性生产要素，也能在很大程度上影响到债权实现。首先，产品力。产品是客户购买价值的直接体现，如果产品更加智能化、人性化，节能、舒适性、稳定性和可靠性更高，一般客户满意度也会更高，为了争取到获得下次购买的优惠机会，客户本能地会正常履约还款；相反，如果产品力比竞争对手明显差一些，售后维修无法弥补产品天然缺陷的话，债权管理纵然有天大本事，也难于降低逾期率。其次，管理软件技术力。实践表明，智能化的管理平台，对于债权管理质量帮助很大，有的企业购置了先进的管理软件，在客户应付款当月，会持续发若干条短信提示，短信内容翔实而清晰：应付款日、付款金额（逾期额、本月到期货款金额）、违约利息、付款账号等，如果到期客户未付款，系统会自动提示，告知债权管理人员，需要联系客户，协商对策，这样的管理方案，一方面告知客户付款金额，有效防止客户记错付款金额，付

款不足造成逾期，另一方面，通过短信提示告知债权人员催收责任，管理疏而不漏，债权运营效果更佳。

同时，实现债权生态链条生产要素的整合，还有另外一个好处，一旦债权部门将风险管控文化渗透到各个部门和员工意识中的时候，公司整体的运营质量就会显著提高，不只是财务风险可控，运营风险、市场风险、法律风险都可大幅下降，此时，企业就具有了向外扩张经营的风险管控资本，可以进一步扩张版图并为企业带来更大的利润。

三、债权管理成本大起底

1. 机会成本，就是与债权管理逾期、呆坏账等价现金流的经济价值最大化回报

债权管理不合格，意味着债务人逾期导致公司利润实现时间滞后及可能产生呆坏账，对于这部分资金，我们实际上被动放弃了借助市场经济手段实现价值最大化，也就是产生了机会成本，降低了经济收益。而且，仔细分析发现，机会成本不小，比如为了清欠该部分债权，还要花大量人力物力，甚至诉讼成本，同时，时间拖得越久，清欠成本越大，二者高度正相关。但是很多机会成本并不体现在企业损益表内，导致很多企业家并没有认真核算机会成本到底有多大，没有确定的数据分析，对实际债权管理机会成本重视度不够。

2. 债权管理成本分析

经济学上，成本＝固定成本＋变动成本，债权管理成本名目繁多，累计成本大，具体见表 3-1。

表 3-1 债权管理的成本构成

序号	类型	成本子项目	内容
1	固定成本	经营费用分摊	指企业正常经营的固定费用分摊，如办公场所租赁、固定资产折旧、企业日常管理费用等，在经营体独立核算时，需要分摊到每个事业部，包括债权管理部门
		基本薪金	指企业应支付给债权管理人员的底薪、五险一金等
		办公车辆	指企业为了提升债权管理人员工作效率，往往会为债权管理人员购置/租赁办公车辆，或对车改补贴部分金额
		办公费用	指企业为债权管理人员提供的电脑、各类办公设施等费用
2	变动成本	降逾奖金	清收回逾期货款后，需要向债权管理人员支付激励薪酬，如降低逾期提成奖金、利息分成等
		差旅费	债权管理人员上门催收，需要真实花销的差旅费用，如交通费、食宿等
		诉讼成本	一旦客户逾期增加，还款意向和能力降低，需要向法院提起诉讼所支付的诉讼费、保全费、律师代理费、公告费、评估费等各种开支
		取回标的物费用	如果债务人经营下滑导致无力支付余款，为了降低损失，需取回标的物产生的各类费用
		利息成本	利息成本 = 逾期金额 × 需要向上游支付的逾期利率 - 实际向债务人收到的利息
		呆坏账	因为债权管理不力产生的呆坏账损失之和，如法院诉讼后未执行回款部分、债务人死亡造成的损失、债务人涉嫌刑事犯罪被抓无法偿付、债务人破产无力偿付等损失、债权车变现亏损等

从表 3-1 不难看出，债权管理变动成本很大，也就是说，债权管理成本与债权管理质量息息相关，如果逾期金额大且快速增长，那么降逾奖金、员工差旅费、诉讼费等变动成本会大幅上升。因此，从

经济学视角看待，作为管理者，首先要明确债权管理对公司造成的成本压力来源，然后重视债权管理细节，以预防为主，一旦逾期率上升，势必给公司造成成本及现金流压力。

3. 提高债权管理质量，省下来的成本都是纯利润

营业利润＝营业收入－营业成本－营业税金及附加－销售费用－管理费用－财务费用＋营业外收益－营业外支出。企业经营中，在营业收入、营业成本、营业税金及附加在相对稳定或理性增长的前提下，影响利润的主要部分就是三大费用（销售费用、财务费用、管理费用）及营业外收入、营业外支出。

债权管理作为一门科学，其最根本的经济学规律是货款零逾期时公司财务成本最低、收益最大，一旦逾期，成本必然上升，公司利润额必然下降。债权管理做好了，变动成本会无限降低，甚至会无限接近于零，所以，从经济学角度考量，认识债权管理本质的财务意义，就是债权逾期处于低位状态下，节省下来的管理费用、财务费用，统统都是纯利润。还有一块，就是营业外收益，主要是投资收益，也就是机会成本，如果债权按期足额回收，我们就不会损失该部分资金的投资收益。总之，作为专业债权管理人员，我们在实践中，要深刻地认识到债权管理的经济价值，但总经理往往是职业经理人，很多人都不具备专业的财务经济知识，是债权管理外行人，对债权管理没有给予理性的足够的重视，只是将债权管理作为一个公司后台管理部门，定位为"救火队"，殊不知，这种不科学的经营理念及实践给公司造成了难以估量的利润损失。总结一下，逾期降低了，省下来的费用和成本都是纯利润，大道至简，事情就这么简单，真理就这么掷地有声。

四、反映债权管理质量的核心经济指标

工作实践中，笔者发现每个企业家对债权管理数据关注点不同，有个性也有共性，认真研究之后发现：这些共性的东西就是衡量债权管理质量的核心指标，具体见表3－2。

表3－2　　　　　债权逾期率、逾期账龄及处置方案

序号	逾期期数	2016 年		2017 年		2018 年		合计	
		金额（万元）	比重（%）	金额（万元）	比重（%）	金额（万元）	比重（%）	金额（万元）	比重（%）
1	1～2 期								
2	3～4 期								
3	5 期及以上								
合计									
逾期债权处置方案		2016 年		2017 年		2018 年		合计	
		金额（万元）	比重（%）	金额（万元）	比重（%）	金额（万元）	比重（%）	金额（万元）	比重（%）
继续催收									
计划起诉									
已经诉讼									
合计									

1. 期末逾期率

（1）计算公式：期末逾期率＝期末逾期额/期末应收账款余额×100%。

（2）期末逾期率是反映债权按期归还情况，从是否按期足额还款的角度反映债权风险。监控期末逾期率，目的是促进公司尽快催收逾期的债权。

2. 逾期账龄

逾期账龄，指债权逾期的时间长度，由于应收账款属于流动资产，所以，逾期账龄超过一定时间，势必会造成呆坏账损失，逾期账龄越长，资金效率越低，发生坏账的风险越大，产生的财务成本越高。

3. 季度呆坏账利润比

（1）计算公式：季度呆坏账利润比 = 季度末呆坏账总额/季度累计净利润 ×100％。

（2）季度呆坏账利润比，反映的是本季度内，债权运营产生的呆坏账占据净利润总和的比重，如果占比过高，说明呆坏账已经严重威胁到公司利润的实现，要引起高度重视，采取可行性措施，降低呆坏账比重，确保利润的实现。

如果能够管控好上述三个指标，那么公司债权运行就会趋于健康。

五、员工信心指数对债权管理有重大影响作用

员工信心指数，是反映员工对所在企业发展信心高低的指标，综合反映员工当下对自己在公司发展状态的满意度、发展前景、自身收入、工作幸福感、心理状态等主观感受。按照马克思主义唯物论，人是生产力的主体，员工信心指数高低直接影响企业当下及未来发展

水平。

根据社会学理论，信心是收入的函数。债权管理为公司回收现金流，直接影响公司是否有充足现金流为员工按时发放工资，我们遇到过有些企业在现金流承受压力后，薪酬兑现延期达半年之久，原因是公司货款逾期严重，账面利润几千万元，却没有现金为员工发放工资，久而久之致使员工离职。这是很简单的道理，员工也需要养家糊口，公司连工资都迟迟发不下来，员工信心指数降到极低，哪来的热情为工作付出，执行力自然下降，何谈市场竞争力呢。

常言道，"现金流为王"，当我们亲身体验过企业的经营管理，才认识到这句话的真正价值，现金流充足的时候，员工可能感受不到什么好处，一旦现金流不足甚至断裂，员工信心指数立马下降，市场占有率及利润随之下滑。可见，债权管理是多么重要，这就像人的健康一样，身体健康的时候，你可能感觉不到什么好处，反正大家都一样，一旦身体不好，气血运行不畅，你自己做什么都没有劲儿，感觉世界一片灰暗，何况只是在企业里谋个生计的员工呢。

六、劣质信用经济是必须放弃的"无效资产"

在工程机械等信用销售比重较高的行业，2009～2012年市场容量暴增，2013～2016年迎来行业大萧条时期，似乎验证了那句古话"上帝要你灭亡，必先令你疯狂"，这句话里面包含着深厚的经济学常识，风险往往不存在于行业萧条之时，而是存在于超常规高速发展之中，特别是当个别行业适逢国家宏观政策调控，进入了国家重点发展领域，行业被推动着进入高速发展通道时，一定要冷静思考，一旦政策转向，风口不再吹向你的时候，你能否实现平安着陆？

国家四万亿投资刺激经济之后，工程机械行业迅猛提速，各主力厂家生产性矛盾大于营销性矛盾，产品供不应求，只要能生产出来，就有客户排队购买，然而经济发展是有规律的，过热后必然遇冷。2012年下半年之后，国内大量工程停工，工程机械设备闲置，行业大面积出现债权风险，厂商没有做好应对突如其来的债权风险的思想准备及债权管理人才储备，债权管理质量惨不忍睹，很多企业逾期率在30%以上，甚至高达50%以上，工程机械行业中引发大量的诉讼案件，且判决后执行效果不佳，致使行业内很多代理商现金流断裂，制造商大幅裁员，降低成本以求生存，厂商反目成仇后相互诉讼，代理商情急之下采取各类方式取回设备，引起很多社会纠纷，给社会带来了不安定因素。

工程机械行业出现的债权管理问题，本质上映射出了企业经营层面的问题。企业家对规模效应的孜孜追求，导致经理层为了迎合股东此项偏好，在市场营销中，顾头不顾尾，管理松懈，信用审查不严，通过信用销售，为公司吸纳了大量劣质客户，形成严重的经济泡沫，产生大量无效资产，一旦泡沫破裂，公司应收账款资产会大幅缩水。

"人间正道是沧桑"，企业经营本身就是企业家带领全体员工踏踏实实做人做事、实现个人价值和社会价值的自然历史过程，来不得半点虚假。正如古话所云"人在干，天在看"，真正做实业的企业家，都在认认真真建立并执行好风险管控机制，销售部门、债权部门、财务部门"三权分立"，各自独立，相互制约，债权专员通过资信调查，审核客户信用，一旦发现风险，应保障其具有一票否决权，事先把风险拒之门外；财务部门严格审核首付款及相关手续资料，手续齐全、货款达到标准后才允许将设备移交到客户手中，财务部门还要严格核算单台毛利率，毛利率低于一定比例，丧失了对冲风险的资本，也要限制销售。同时，销售部门应为客户量身定制一整套符合实际、完整的"资金解决方案"，并制定好风险预案，销售部门还应要求财务部门核算出客户出现风险的盈亏平衡点，提前做出预案，最大程度降低风险，确保实现利润。还是那句老话，应收账款只有转化成现金或现金等价物后，才是有效资产。能否真正实现利润，重点要求销售部门选择信用度高、实力强的客户，若因战略考量，必须拿下部分"劣质"客户，那么，一定要完善相关担保手续，包括自然人担保、企业担保、不动产担保等，确保该部分利润能够顺利实现。

七、逃不掉的经济周期，债权管理需"靠己不靠天"

经济周期，又称商业周期或景气循环，一般指经济活动沿着经济发展的总体趋势所经历的有规律的扩张和收缩，也即国民总产出、总收入和总就业的波动，呈现国民收入或总体经济活动扩张与收缩的交替或周期性变化，经济周期是市场经济的基本特征。

从事债权管理工作的人都知道，大多数债务人在正常情况下，不想恶意赖账，他们也想正常履约、诚实守信，做一名合法的社会公民，但一旦经济下行，大多数债务人的营业收入或多或少都要受到影响，特别是以投资拉动为主、对宏观经济形势比较敏感的行业，如煤炭、钢铁、水泥、工程机械、房地产等行业，企业收益和现金流会大打折扣，如果经济下行时间较长的话，会对部分资产负债率较高的企业造成毁灭性打击。2012 年下半年至 2016 年下半年 4 年间，以赊销为主的工程机械等行业经历了现金流压力极大的 4 年，很多企业倒闭，就连业内"大象级"企业都持续亏损，原因很简单，终端购机用户收入直线下降，甚至倒闭，无力如期偿付债务。

在市场经济条件下，企业家越来越关注"经济大气候"变化，根据笔者从事债权管理多年的经验来看，很大一部分中国企业家对经济形势关注的本来目的，是投机主义的功利心态，找风口，探政策，寻求政府项目支持，企业发展过程中经受的磨难太少，致使一些企业家"逆商"很低，经济形势好时，企业靠自然增长赚钱，盲目扩大产能，经济下行时，在连续亏损面前无能为力，垂头丧气，连小孩都不如。当然，我们也见过一位业内知名企业家，为了渡过行业里的寒冬，把自己及另外两个股东的家搬到公司办公室楼上，上班和生活在同一栋楼里，每天工作时间比员工都长，工作辛劳，关键事项亲力亲为，公司各类会议，只要时间能安排开，他一定会参加。同时，他亲自审批《信用销售审批单》，确认该笔信用销售无风险后才允许实现交易，其实并不是他火眼金睛，能看到未来 2~3 年的债权风险，而是他真正懂经营、懂人心、懂世道，员工尊重他，为了避免在老板面前尴尬，总是将很多问题解决掉后才给他汇报，大大降低了债权风险。他所经营的几家公司效益非常稳定，利润率高，逾期率很低，现金流充沛，跟他"无视"经济大气候，只在乎"日事日清、日事日毕"，一心一意搞经营，踏踏实实钻市场，平心静气谋发展的心态密不可分，正所谓"任尔东西南北风，咬定青山不放松"。

八、逆袭上位只为实现债权金融盈利

格言：

> 周虽旧邦，其命维新。债权管理制度要随着经济环境和企业自身发展而变化，这就是债权管理战略。

一般企业认为，债权管理只会给公司增加成本，是公司的"成本中心"，2015年10月笔者在杭州做企业调研培训时，提出"生存经济学"概念，经过半年多与20多位企业家探讨论证后，2016年5月，在《今日工程机械》杂志发表文章"工程机械行业的生存经济学"一文，引起良好的行业反响。在文中，按照管理学之父德鲁克的思想，笔者把公司各个经营部门分为成本中心和利润中心。传统思想认为债权管理事业部属于成本中心，但在工作实践中，笔者不断引导50多家企业，重新定位债权，不要把客户债权逾期当做包袱，而要当做金融资产经营，实现债权盈利。在笔者的影响下，目前笔者所管理的几十家企业都已经实现债权盈利，成功转型成为公司利润中心。

1. 先回收滞纳金，后回收本金

很多企业认为，债务人货款逾期，能将本金足额支付就不错了，这是"营销至上"理念之下先入为主的错误思想。企业总想维护好客情关系，却忽略了人性本能，如果客户没有违约成本，也就是债权人放弃了对债务人违约责任的追究，那么客户会继续违约，反正违约也无所谓。所以，经营者要树立正确思路，一定要让客户有高昂的违约成本，客户才会在成本压力下，按时支付货款。

2. 滞纳金不能打折，分文不能少

由于我国征信系统还不够完善，对一般企业而言，无法影响到客户最终征信，因此，足额收取滞纳金是对客户违约行为的唯一约束，要坚决执行到位。实践中，笔者见过很多企业家"心慈手软"，人情之下，为客户滞纳金打折，甚至全部减免，弄得债权管理人员无法正常开展工作。所以，如果非要给客户折让，就折让本金，而非折让滞纳金，客户受到成本教育后，会降低违约频次。

3. 高额提成，驱动债权人员回收滞纳金

现实中，向债务人收取滞纳金其实是一件非常艰难的事情，债务人会以各种理由抗拒支付，但不收取不行。所以，笔者在实践调研中发现比较成功的做法是将滞纳金收取额的20%～50%作为业绩提成，鼓励债权人员回收滞纳金，在提升公司债权收益的同时，也大幅提升了员工薪酬待遇，提高了员工满意度和信心指数。

企业通过以上三种管理方式转变思维，认真经营债权金融，按照合同约定条款回收滞纳金，会有转亏为盈的机会，并实现债权板块的盈利。试想，如果企业建立起每个部门都能产生盈利的机制和办法，企业盈利将指日可待！

No Overdue Debt | 第四章

In The World | 如何成为优秀的债权管理者

在《债权管理经济学》中，笔者创造性地提出了"实现债权生态链条的生产要素整合，创造更大财务价值"，本质是"债权管理合力论"。即债权回收的结果，是在客户"拖延付款的本性"与公司每位员工对其"债权管理"的较量中产生的，每位员工对客户的"债权管理"形成驱动客户履约的正向合力，客户"拖延付款的本性"是驱动客户履约的负向力量，正向合力和负向力量通过"力的合成"，形成最终债权回收结果。债权管理就这样自然而然地发生和进行着，公司每位员工对客户的"债权管理"都有所贡献，共同影响债权管理的终极结果。

基于"债权管理合力论"，与客户接触的主要角色都应该掌握本岗位所涉及的债权管理技能，比如公司总经理如何建立健全债权管理体系，弘扬债权风险文化；债权总经理如何带领团队做好资信调查和催收；销售人员如何预防与控制好债权风险等等。拥有债权管理的正确价值观和先进技能，才能有主动意识和客观能力服务于债权管理，促进公司债权管理更上一个台阶。

一、公司总经理如何做好债权管理

格言：

组织内部只有成本，成果却往往存在于组织外部，债权管理的真谛就在于用制度拉近每一名员工与客户的距离，让每一名员工时刻处于与客户沟通或见面的状态。

债权管理是一把手工程，总经理要亲自抓债权管理，从文化塑造上、制度保障上、人员配置上、薪酬激励上做好保障，确保遇到各类问题时，都有应对方案。

1. 树立"现金流为首"的经营价值观

现金流、利润率和市场占有率是总经理经营管理的三大对象。现金流是公司的"血液"，是公司正常运转的命脉，它以收付实现制为核算基础，是考量公司风险的首要指标；利润是股东追求的经济回报，只有在现金流健康的前提下，才有意义；市场占有率是职业经理人的最爱，但并非股东们的宠儿，只有在债权风险可控时，市场占有率提升才有积极的财务意义。

笔者调研发现，当前我国的赊销型行业大多在完全竞争领域，属买方市场，买家在交易中占据主动地位，很大一部分买家要求卖家降低首付比例，卖家需要为买家垫付资金支付上游货款，充足的现金流俨然已经成为决定企业具有竞争优势的重要砝码，甚至是提升市场占有率的决定性因素。

反之，一旦债权回收下降，现金流不足或断裂，公司只能自取灭亡。举个例子，2009～2011年，国内某工程机械代理商被制造商列为标杆，得到了商务政策、现金流、铺货等全方位支持，销量和市场占有率大幅度增长，公司规模迅速扩张，当年度账面利润是前5年之和，一派繁荣景象。2012年，国家宏观调控关停了很多矿山、砂石料厂，房地产经济增速放缓，钢铁、煤炭等企业由于库存过剩缩小产量，大量工程机械设备闲置，债权无法收回，该代理商债权逾期率快速上升，产生巨额呆坏账，现金流严重紧缺，无法继续偿还上游到期货款，负债累累。最终，制造商一纸诉状刺破了光彩的泡沫，代理商破产清算。

在工程机械等赊销型行业，激烈的市场竞争大幅降低了企业利润，企业仅靠销售新产品维持现金流运转的可能性几乎为零。加强债权管理，按期足额收回债权，确保现金流为正，是对抗经营风险的正道，总经理强化债权管理势在必行。

2. 建立持久的财务主导型债权管理制度

在科学高效的债权管理体系中，债权部门应该与财务部门产生协同效应，共建财务主导型债权管理制度。债权部与财务部信息双向流动，既相互配合，又相互监督；债权部门主要对外，面向客户，负责催款；财务部主要对内，负责记账、核账、出具《对账函》、开具发票等；财务部为债权部员工提供翔实、准确的客户债权数据和还款明细，债权部依据财务部提供的客户债权数据、还款对账单进行电话催收或上门催收，并及时与财务部确认。两个部门定期核对债权数据，及时发现异常，及早采取补救措施。

笔者认为，总经理建立财务主导型债权管理制度十分必要。

（1）财务部是专业的财务数据统计与分析部门，是公司债权账目收支的记录部门，财务部有专业的债权会计，能够规范账务处理，保证公司债权数据的准确性，为债权人员催收或者法务人员诉讼提供准确的数据支撑。

（2）财务部可以依据债权即时回收情况，做出准确的现金流预算，并依据预算对现金流实施动态管控。

（3）财务部要求债权部员工定期和客户对账，有效监督债权部工作是否落地，发现或防范债权人员徇私舞弊行为，有效保护公司的债权资产安全。

现实中有部分企业债权部和财务部完全分离，二者各自记录一套债权台账，经常出现个别客户账目不符，造成公司应收账款丢失情形，甚至部分债权人员浑水摸鱼，借机挪用货款，谋取私利。

笔者调研过 A、B 两家企业，A 公司实行财务主导型债权管理制度，每周一下午 2 点准时召开例会，两个部门共同核对债权账目，并就上周债权管理中客户提出的问题协商解决。该公司债权账目清晰、数据准确，公司每月的财务预算也很及时。B 公司财务部与债权部工作职责界限非常清晰，两个部门各干各的工作，只有点对点的沟通，工作中摩擦不断，互相埋怨，有时候财务部收到了一笔货款，却找不到支付该笔货款的客户，成为"无头账"，债权部催收到客户货款也不积极通知财务部，甚至有些债权人员较长时间占用现金货款，却没有相应部门监督，公司债权管理质量低下。

3. 创造良好的债权管理环境

强化债权管理的另一要义是为债权管理创造良好的工作环境或条

件，在实际工作中，良好的债权管理环境包括科学的组织架构、有竞争力的薪酬体系以及良好的外部社会关系等。

（1）更新组织架构：特殊形势下提高债权部长职级。

出现金融危机、行业风险、核心客户经营质量下降、重点销售区域经济严重下滑等风险情景时，债权逾期增加，催收难度增大，客观形势推动债权清收成为公司当下首要战略。为了尽快扭转被动局面，总经理需要优化资源配置，更新组织架构，提高债权部职位级别，让债权总经理职务级别高于其他部门。

提高债权总经理职级，意味着公司赋予债权部更大的责任与权力，便于协调其他部门共同开展清收工作；也自动授予了债权部更大的自主决策权，减少了向上请示的频次，提高了工作效率；同时，增强了债权总经理的话语权，可以给欠款客户更大威慑，有效提升债权清收效率。相反，如果债权部总经理职级过低，处理客户逾期时还需层层请示，很可能会贻误时机，影响回款效果。2015 年，一些行业出现严重债权风险时，很多优秀的债权总经理行政级别升至公司副总经理，直接向总经理甚至董事长汇报，无形中加大了债权管理力度，明显提升了回款效果。

（2）更新薪酬体系：采取"低底薪、高提成"薪酬模式，充分体现"多劳多得"原则。

基于债权工作特性，债权部门薪酬设计应遵循两个原则：一是多劳多得原则，即强化员工的业绩核算；二是如果债权逾期形势严重，债权人员的总体收入要高于其他部门。与销售工作相比，债权管理工作风险更大，债权人员往往要付出更多的体力和精力才能完成指标，特别是账龄超过 3 年以上的逾期款，回收难度极大。公司薪酬体系一定要强化"收益与劳动付出成正比，收益与风险担当成正比"的原则，且按时足额兑现薪酬，千万不能在兑现的时候以各种理由大打折扣。

现实中发现，有竞争力的薪酬制度是调动债权人员催款积极性，降低债权逾期率的不二法宝，以此实现公司和员工双赢局面。

实践证实，"低底薪、高提成"的薪酬制度，比较适用于债权管理工作，底薪占总收入20%左右，其余部分实行绩效考核制度，根据债权人员月度回款率、逾期率降幅、恶性逾期客户处置进度、新客户逾期率等多维考核指标核算。如果底薪偏低，就要增加业绩提成比例。同时，考虑到债权工作特殊性，企业应该为债权人员购买社会保险及人身意外商业险，这既降低了公司用人风险，也能使债权人员有一定安全感，确保了债权人员工作稳定性。

（3）建立良好的外部社会关系。

总经理需同辖区内公安、法院等国家机关持续保持良好的业务沟通，建立并维持良好的社会关系。对一些没有还款能力或不愿意按合同履行还款义务的客户，公司需要通过外部社会关系，维护自身的合法权益。

总经理还需与一些专业资产管理公司建立良好合作关系。如遇到客户既不能继续支付货款又拒不归还设备的（信用销售设备的所有权归出售方或出租方），就要依据买卖合同或租赁合同，授权他们行使"标的物取回权"，将损失降到最低。

良好的社会关系能让债权管理工作事半功倍，而这种关系的取得，离不开公司总经理的重视及协调。

4. 带头敬畏、严格遵守并执行公司债权管理制度

信用经济把债权管理推到了前所未有的重要位置，尤其是当市场下行的时候，债权管理成为公司运营发展的主要工作。总经理是债权管理项目的一把手，要带头敬畏、严格遵守并执行公司债权管理制度。债权管理制度是公司管理债权业务的根本依据，是实现公司现金流、利润目标与持续经营的保障，也是公司控制经营风险的关键。作为总经理，应严格遵守公司债权管理制度和工作流程，以身作则，维护制度的权威性，才能打造出纪律性好、执行力强的债权管理团队。任何形式的特权主义，都是对公司债权管理制度的破坏，都会对债权管理工作产生实质性的负面影响，债权管理的各项工作必须依规进行才能有效运行。

笔者采访过一家企业，其债权管理的方式为科学管理提供了反面教材。公司老板兼总经理事无巨细，事必躬亲，以"家长"身份自居，实行"一言堂"，为了提升销量和市场占有率，获取高额利润，时常不考虑公司债权管理制度，让制度成为摆设，只要销售总监认为是可以信任的大客户，即使信审专员经过资信调查后发现了很多风险漏洞，他也主观地认为信审专员判断失误，以他的经验判断这类客户没有财务风险。这样做的结果是，债权部门失去了权力，失去了威信，经常被销售部门指责，债权人员丧失了工作积极性，以"领导怎么安排，我就怎么做"的心态被动开展工作，风险越积越多。2014年，市场形势持续下滑，该公司债权逾期率高达37%，其中主要逾期对象，就是信审专员否决过的那几位大客户。

实务中，很多公司成立了独立的担保公司，其职责是负责售前环节的信用审查和售后环节的债权管理，直接对董事长或董事会负责，

总经理在职责范围内对债权管理工作做出指示或提出意见，具体工作由担保公司按照公司债权管理制度和工作流程执行。实践证明，独立性更强的担保公司接管债权部的全部职能，能够有效降低销售部门干扰债权管理的概率。当然，某些特殊情况下，需要做出有悖于既有管理制度决策的，担保公司应当具体问题具体分析，与其他部门及公司相关领导充分协商、有充分预案后执行。

债权管理对企业的重要性无须赘述，如果总经理深谙债权管理规律并扎实实践，我们认为，财务风险还是比较容易控制在合理范围之内的；反之，公司一定会面临诸多不确定性，使运营风险加大。在新时代新经济背景下，总经理要认真研究债权管理规律，让债权管理能力成为公司核心竞争力，以充足的现金流迎接新挑战。

二、如何做一名优秀的债权总经理

格言：

债权管理难，难在客户一直处于动态变化中，我们没有办法左右客户变化，唯有走在客户变化之前做好风险防范措施。

债权管理部门是公司控制债权风险的主要责任部门，其工作重点是通过建立健全债权管理制度与实践，有效规避风险、控制风险、降低风险、处置风险、消除风险，甚至通过驾驭风险赢得市场占有率，赢得利润，保证公司快速、持续、健康、稳定发展。如何做一名优秀的债权总经理，是债权管理的首要问题。

1. 债权总经理的角色定位

（1）向团队宣贯公司债权管理战略及目标。

债权总经理作为公司债权部门负责人，承担着"承上启下"的重要作用，要充分发挥好桥梁作用，做好公司与员工之间沟通的纽带。年初，将公司制定的全年债权管理战略、逾期控制目标及具体管理制度给员工宣传到位。在日常运营中，为员工解释好公司根据市场形势变化而改变的债权管理策略和目标，让员工充分理解变化的意义及行动措施。

（2）为实现公司债权业绩目标和提升员工物质和精神收益负责。

债权总经理主要职责是带领团队实现公司债权管理目标。债权总经理需将业绩目标分解到每一月、每一天、每一位员工，并与团队充分沟通，统一思想、统一目标，齐心协力，达成公司业绩目标，提高员工物质和精神收益，实现公司和员工双赢。

（3）建立符合时宜的债权团队文化。

作为债权管理一把手，要不断反思，在当下时间、空间，团队需要什么样的文化，比如某些资源型市场开工率急剧下降，2 年及以上账龄债权金额占比超过 25%，可能需要狠一点的狼性文化；某些区域大客户逾期占比很高，大客户失去还款信用或能力，导致公司现金流为负，则需要法务文化；若逾期控制得很好，公司急需提升市场占有率，那么以人为本的服务性文化比较符合实际。总之，团队文化跟随战略，随着市场形势变化而变化，这是团队文化管理建设的内涵。同时，债权总经理不仅要建立充满正能量的债权团队文化，而且要以身作则、率先垂范。

（4）建立完善有效的债权管理制度。

很多人对债权管理制度理解不够全面，其实债权管理制度的本质，就是将一些成功的、符合一般规律的债权管理模式形成制度，让大家共同遵守，提升回款率；同时通过制度规避一些常见的问题，让整个团队运营更加顺畅，绩效更加突出。

2. 债权总经理的主要工作内容

（1）完善并执行公司信用管理制度、流程及政策。

（2）监督信审专员对新客户进行信用考察，考察合格后签订合同。

（3）监督债权内勤审核、销售合同及附件资料，确保合同签署规范，没有瑕疵，完全合格。

（4）完善合同及相关资料档案管理制度，做到标准化流程，在人员发生调动时，更容易接手工作。

（5）根据实际情况设计和调整债权部薪酬及奖惩体系。

（6）组织月度、周度或临时债权管理会议。

（7）制定月度、每日催收目标，发放催款日报表。

（8）监督债权内勤/债权会计每天更新并发放最新的债权管理台账，督促债权内勤与财务会计季度对账，特别是与客户对账前，必须与财务核对一致，一旦发现问题，及时调整。

（9）对各外勤催收人员情况进行业务跟踪，了解时时情况，不断纠偏。

（10）保持内勤与外勤的工作高度衔接，做到随时配合，共同解决遇到的问题。

（11）招聘优秀新员工，淘汰绩效落后员工，持续对员工进行培训，促进业务水平不断提升。

（12）负责协调客户出险索赔工作。

（13）管理法务催收。

（14）起诉恶意逾期客户。

（15）协调银行、法院、律师事务所等相关社会关系。

（16）每月或定期组织典型案例分析沙龙活动，包括逾期形成原因及预防措施等。

（17）定期邀请其他公司高水平法务或债权人员参与在不同角色下债权问题的推演讨论，融合多方智慧，形成债权管理经典案例库。

（18）邀请法官讲述司法实践经验及如何加速诉讼和执行进度。

3. 债权总经理工作责任

（1）在公司总经理授权范围内，对整机信用考察流程完整性和结果负责，确保风险客户不进门，进门客户有担保。

（2）向全体员工宣传公司风险文化，提高全员风控意识，要求每个员工在风险可控前提下开展工作。

（3）对公司应收账款逾期率负责，确保在安全线以下。

（4）对公司客户规模负责，可以因为逾期控制丢失恶性客户，不能因为债权控制丢失优质客户。

（5）对客户自身的债权进行适当关注，必要时提供司法援助。

（6）对公司债权数据保密性负责。

（7）对合理安排员工工作、合理授权、制定工作标准、对员工工作量饱和度负责。

（8）对调动债权部员工工作积极性、提升工作能力负责，确保员工战斗力持续提升。

（9）对培养新员工、为公司发展培养阶梯队伍负责。

4. 债权总经理工作权限

（1）经公司授权，有权拟定相关信用管理制度、流程和政策，报总经理审批。

（2）有权对信审专员认为有风险的大客户安排其他信审专员重新进行资信调查。

（3）根据工作需要，有权查阅各部门档案文件。

（4）对所属部门人员的任免、职级调整有决策权。

（5）有权要求销售、售后服务等公司人员配合重点客户清收工作。

（6）有权检查债权部员工的日常工作。

（7）有权要求总经理聘请外部专家对债权部全体员工进行培训。

（8）有权要求为公司债权事业做出重大贡献的优秀员工给予额外奖励。

（9）有权要求公司按照财务制度，及时足额兑现债权人员薪酬。

（10）在处理个别纠纷、疑难案件时，为了加速进度，解决问题，有权依据实际情况对客户赠送部分配件。

（11）有权针对实际情况对个别客户减免部分或全额滞纳金。

（12）有权依据信审结果调整客户信用销售政策。

5. 债权总经理职业道德要求

（1）热爱债权管理工作，立志成为债权管理一流人才，为实现公司债权管理目标及经营计划奋斗终生。

（2）诚信、正直、廉洁。拥有"耐得住寂寞、抵得住诱惑、稳得住性子"的工作作风，在工作中能够承受住各方压力，不拿客户一针一线，一心一意为公司谋福利，控制好逾期，实现公司健康运营。

（3）以身作则、率先垂范。对重点逾期客户，债权总经理要挺身而出，勇于亮剑，帮助员工解决困难。

（4）忠于职守，乐于奉献。无私奉献，妥善解决一些疑难杂症，把优质客户留给公司。

（5）培养团队作战的精神，不能让员工单打独斗，居功自傲。

（6）让自己具有接受或创造新观念的能力，并能说服团队接受新观念，提高团队整体协作能力。

（7）培养归零的心态。我们的客户是复杂的社会人，所以债权管理工作极具复杂性、持续性，多变性，每个客户独具个性，债权催收都要从零开始，具体问题具体分析。

6. 债权总经理组织例会方法

（1）每月5日定期召开月度债权例会。

（2）要求公司总经理、销售负责人、服务负责人、财务负责人、法务负责人、债权部全体员工参加。

（3）债权总经理在每月4日前做好会议PPT及相关准备工作，PPT汇报以数据为主。

（4）简单总结上月工作绩效，重点做好当月债权任务分解、重点客户处理方案、法务诉讼及执行工作推进，将重点工作形成会议决议项，监督执行。

（5）逐一分析客户，集思广益，为每个客户制定回款时间、回款方式、回款金额、逾期控制目标等。

（6）寻找最合适的人选，对重点逾期客户进行现场催收。

（7）诉讼是债权催收的最后一道防线，要重点关注法务诉讼问题，法务专员提出问题，债权总经理要协调专人按时完成，比如合同及附件资料不齐全，安排相关责任人在规定时间内补齐材料。

7. 债权总经理核心工作：债权催收

（1）债权催收 TSP 原则。

① T-time：持续催收时间越紧，节奏感越强，按时足额回款的可能性越大。

② S-skill：催收技巧越高，回款可能性越大。

③ P-pressure：给客户、债权团队及相关部门的压力越大，及时回款的可能性越大。

（2）债权催收指导思想：晓之以理、动之以情、导之以利、施之以法。

（3）债权催收技巧：缠、黏、勤、逼、快。

（4）债权催收的态度。

①"理直气壮，光明正大"。信用是成就事业和人生的核心资源，债权人员催收，实际上是在帮助客户建立良好的信用记录。如果客户逾期，会在个人信用体系中获得不良信用记录，导致他在事业发展过程中失去获得银行融资支持的机会。

②"会哭的孩子有奶吃"。债务人总是优先把钱付给对他压力最大的债权人，对于不能按时足额回款的客户，债权总经理要求债权外勤加大催收力度和频次。

（5）债权总经理要重点落实债权会议决议项。

（6）债权总经理要对催收过程管理到位，每天要与债权外勤人员电话沟通，防止催收人员懈怠工作。

（7）债权总经理将账龄超过 3 年的逾期债权单独拿出来，设置专门薪酬找专人清收。

（8）债权总经理要合理、合法地利用当地公安部门、法院的相关业务流程，达到不动一草一木，回收债权的目的。

（9）债权总经理要推崇智慧催收，切忌与客户发生正面冲突，遇到困难时，可采取树上花开、狐假虎威、借力打力等策略回收债权。

（10）债权总经理要购买业内最先进的债权管理信息系统，为债权催收提供最方便、最准确的数据与工具支持。

（11）债权总经理要主抓大客户逾期债权催收工作。

① 做好客情维护，遇到关键人及亲属生日、婚礼、疾病时及时出面送上祝福与帮助。

② 大客户产生逾期或潜在风险后，债权总经理要亲自面访催收。

③ 优先解决大客户提出的售后服务问题并保障服务质量。

④ 严密监控高风险大客户，一旦产生风险隐患，立即准备诉讼材料，对于诉讼资料不齐全的，安排专人补足材料等。

8. 债权总经理的高级进阶

（1）风险来自销售，债权总经理要向销售人员普及债权风险文化。

债权风险管理首要环节在销售经理，而不是债权部。债权总经理要通过各种会议或场合，向销售人员宣传债权风险可控是信用销售前提条件的健康态文化，通过培训告知销售人员明确、具体的防控措施，并建立健全销售人员，包括销售总监全程回款考核管理办法，采取个人薪酬收益与回款率全程挂钩考核机制，进一步提升销售人员风险管控动力，从源头上降低风险。

（2）债权总经理倡导并建立公司全员参与的风险管控体系。

公司每个业务流程都可能是"风险点"，每个员工都应是"风险闸门"。债权总经理倡导并建立公司全员参与的风险管控体系，让全体员工在开展风险防范工作时"有法可依，有章可循"。

9. 债权总经理的自我管理

（1）自我驱动，不断成长。

成长是每个人人生的终极目标，也是事业精进的必要历程，债权总经理作为部门负责人，承担着几千万元、几亿元的应收账款回收任务，可谓承载重托，责任重大，要购买一些债权管理、管理会计、心理学、销售学、管理学等方面的书籍，学习最前沿的管理知识；接受业内债权管理专家、导师的培训，提高自身债权专业管理能力与综合管理素养。

（2）自我时间管理，成为团队榜样。

把握并处理好时间管理的四个象限，为员工做好榜样，让员工也认识到时间的紧迫性，提升精进度。

（3）强化实践，成为专家。

债权总经理要么在逾期客户处催收，要么在去催收逾期客户的路上。虽然得到逾期客户真心话很难，但如果不清楚逾期客户真实想法，债权逾期控制将无从谈起。所以，债权总经理要不断深入市场一线，量变引起质变，久而久之，就掌握了客户逾期规律，从而能够形成优质债权管理方案。

（4）正确处理与下属的关系。

债权总经理的一言一行，都会影响到团队的士气与战斗力，在处理员工关系上，"工作中无朋友，朋友中无工作"，将饭桌和办公桌分开，不要因为个人情感影响工作进展和质量。

10. 债权部门可持续发展因素：和谐管理

债权管理人员常常与客户打心理战，同时在公司内部，往往与销售部门、售后服务部门、财务部门关系紧张，摩擦不断，所以很多债权人员深感心力交瘁。因此，和谐管理是建立团队稳定性不可或缺的一课。

（1）首先要做一名有感染力的教育家。

债权总经理要善于为员工塑造美好前景，强化员工信心，增强员工的荣誉感与自豪感。

（2）实施人性化管理。

在做工作分配时，债权总经理要根据员工意向、家庭住址、偏好、性格、信心度、客户类型等因素安排工作区域，尽量做到双向选择，让员工深感得到了尊重与支持。

（3）一旦员工在工作中受了委屈，债权总经理应第一时间出面协调解决。

（4）债权总经理要代理员工，与人力资源或财务部门谈判，确保员工薪酬及奖金按时足额发放，绝不拖欠。

（5）要求公司为员工购买人身意外保险。

一位企业家朋友曾向笔者说，"优秀的债权总经理，必须懂营销、懂心理学、懂财务、懂市场、懂工程、懂售后服务——反正与客户相关的，什么都得懂"。确实如此，债权管理工作，对债权总经理要求很高，甚至有些苛刻。在写本书期间，笔者认真分析了多位国内一线优秀债权总经理的特征，寻找共性，总结下来，竟然有这么多条，难怪国内优秀的债权总经理少之又少。正因如此，当前债权管理从业者，应抓住我国信用经济高速发展的历史机遇期尽快成熟起来，于国于己，都是利好。

三、20 名优秀债权总经理微课堂："我的成功说"

格言：

债权管理第一宝贵的资源是时间，第二宝贵的资源是人才，人才可以招聘培养，时间每过一秒钟，距离风险就近了一秒钟。

为了从成功实践的角度，挖掘优秀债权总经理管理基因，笔者采访了 20 名专业、优秀的债权总经理，请他们总结如何做好债权管理。结果令人惊喜，笔者发掘出大量"宝藏"，这些实践经验与智慧，包含着对过去债权管理实践的深度总结，以及对未来债权管理技术的思考。

Micro class 1 ········· 优秀债权总经理

（1）一名优秀债权经理必须具备基础性风险控制能力。

一是，对客户基本信息的了解能力，如：家庭成员的组成、家庭收入的来源、设备的去向及工程情况。

二是，必须有能力在与客户接触中对该客户还款能力、社会关系以及人品作出正确判断，从而拿出一套行之有效的催收方案，在保证公司风险最小化的同时让客户对公司信任最大化。

三是，债权人员须具有超强谈判能力，极具说服力，所谓的以智取胜，还要具有狭路相逢勇者胜的精神。

（2）对于风险客户必须进行"不信任管理"，所谓不信任管理首先必须随时掌握设备动向、客户社会关系的变动情况以及客户的思想动态，制定出一套有针对性的催收方法，找准该客户的心理弱点，加大力度并有效进行心理施压，根据其还款态度及能力进行综合性分析，拿出一套既能保证催回基本款项，又能让客户心服口服的方案，最重要的是这项方案必须长时间持续，这样才能真正使客户养成良好的还款习惯。

（3）做债权，首先是治人，然后是治物。现在许多还款能力差或还款意识差的客户或多或少都抱有一种"破罐子破摔"的想法，其实这是一种假象，也是一种典型的掩耳盗铃，他们就是想让这种假象来掩饰自己心里的恐慌，他们的恐慌说白了就是怕失去现在拥有的东西，即设备和设备带来的财富。在债权管理过程中，一旦催收策略真正落地，那些平时"死猪不怕开水烫"的客户均会表现出正常的反应。所以在与这类客户交流时不要只打雷不下雨，在必要的时候坚决言出必行，让其感受到"偷鸡不成蚀把米"的严重后果，从物质上和心理上双重打击违约行为。

优秀债权总经理

Micro class 2 ....

（1）提高全体员工思想意识、形成人人抓债权规避风险的良好局面。每周五下午召开全体员工债权清收专题会，教育全体员工认清市场风险，引导员工认识到债权工作重于销售工作的理念，从而使全体员工都能意识到债权工作是马虎不得的工作，一旦负债经营，导致资金链崩盘，每位员工都得丢掉饭碗。

（2）债权工作人员在销售部向客户交付产品之前要严格审核首付款，对没有按照合同规定交清首付款的，不允许将产品交付给客户，避免在合同初期就形成拖欠款的局面。

（3）维系客情关系，对信用客户予以表彰，对老赖客户坚决打击。日常工作中，要求销售经理在市场营销中经常去客户住地拜访，增进感情，了解客户是否能够正常还款。

Micro class 3 ──────── 优秀债权总经理

（1）一切为公的职业操守：债权工作要树正气，不能有私心、贪欲，挣阳光下的钱，是做好债权管理工作的前提。

（2）主人翁精神的责任心：把自己当成公司主人，把公司债权当成自己的债权进行管理催收，是做好债权管理的基础。

（3）精耕细作的工作态度：端正工作态度，在工作中不骄不躁，做好售前资信调查及对客户还款意识的培养工作，对尚欠的应收账款做到心中有数，要能随时知晓客户经营状况、设备使用情况及客户逾期的真正原因，对症下药给予最佳催收方式。

（4）永不放弃的工作精神：债权人员遇到困难不打退堂鼓，积极寻找办法，不放弃一丝机会，是能否做好债权管理的关键。

（5）奖罚分明的薪酬制度：薪酬制度的透明化、竞争化，是提高员工工作积极性，做好债权管理的保障。

优秀债权总经理

Micro class 4

（1）售前信审把控。

一是，了解客户是否是银行、法院公示的失信人。

二是，侧面了解客户是否有吸毒、放高利贷、赌博等违法行为。

（2）售中风险规避。

一是，担保人合同真实性：确保担保人夫妻双方真实签字。

二是，购买人合同真实性：尽量做到谁购买谁签字，合同签字名字与身份证一致，并出具欠条，不能弄虚作假，企业购买必须由法人签字担保。

（3）售后风险控制。

树立债权管理风险文化，企业的各个岗位、各二级代理，都要充分履行职责，做好债权联防，互相协作，才能搞好债权工作。

优秀债权总经理

Micro class 5

（1）考察客户时，依据多年积累的经验，用最短的时间了解并判断客户的人品、实力、工程情况以及经营能力，为每个或多或少有风险的客户提出准确的风险预防措施，如加装 GPS 或提高首付款等建议。

（2）与逾期客户初次见面前，要带齐相关合同资料（合同、担保书、购机人和担保人身份证复印件、对账单、资产证明复印件、银行流水复印件等），给其以公司债权管理很规范，有理有据的压力感。

（3）债权与销售人员要相互配合。作为债权人员，要在收回债权的同时尽最大努力维护客情关系，提升重复购买率。催收前先与销售人员充分沟通了解客户情况，做到知己知彼，提前做好催收计划，争取在最短时间内收回债权。

（4）在债权管理中给风险客户施压是最有难度也是最关键的，施压的方法千万种，哪种最有效，就要在催收前或催收中更多地了解客户信息，分析客户，找出客户软肋，制订有针对性的催收方案。

（5）对客户持续催收能力是债权人员意志力的体现，持续给客户压力，让客户心理上一直处在十分努力地还款的状态，对定好的还款计划，要紧盯、严盯、要结果、要回声。

优秀债权总经理

Micro class 6

（1）台账管理：一车一账，账账清晰，数据准确，不能出错，以免影响催收效果。

（2）催款前准备：通过GPS查询车辆工作小时数，通过服务人员了解车辆近期使用、维修保养情况，以电话"回访形式顺带催款"，告知客户如果售后服务有问题，我们会及时反映给服务部门解决，只有他们的车正常运转，我们收款才不难（还可以顺便卖不少配件呢）。

（3）借力使力：对部分还款不及时客户，可以借助GPS系统催收，在取得制造工厂、融资公司、银行的授权下，编写催收短信如下："××公司，你辖区客户××，截止××年××月××日共欠款×万元，现 GPS 已发锁机预警，车辆将在××月××日××时自动锁机，为不影响客户使用，请及时通知客户把货款打入指定账号，另请贵公司配合催收。"除此外，在 GPS 平台上截取车辆位置图发给客户，让客户明白他的车辆都在监管范围内，即便真的锁机了，客户一般也不会怪催收人员，都会还上款并打电话让债权人员帮忙尽快解锁（多次使用，该方法效果非常好，大部分客户都会在指定锁机日期前归还逾期货款，也没得罪客户）。

（4）作为优秀债权经理，还要把市场效益最大化及后续经营考虑进去，所以在催收的时候，尽量语气婉转一些，即使对那些信用不良客户，也尽量减少直接冲突，以免他们狗急跳墙散布谣言，为市场营销造成负面影响。

Micro class 7 ———————————————— 优秀债权总经理

（1）在信审阶段，对于信用差、资质差的客户，一定要想办法通过追加担保人和担保物的方法解决，一般要求追加两对担保人，客户如不能满足条件，果断放弃。换句话说，不怕客户没有信用，只怕客户真没钱。

（2）对于大客户、有实力、爱面子的客户，需由债权总经理负责催收。

（3）对一些经营困难的客户，公司可借款给客户偿付厂家货款，帮助客户渡过难关，但需让客户签署《违约金支付承诺书》；对严重逾期的客户签署《自愿还车协议》，增加还款压力，同时为后期出现风险做好准备。

（4）对担保人的催收往往事半功倍，在签订合同时，要多多收集担保人联系方式、常住家庭住址等相关沟通资料。

（5）必须诉讼的客户，在逾期初即开始做客户和担保人资产调查工作。

Micro class 8 优秀债权总经理

（1）债权总经理需在平时工作和生活过程中多给一线债权管理人员传播正能量，要求大家用心做事，务必把每一分债权都当成自家的钱来收，务必把销售人员卖出的每一台车当成自己卖出的车来对待。

（2）遇到疑难问题的时候，多召集员工进行讨论，在提高凝聚力的同时也能激发大家的思维，正所谓同一个方法不能对付不同的客户，同一个客户老用一个方法效果也不好。

（3）根据债权人员的性格来划分工作区域，比如逾期很严重的客户，适合安排体格彪悍、气场强大的债权人员去催收；对于偏远地区的客户，安排工作方式比较灵活的债权人员负责催收。

（4）重点客户债权要多人催收，交叉管理，一方面提高效率，另外一方面避免有漏洞出现。

Micro class 9 优秀债权总经理

（1）从销售源头抓起，将还款时间统一定到每月 15～20 日之间，这样能给债权人员预留足够的催收时间，同时也给客户充分的备款时间（还款时间定到 25 日以后就会造成催收急促和客户备款时间不充裕，容易导致逾期）。

（2）每月 1 日至 10 日着重催收上月逾期和历史逾期款（电话催收、上门强势催收）。

（3）债权人员在签订销售合同时要特别提醒客户注意还款时间、还款金额和逾期所产生的不良后果（违约金、逾期利息、锁机、取回标的物、司法诉讼等），把合同违约责任一栏用笔重点划出，让客户看清楚，避免客户逾期后要赖，说签合同时，公司没人告诉他。公司内部可以提出考核要求，要求报单时，提交客户阅读违约责任时的照片或影音资料。

（4）如优质客户确实遇到了资金困难，可以特殊情况特殊对待，允许逾期 1 期，若连续逾期 2 期立即给予 GPS 锁机处理，连续逾期 3 期的，坚决行使"取回标的物"权利，尽量减少诉讼案件，毕竟法律诉讼周期较长。

（5）公司必须硬性规定分公司经理和业务员有配合债权部进行债权催收的责任和义务，如果客户连续逾期 3 期或者被诉讼，建议取消后期全部销售提成；在销售过程中坚决不允许业务员随便许诺客户可以逾期或不还款，如有这种情况将给予相关业务员严重处罚。

（6）债权管理没什么捷径，就是靠债权人员严格执行公司债权管理规定，在实际催收中根据不同客户不同情况灵活运用各种催收技巧。

Micro class 10

提升债权管理质量，无非就是做好售前、售中、售后三个阶段的重点工作。

（1）售前。

注重客户筛选，重点关注首付不足、经济实力差、没有经营经验的客户，这三类客户当慎重对待。当下很多公司为了提升占有率，逢单必做，为了防范风险，就得增加有实力的担保人或者不动产抵押并加大跟踪管控。

（2）售中。

充分借助 GPS 锁机功能。为了更好管控，防止设备丢失，交机前可再加装一台 GPS，确保对设备跟踪不留死角，让逾期消失在萌芽状态，并全力做好对客户的售后服务工作，让客户满意度不断提升且无任何借口拖延付款。

（3）售后。

逾期 3 期以上，无条件行使"取回标的物"权利，并立即进入诉讼程序。

Micro class 11

核心思路：推广"债权管理风险前移"理念、以"人、车"可控为目标，推行积极而又主动的风控政策。

（1）前期债权管理。

一是，管人。通过电话核实、实地家访、面签合同等措施主动防御风险，并通过拍照、录音、签署《告客户书》等手段丰富法务文本，为可能出现的诉讼做好充分准备。

二是，管车。额外加装 1~2 台无线 GPS，配套 GPS 管理方案，确保车辆位置可控，为行使"取回标的物"权利做好准备。

（2）中期债权管理。

一是，培养良好的还款习惯，前 6 期坚决不能逾期。

二是，实施全覆盖的债权催收模式，主要包括通过短信平台定时发送"对账短信、到期提醒短信、逾期罚息提醒短信"、电话催收（多人多角色催收）、销售人员协同催收、GPS 锁车、律师函等常规手段。

（3）后期债权管理。

一是，公司配有专职恶性风险客户债权催收人员，实施"回款分成"激励方案，如指定的恶性客户债权回款后，催收人员可以拿到回款额 20%~50% 劳务费作为激励。

二是，行使"取回标的物"权利要关注设备残值，尽量在"盈亏平衡点"前执行，让公司拥有主动权，避免"取回标的物"后资不抵债。

三是，启动赎回程序或诉讼程序，及早销售变现。

Micro class 12 .... 优秀债权总经理

（1）每月组织召开债权管理会议，让员工对公司债权管理中存在的问题提出建议和解决方案，充分发挥一线员工参与管理、解决问题的积极性。

（2）制定适应市场形势、不低于行业平均标准的债权薪酬体系，以提高债权人员工作积极性。

（3）要实现整体债权零逾期，需从重点客户债权着手，以点带面去影响更多客户，引导客户养成良好的还款习惯。

（4）执行力：开会不落实等于零，布置工作不检查等于零。

优秀债权总经理

Micro class 13

（1）必须有一个忠于公司、爱岗敬业的债权团队，这是做好债权管理的前提条件，没有这个前提条件，做好债权管理无从谈起。

（2）债权部门负责人，要对公司整个债权情况烂熟于心。哪些客户欠款是可控的？哪些欠款客户是急需催收或者立刻起诉的？债权部门负责人要心中有数，要有自己的判断和主见。

（3）时刻盯紧首付欠款或者逾期达3期以上的风险客户，要经常深入这些客户家里，或者通过打听左邻右舍，及时掌握这些客户的动态信息，一旦发现风险苗头，当机立断并采取措施，使这些客户的债权始终处于安全线之内。

（4）想方设法督促法院执行历年积累的死案、沉案。特别是法院判决后因各种原因没有执行成功的，或者案卷已被法院束之高阁的遗留案件；想尽一切办法为法院提供可执行的客户财产信息，督促法院尽快执行，使这些案件能够起死回生，最大限度减少公司损失。

优秀债权总经理

Micro class 14

（1）债权数据是基础，确保每一笔款项零失误，把数据做细、做透，最好是将工具运用好，比如将 Excel 技巧结合到数据处理中，能大大提高效率。

（2）债权催收要全程跟进，随时掌握客户经营现状，或以销售人员、售后服务人员反映的真实情况将客户分类，运用不同催收方式。

（3）催收过程中尽可能多地留下书面凭证，让客户签字，为可能出现的诉讼提供有效证据。

（4）计划诉讼的客户，证据要齐，行动速度要快。

优秀债权总经理

Micro class 15

（1）进行客户家访或者信用调查，尽量成立专业调查小组（多人信审角度多、看得清）或者委托第三方调查。信审过程可能会引起销售队伍不满，要注意不同部门之间的协调。

（2）债权催款日常部分可由债权内勤或者专员负责，风险评定等级较高的，直接通过财产保全、依照法定程序取回标的物或者取回标的物后立刻补充完整司法材料进入公权力审判。

（3）定期评估客户有效资产（包括但不限于我们的设备），促使客户加速还款，要求资产实力差的客户提供额外的物保、人保。

（4）查询客户债权，代替客户向其债务人催款甚至诉讼，所得款项直接支付我方，必要时可以帮助客户实现相应的完整条件。

（5）扩大服务范围，关注客户上下游业务链条，核心目的是全程关注客户资产和经营状况，甚至提前干预或者介入客户良性经营，以便动态监护客户后续支付能力。这一过程，会有新的利润增长点，比如，调查费、律师费、违约金、差旅费最终都由违约方客户承担。

优秀债权总经理

Micro class 16

（1）做好基础性工作，让客户找不到欠款的理由。

一是，对新销售业务，要明确告知客户违约责任（包括滞纳金、利息、锁机费、开机费用等）。

二是，提前通过短信、电话提醒客户还款时间及金额，要及时、按时催收债权。

三是，对客户反映的质量或服务方面等问题，要及时与相关部门沟通协调处理并给予客户明确回复，让客户感受到我们对他的重视。

（2）给逾期客户压力的办法。

一是，给逾期客户制定当月回款底线，业务员、债权内勤、公司领导相互配合，重点客户视具体情况设多人多重催收，软硬兼施，给其以紧迫感和压力感。

二是，不是天天催收才能让逾期客户产生压力，也不要一听客户诉苦就反感，而是要注意倾听，多方了解客户实际情况，然后让客户承诺具体还款时间、还款金额，会增加客户还款压力。

三是，签订《还款承诺书》，约定不能履行承诺的严重后果，将会给客户更大压力。

（3）给债权催收人员动力。

一是，薪酬与催收业绩挂钩，若由销售员负责债权催收，也需将销售提成与催收结果挂钩考核，销售员在销售时对客户实力考察会更谨慎，对客户债权催收会更频繁。

二是，分区域制定月度回款任务，视情况对区域团队进行额外的催收奖励，分区域考核月度回款任务，激发区域之间销售员的团队意识和各区域团队之间的良性竞争，让大家从一开始对债权催收工作的懈怠转变为积极面对，催收更有动力。

Micro class 17 ------------------------------ **优秀债权总经理**

（1）首先把控好售前调查工作，特别是法人客户以及无从业经验的客户，需要信贷部或债权部提前做好客户调查，出具客户调查报告，真实反馈客户信息，评估客户实力。

（2）债权部人员必须100%面见客户并签订合同，规范合同签署过程，签订合同时必须由客户夫妻双方亲自签字，不能代签，合同不能留有空白，同时认真核实商务条款，告知客户所有业务活动以合同文本为准，销售员的任何口头承诺均无效，以此规避签订合同过程中的风险及因销售员随意承诺带来的催收障碍。

（3）债权部每月提前发短信提醒客户还款时间及金额，并在还款日前5个工作日电话提醒，同时告知客户逾期后果，培养良好的还款习惯。在电话提醒过程中多了解客户的经营信息，发现异常要及时通知债权外勤人员上门核实风险。

（4）每月初把所有客户电话催收一遍，找出可能有还款困难的客户，由外勤上门了解真实情况，并与客户达成一致协议，签订《催收通知函》，若客户不按协议执行，可采取锁机行动，情节严重者，进入法院保全程序。

（5）必须由客户本人签字领取结清手续，本人不能来现场领取的，必须由客户出具《委托书》及客户手持《委托书》和身份证的照片。

优秀债权总经理

Micro class 18

（1）事前调查。要多通过周边的人群或其合作伙伴了解该客户信誉。

（2）一定要核实清楚客户设备使用地点，千万不能图省事，由客户自行调车到现场，不管什么原因，公司一定要派员到现场核实。

（3）前3期款非常重要，决不允许客户前3期有任何欠款。

（4）因主观原因欠款的客户，逾期不能超过3期，但由于生产经营持续不下去导致欠款的，一定要在2期内解决问题。

（5）客户还款到期前10天，先发短信给客户，之后5天再打电话。最后1天不还款的，持续打电话甚至上门催收，直至还款。

（6）对不是很了解的客户，或者分期时间长的客户，尽量做银行按揭或者融资租赁业务，虽然资料收集麻烦，但是客户重视度会大幅提高，因此公司融资租赁业务无一客户欠款。

Micro class 19 .... 优秀债权总经理

（1）在销售新机时，首付条件很关键，公司最近几年提高了客户首付款，一般在30%~40%，所以近两年销售车辆很少出现逾期风险。

（2）遇到客户推延付款，判断清楚实际情况，如果有钱不付，派人专守，直至付款。如客户资金有困难，也必须收取部分回款，没多取少，保证客户养成每期必还款的习惯。

（3）对于不逾期且电话沟通也很顺畅的客户，也要提高警惕，不定期上门了解客户的经营情况直至结清，以免客户故意隐瞒真实情况，规避风险。

Micro class 20 .... 优秀债权总经理

（1）信审很关键，信审时尽可能多地要求客户提供各类资产证明。公司主要以房产、汽车、银行流水作为关键资产证明，用户不还款多数是因为经营遇到了问题，对于有资产的用户，一旦起诉查封了房产、车辆、账号，大多都会主动来公司和解，所以信审时做好基础性准备工作，后期债权管理就不是问题。

（2）催款一定要及时，给客户养成规范的还款习惯。根据笔者的经验，之所以债权没有控制好，大部分原因是催收没有及时跟进，本该10日还款到了月底才催，甚至当月都没有给客户打催收电话。只要在合同付款期前三天短信提醒，前一天电话落实，后期一天一催，还款日过后一周上门，这样的话95%以上的用户当月都能把款项付清。

（3）对每名逾期客户都要重新制订还款计划和催收措施，只要客户不按计划回款，绝不能因为销售人员与客户的关系好和用户的困难而忍让，一律进入"锁车、取回标的物、诉讼"三步曲，决不浪费时间和精力对客户进行挤牙膏式催款。

四、10 名销售冠军微课堂："我是如何预防和控制好债权风险的"

格言：

优秀债权管理是一种习惯，是将正确的理念与工作实践紧密结合，反复训练出来的成果。

2018 年 2 月初，在北京大学光华管理学院《金融市场与金融机构》这门课上，张圣平教授在"风险思维与风险管理"课中讲："风险管理，一定是谁创造了风险，谁管理好风险才行"。笔者感触颇深，在债权管理实践中，销售人员冲锋在市场一线，他们最先接触客户，对客户做人做事的能力和品质把握最透彻，对客户风险的判断最为准确，是风险管理的主力军和首要闸口。同时，张圣平教授还讲，"风险管理不是一个部门的事情，风险管理应该提高到公司文化层面，使风险意识和风险思维深入人心"。

做好债权管理，仅靠债权人员远远不够，在信审过程中，债权人员用短短几个小时判断清楚客户真实风险，很不现实。从根本上讲，销售人员是管理公司债权风险的第一责任人。

最近 3 个月，笔者走访了国内 6 个省份 20 多家工程机械企业，调研了 46 位行业内顶级销售冠军，提炼出 10 位具有代表性的观点，他们在一线预防和控制债权风险方面具有很多真知灼见，这些从实践中得来的思想熠熠生辉，具有共性规律，能够指导当下及未来销售人员债权风险防范和控制工作，对提升销售人员职业品质、降低公司债权风险裨益显著。

Micro class 1 　　　　　　　　　　　　　　　　　　销售冠军

（1）小型挖掘机市场：相对于中型、大型挖掘机市场，小型挖掘机市场入行的新手不多，主要购买力为旧车置换，其次是驾驶员升级做老板，这两个主要购买群体相对成熟稳定，有一定人脉资源，还款基本无压力也没有太大风险。需要关注的是个别新入行且无驾驶技能的客户，了解该部分客户购买原因、经营思路、经济实力、个人素质等因素，综合分析出客户的债权风险。

（2）中型挖掘机市场：相对于小型挖掘机的市场，中型挖掘机市场的客户风险有所增加，主要分为三类购买群体：一是，旧机置换。这部分客户基本无债权风险，有经营经验，如果经营不好不会考虑换车。二是，甲方再次购买。再次购买设备可以从客户从业时间、承包项目、个人经济实力等方面判断风险，掌握主动权。三是，小型挖掘机客户或跟随项目出租为主的客户，这部分群体，经营风险相较于前两者要高，要从客户经济实力、租赁项目等方面评估债权风险。

（3）大型挖掘机市场：目前部分区域大型挖掘机市场呈爆发式增长，主要为矿山打捶且无手续的私挖滥采，政府已经立法，要加强监管，一旦封山会导致大型挖掘机市场崩盘，带来较大债权风险。对于大型挖掘机客户主要从客户的经济实力、人品、所从事的项目手续是否齐全合法等方面考虑，一般可通过提高首付比例或增加两对及以上个人担保来规避风险。

Micro class 2

（1）需要了解客户的购买动机，是自用还是出租，相对来讲，自用客户抗风险能力强，租赁客户风险稍大。

（2）需要了解客户购买能力，首付款来源于自有还是拼借，如果三个月没有租赁或者其他业务收入，是否具备完全还款能力。

（3）需要保持和客户的粘度，便于及时了解客户的机械设备运行情况和客户资金状况，如果出现问题可以及时发现并采取相应措施。

Micro class 3

（1）信用销售合同资料收集要全面无缺。

一是，夫妻双方身份证、户口簿、结婚证、房产证（村委会证明）、动产（设备发票、车辆行驶证等）、连续半年及以上的银行流水。

二是，担保人资料同上。

三是，不盲目相信客户的口头承诺或相关证明材料。

（2）关注承租人的经营状况。

销售人员要多次去现场（工地）实地考察客户经营情况、分销渠道及盈利情况，综合分析其有无还款能力，并了解客户是否从事违法经营活动。

（3）事先做好预防工作。

一是，客户月还款到期日前3天以电话或短信方式通知客户。

二是，对于信用销售客户车辆，要留一套钥匙以防行使取回标的物权利时使用。

三是，签订合同时需填写欠款协议、担保函，以降低风险。

销售冠军

Micro class 4

（1）销售风险预防。

一是，售前实地考察客户基本情况，了解客户经营场地、规模、业绩以及在行业内的影响力等。

二是，通过客户生产状况分析客户的盈利能力是否满足还款需求，根据目前国家政策面分析客户经营风险程度，为后期债务管理把好关。

三是，从与客户的对话、谈判中仔细察言观色，分辨出客户主观意图，买车是否很在意车价高低，首付款多少，有无配合信用调查等，这可作为销售人员售前评判的标准。

（2）关于债权风险的控制。

一是，车辆出售后，需不定期与客户电话、微信交流设备使用情况，借服务保养机会上门与客户进一步沟通交流。

二是，新机出售时可另外加装一两个移动式GPS，隐藏于车身，双重保险更安全。

三是，出现风险后，需立即采取措施，第一时间锁车，或以其他方式将车辆取回，让客户主动上门解决欠款问题，把风险成本降到最低。

四是，客户一旦在未结清欠款时将车辆私自处置，需立即通过公安机关报案，走法律途径维护公司权利。

销售冠军

Micro class 5

（1）分析客户行业背景。

一是，如果客户从事明显过热的行业，比如曾经的煤炭市场，远超于常规发展速度，预示着很可能正在出现非理性增长，意味着这个行业潜在风险加大。

二是，如果客户从事的行业与国家大趋势相违背，如当前国家非常重视环保背景下，客户从事矿山资源、砂石开采等行业，就应该认真审查客户环保资质是否齐全，充分考察债务人公司财务、经营范围、环保资质等，筛选优质客户。

（2）研究客户财务往来，建立客户诚信等级，给予不同等级的客户不同商务政策、债权管理门槛等风控措施。

（3）对于战略性大客户的债权管理，公司可以建立一个弹性债权管理机制，当战略性大客户出现债权逾期的时候，应成立一个由公司总经理、各部门负责人联合组成的工作小组，共同查明原因，协商对策，对于风险可控的优质客户，可给予一定货款支持政策帮助其渡过难关；对风险不可控的，毫不犹豫第一时间收回设备，把风险损失降至最低。

销售冠军

Micro class 6

（1）要特别关注目前已有竞品设备，却要转向购买我方品牌设备的客户，这类客户，很可能与竞品代理商存在经济纠纷，需要谨慎对待。

（2）交机时，再次向客户强调按时还款责任，尤其是第 1 期还款。

（3）销售员有责任协调好公司每一个部门，为客户做好服务工作，特别是售后服务工作，一旦设备出现故障，销售员要勇担第一责任，督促售后工程师第一时间赶往现场，"快"代表着积极的态度，对客户的尊重；另一方面，要求公司储备好常用配件，以防因为没有配件影响服务质量。同时，要积极帮助客户做好预维修方案，把客户维修成本降到最低，能大幅提高客户满意度，降低货款逾期风险。总之，在售后服务方面，销售人员不能逃避责任，要想方设法让客户体会到关怀感、存在感、自豪感、信赖感、依赖感，这样客户就没有理由拖欠货款了。

销售冠军

Micro class 7

（1）重点关注设备开工小时数，对施工时间不足，或同比、环比有明显下滑，特别是与同区域同工况客户对比，如果工作小时数不足，就要上门拜访了解原因。

（2）如果销售人员负责签订合同，要培训提升合同签订规范性，以防未来起诉中，出现对我方不利情形。

（3）对于确实已经没有还款能力，或者即将还不上款的客户，销售人员要发挥自己在当地的人脉优势，协助客户将设备转卖，找一个质量好的客户接盘，若分期销售，应签订三方协议，由新客户替其还款，原客户在三方协议中为新客户还款承担连带担保责任，直至还清，若将来新客户不还款，将新老两个客户一起起诉，用这种方式代替取回标的物，可大幅降低风险。

Micro class 8 销售冠军

（1）在与客户交往过程中，要用心感受其家庭氛围，如果客户本人或家庭成员有离婚史、对父母极不孝道、兄弟关系很差等各类不和谐情况，说明这个客户不好打交道，要为其量身定制商务政策，尽量提高首付、全款营销或追加有实力有信用的担保人。

（2）对于客户购买多台设备的，尽量动员客户拉长购买间隔时间，因为集中买车，风险会比较高，一旦工地没活了，所有的设备同时出现还款问题，不好处理。

（3）对于以旧换新购买的设备，要核算风险周期，一般以旧换新购买的中型挖掘机产品，在6个月之内取回来都是亏的，所以前6期不能有任何逾期。

Micro class 9 销售冠军

（1）要培养销售人员的忠诚度与责任心，现实中出现重大债权风险的，大多是由责任心差、与公司有薪资纠纷、人品不好、不打算长期在公司发展下去的销售人员所售车辆。

（2）因特殊原因，未达到发货条件但需提前发货的，销售人员必须出具书面承诺，同时经公司销售负责人确认后方可发货，要求于发货后7个工作日内补全所有手续。

（3）对于20吨及以上中大型挖掘机，尽量说服客户购买保险，如果客户不愿意出钱购买保险，代理商或厂家要花钱购买保险，对防范因挖掘机出险而无力还款的风险来说有着重要意义。

销售冠军

Micro class 10

销售人员在筛选客户时，对以下20类客户要提高警惕，如表4-1所示。

表4-1 **20类风险客户画像**

序号	风险客户画像
1	年龄在30岁以内或超过60周岁的
2	未婚或离婚的，特别是办理假离婚手续的
3	客户经常关机、频繁更换手机号码
4	需要到异地施工
5	官司缠身，客户其他设备或财产被法院强制执行
6	存在身体健康风险
7	不愿意提供全套合同资料证明
8	征信记录没通过需别人顶替购买
9	高度负债，或资不抵债
10	有吸毒、赌博、偷盗、高利贷等不良嗜好的，或参与黑社会的

序号	风险客户画像
11	已被银行列入黑名单
12	有过犯罪记录、坐牢人员
13	户籍为外省客户，无固定住所的客户，不常回家的客户
14	不关心设备质量、价格、如何还款的客户，很可能是骗子
15	不根据工程量、首付比例高低，随意增加购机数量的客户，很可能是骗子
16	两人及以上合伙购买设备
17	一次购车3台及以上的客户
18	行业新客户，且销售经理从未接触过
19	外借首付款购机
20	重复购买，在公司有历史不良付款记录

No Overdue Debt | 第五章

In The World | 债权管理者时间管理的智慧

成功的债权管理，是各项生产要素综合叠加产生的结果，比如董事会"厌恶风险"的指导理念、优秀的职业经理人、充裕的可支配资源、富有竞争力的薪酬体系等，还有一项隐性的、容易被人忽略同时也是最稀缺与宝贵的资源：时间，债权管理结果与时间具有高度相关性。从本质上讲，债权管理是一项与时间赛跑的工作，越早收回债权，越早解决逾期问题，越早将恶性客户起诉，账龄越短，债权管理结果越好，呆坏账比例越低。

　　那么有什么办法能帮助债权管理者做好时间管理呢？笔者调研发现，现实中优秀的债权管理者，往往不是以计划为工作起点，而是以时间着手开始工作。首先，他们善于确定用当下时间做那些"最正确"的工作，然后，砍掉与这些"最正确"工作不相关的其他事务，最后，将自己可支配的零碎时间汇集并充分利用起来，完成当前的工作。

一、债权管理者的时间去哪了

格言：

　　债权管理者要舍得在最重要的事情上花整块的、不限量的时间，比如重点逾期客户催收和恶性客户诉讼。

1. 债权总经理往往花费大量时间解决个别销售人员造成的债权风险问题

现实工作中，销售员分化非常明显，有的销售员债权风险意识强，所发展的客户债权逾期率很低或基本不逾期，有的销售员债权风险意识差，给公司造成了很大损失。数据分析发现，债权问题频发或给公司造成债权损失的，总是那一部分销售人员或个别几个分公司，很多债权总经理将大部分时间耗费在处理这部分销售人员带来的客户债权逾期问题上。这部分销售人员和分公司表面上是公司利润中心，信用销售到期后重新核算的结果却正好相反。所以，公司总经理要砍掉这部分销售人员或分公司经理，重新招聘培养新势力，做好风险培训工作，才能从根源上降低债权风险。

2. 团队规模过大或后台人员过多是产生时间浪费的主要原因之一

笔者有一个深刻体会，大多数债权总经理都希望债权部门员工越多越好，这样他就可以轻松工作了。事实上并非如此，债权人员数量多了，从短期讲，确实能调动生产力，有效降低客户逾期，但从长期看，一方面经营费用高，稀释当期利润；另一方面，人浮于事，债权总经理要花很多时间解决"扯皮"问题，浪费大量时间。同时，笔者在实践中发现，债权管理部门后台员工数量宜少不宜多，如果工作量增加，可优先通过提高薪酬的方式解决问题，就是人力资源专家常说的"一个员工干两个员工的工作，发一个半员工的工资"。后台员工过多，常常会形成官僚习气，降低整个部门工作效率，严重影响债权总经理的时间管理。

那有没有用数据统计的办法可以核算出债权部门人员结构比不合理，或后台人员过多了呢？有一个经验规则，若债权总经理直接花在客户管理的时间少于85%，说明这个团队效率有问题，需要重新定位或优化团队结构了。

在需要增加员工数量时，债权总经理不妨反问自己一个问题，如果不增加这个人员，会对团队业绩产生多大影响呢？如果影响较小，建议不增加债权人员，如果影响较大，可优先考虑调整现有债权人员绩效管理方式，提升现有债权人员工作积极性。如果这两种方式都行不通的话，说明确实到了该增加员工规模的时候了。

3. 会议占用债权管理者大量时间，减少了债权管理者面向终端客户的时间

很多债权总经理以开会为荣、为乐，定期举行债权管理会议，确实有助于解决日常工作中遇到的问题，但如果会议过于频繁，特别是临时会议过多，往往是管理不成熟的表征，说明可能存在以下三个问题：（1）债权总经理可能没有充分依赖制度和流程进行管理；（2）随着市场形势变化，公司债权管理制度没有与时俱进，债权总经理需要通过征求群众意见的方式解决最新出现的债权管理问题；（3）也可能是有些工作职责不清，找不到实际负责人，需要开会共同商议。这些都是债权管理体系不健全或管理者能力不够格的表现。我们可以引用数学中的"极值"逻辑思考这个问题，假设存在一种极端情形：公司债权管理制度足够完善，债权总经理足够理性，业务能力能够满足需求，还需要召开这么多会议吗？很少需要！每个人职责明确，特殊问题个别请示即可。

其实，一般公司都会有月度债权管理会议，一般设在每月5日前，有一些企业还有周例会制度，只要会议目的明确，形成有效决议项并做好闭环管理就够了。过多的会议，减少了债权管理者集中整块时间面对市场一线和终端客户的概率，无形中降低了债权管理效率。

4. 信息化与业务融合程度不高，造成债权经理大量时间浪费

我们见过的中小型企业，还有 50% 左右在用 Excel 表格处理债权管理台账，Excel 表格虽然有强大的数据分析功能，能实现很多管理数据分析，这个优势是信息化系统无法比拟的。但 Excel 表格在手机上查询、操作不够便利，无法有效提升债权管理人员的时间效率；同时，Excel 表格嵌套了很多公式，容易出错，一不小心就会改变债权数据；而且 Excel 表格历史数据容易丢失，债权内勤人员离职造成数据丢失的案例比比皆是。所以，一部分企业引进了先进的债权信息管理系统 App，债权管理人员查询数据方便快捷，速度快、效率高，能充分满足业务需求。所以，我们不断倡导企业采用高阶信息化系统，促进信息化和业务高度融合，融合程度越高，操作越便利，代表获取数据的速度越快，决策周期越短，债权管理效率越高，浪费时间越少。

5. 缺乏"制度力"导致出现大量的"重复性"时间浪费

笔者走访过多家企业，发现债权管理质量高的企业，往往是那些稳定性强的企业，这种企业往往是个"安静"的地方，一家带有"债权管理戏剧色彩"的企业、一家可以向公众讲述其"债权管理伟大壮举"的企业必然是经营质量差的企业。介绍一家伟大企业的债权管理是没有味道的，因为一切业务都按预定流程进行，各种债权逾期危机早在他们的预料之中，而且早已都被转化成一整套固定的风险处置程序了。所以，有的企业如果债权管理"动静很大"，债权经理人做了很多富有英雄色彩的事迹，并以此展示他们的能力和魄力，这样的债权管理体系，就是缺乏制度保障的体系，会无限浪费债权管理经理人的宝贵时间。

二、债权管理者的十大黄金时间管理法则

格言：

债权管理者创造出一项新的管理思想时，一定要删掉一项老思想，这样才能将新思想应用到位。

1. 基本原则

（1）不隐瞒原则：尊重历史，不隐瞒事实，将所发生事项逐一罗列。

（2）简短原则：记录事项时用关键词或短句描述即可。

（3）不间断原则：持之以恒，每天必录，不间断统计。

2. 每日时间统计

（1）每天晚上 8 点前统计当天工作时间及占比情况，如表 5 - 1 所示。

表 5 - 1　　　　　　　　每天时间统计表示例

2018 年 4 月 12 日（星期四）时间统计表				
序号	事项	耗费时间（小时）	时间占比	排名
1	上门拜访珠海欠款客户金林集团张总	3	42.9%	1
2	电话催收 28 名防城港客户	2.5	35.7%	2

续表

2018 年 4 月 12 日（星期四）时间统计表				
序号	事项	耗费时间（小时）	时间占比	排名
3	华宇公司账目不符，与财务对账	1	14.3%	3
4	培训滁州公司合同签署规范事宜	0.5	7.1%	4
	合计	7	100.0%	

分析：1. 亲自负责华宇公司与公司财务对账事宜，耗费了 1 小时，致使只完成了 28 名客户电话催收工作。从明天起，所有客户对账事宜全部授权债权内勤处理；

2. 为滁州公司培训合同签署规范耗时 0.5 小时，以后统一办理同类业务，每周一下午 13：00～14：00，定期通过视频举办国内各分公司合同签署规范培训。

（2）每月小结一次，分析当月时间花费是否与工作重点匹配，并针对时间管理存在的问题，提出下月改进措施，如表 5-2 所示。

表 5-2　　　　　　　　每月时间统计表示例

2018 年 4 月份时间统计分析表				
序号	业务类型	花费时间（小时）	时间占比	评价及下月改进措施
1	重点客户催收类	66	30.3%	
2	日常业务管理类	54	24.8%	下月降 9.8%，控制在 15% 以内
3	诉讼及执行类	25	11.5%	下月涨 3.5%，到 15% 比较合适
4	信审管理类	22	10.1%	
5	公司公共事务类	17	7.8%	
6	合同管理类	12	5.5%	
7	会议类	9	4.1%	
8	员工培训类	8	3.7%	
9	维护社会关系类	5	2.3%	
	合计	218	100.0%	

通过对上月时间的汇总统计，明确管理者上月时间分配数据，提出当月改进措施，不断优化，时间管理质量就会越来越高。

3. 做好工作计划，减少临时事件发生带来的时间浪费

债权管理人员必须擅长做工作计划，例如月初规划本月需要降低多少逾期额，当月到期回款率达到多少，当月资金平衡率达到多少，对哪几个客户进行诉讼，上旬干哪些事情，中旬干哪些事情，下旬怎么干，什么日期发催收短信，发几遍催收短信，哪些客户需要上门催收一次就能解决，哪些客户需要上门催收两次等，在记事本上做好规划记录，然后再依此做周计划、日计划能大幅提升工作效率，有效屏蔽80%以上临时事件，减少时间浪费。

笔者统计发现自己15%左右时间被公司公共事务占据，特别是公司临时性会议很多，这些会议表面上对公司很重要，实际上并不能有效提升债权管理绩效。参加会议的时候，只有10%～20%的时间在发言，其余时间只是充当听众角色，没有行动，哪来的绩效？大量时间成本产生在堂而皇之的会议室中！笔者调研发现，各级管理者的时间被"强占"情形非常普遍，而且越是高层管理者，这种现象越明显，管理者能用于主管业务的时间多少往往与职位高低成反比。所以，月末回款高峰期的时候，笔者有一种强烈的时间危机感，非常担心临时性事件频发，影响主营业务时间规划。

4. 集中整块时间办理最重要的工作

这么多年，笔者只要在公司上班，习惯性周一、周二把本周重点工作基本完成，周三上午集中精力分析债权数据，并结合销售等数据，寻找相关规律。周三下午与重点逾期客户电话沟通解决方案。而且每个月，笔者都要集中10天以上时间上门拜访逾期客户，协商解决办法。实践证明这种用整块时间办理重点工作的效果是非常好的。

集中整块时间办理重点工作事项，对笔者帮助很大。笔者平时习惯性在晚上读书写作，有时为了完成杂志社约稿，笔者会在晚上拒绝应酬，不吃晚餐，只吃一些清淡的水果，晚上 8～11 点，手机关机，静心写作，别看只有 3 个小时的时间，一旦处于半饥饿状态、手机关机的时候，3 个小时也很长，能写 3000～4000 字的一篇文章。

5. 增加债权管理者个人决策，尽量减少或避免群体决策

群体决策通常较费时，且易增加成本。群体的组成本身需要耗费时间，且群体间为了达成共识，也相当费时，效率较个人决策差。

在债权总经理工作权限中，我们增加了诸多自主决策权，比如：对所属部门人员的任免或职级调整有决策权，在处理个别法律案件时，为了加速解决问题，有权依据实际情况向客户赠送部分礼品或配件，有权针对实际情况对个别客户减免部分或全额滞纳金。这些日常决策需要根据一线经理所遇到的实际情况做出，对效率性要求很高，且不会对公司经营造成太大风险，由一线人员做出个人决策比较科学。

2014 年，有一家企业只要处理客户疑难债权问题时，就召集债权部全员开会，一开始笔者以为是群策群力、民主决策的科学管理机制，后来发现是一把手信心不足、能力不够、不敢承担责任造成的。一个人无法在同一时间做两件事情，频繁开会产生大量时间成本和机会成本。而且群体决策中，特别是在人事任免等跟个人利益相关的群体决策中，很多结果往往并不是最佳方案，而是各方利益较量、平衡后的结果，群体间为了达成共识，考虑了多重"非工作因素"，导致决策科学性大打折扣。所以，债权管理者要充满信心，多做个人决策，实在拿不准的问题，再做群体决策。

6. 保持团队稳定性，能为债权管理人员节约大量时间

在债权管理实务中，一旦员工离职，债权总经理总要耗费大量时间处理遗留问题：（1）债权总经理一般需要耗费 3 个月到半年时间才能让新员工适应工作；（2）很多员工离职前工作状态下滑，积极性不高，工作不力，给客户养成不正常还款的坏习惯；（3）核心员工离职后往往会产生很多问题，给新员工工作带来障碍，债权总经理需要花费大量时间协调解决。

所以，保持债权管理团队稳定性至关重要。一方面，债权总经理无须将大量宝贵的时间资源用于培养新员工和处理员工离职遗留问题上；另一方面，债权总经理可以集中大块时间，解决重点客户逾期问题，提升公司债权管理质量。

7. 为债权经理设定解决问题的具体时间量

有一名债权总经理，笔者陪他见过一位逾期客户，他见客户时目光锐利，炯炯有神，一进办公室，没等坐下直接告诉客户："张总，今天我陪领导来，专程解决你对我们公司欠款这件事情，今天领导总共要解决 3 个客户欠款的问题，路程比较远，今天只能和您聊 1 个小时，现在是 10 点 25 分，11 点 25 分，我们准时离开，能解决就解决，解决不了，领导现场签字，我们就移交法院诉讼"。果然，客户被他的干脆利索和无比坚定的气势吓住了，聊到 40 分钟左右的时间，客户主动提出解决方案：今天先支付 50% 逾期款，剩余款项签订分期支付合同，分 3 个月付清。

有些债权人员，和客户聊上一天，也无法解决问题，因为客户很聪明，聊的时间越长，越容易发现债权人员的破绽和不足，还不如定时会谈，一方面给客户很大震慑，另一方面，能为自己节约大把时间。

8. 解决重要债权问题时，把手机调到静音状态

现在每天浪费时间最多、最影响工作效率的，莫过于手机微信和电话。笔者有一个工作心得，做重要工作时，把手机调至静音状态，这样一方面是对他人的尊重；另一方面是集中精力解决问题，节约时间，计划一个半小时的会谈，往往五十分钟就能搞定。笔者还发现，手机距离办公场所越远，效果越好，在会议室开会时，把手机放到办公桌上，不带到会议室，解决问题时心更静，效率更高。

9. 借助"三点估计法"，计算重点工作时间，便于债权人员把握时间，实现时间自由

所谓"三点估计法"，就是把工作时间划分为：

（1）乐观时间值（a）：指在顺利情况下完成该项作业所需的最少时间。

（2）正常时间值（m）：指在正常情况下完成该项作业所需的最有可能的时间。

（3）悲观时间值（b）：指在不正常情况下完成该项作业可能需要的最长时间。

根据以上三种时间值，按下列公式计算出作业时间平均值 T：

$$T = (a + 4m + b)/6$$

"三点估计法"在债权管理工作中应用十分广泛，对债权管理人员准确把握工作时间帮助不小，举几个例子。

（1）每月初，电话催收专员需做时间规划，比如电话催收南京分公司客户需要多长时间？可以用"三点估计法"核算出完成这项工作所需平均时间。按照经验，正常完成催收需要 5 天，最快的那个月只用了 3 天，最慢的那个月用了 7 天，完成这项工作平均值是：$T = (3 + 4 \times 5 + 7)/6 = 5$（天）。所以可以用完成该项工作的平均值 5 天作为电话催收南京分公司的时间预算标准。

（2）每月初，债权总经理要为 5 名电话催收专员分配工作任务，在每位员工工作技能和效率不尽相同的背景下，如何做到合理分配，既不能让员工偷懒，还要确保完成公司业绩目标呢？债权总经理可以这样思考问题：先做个样本统计，分析每位员工每成功催收 100 名客户所需平均时间，以此为基础分配工作，如表 5 - 3 所示。

表 5 - 3   "三点估计法"分配工作时间示例

序号	姓名	正常时间值（m）	乐观时间值（a）	悲观时间值（b）	平均时间值（T）	排名
1	张烨	6	4.5	8	6.08	1
2	杨洋	6.5	5.4	9	6.73	2
3	李以晟	7	4.8	8.4	6.87	3
4	王强	7.2	4.8	8.3	6.98	4
5	胡平	7.8	5	8.9	7.51	5
平均值		6.9	4.9	8.5	6.83	
备注：时间值单位：小时						

每成功催收 100 名客户所需时间平均值，代表每位员工的平均工作水平，为了提升公司整体债权业绩水平，债权总经理应给平均时间值小的员工，如张烨、杨洋多分配一些工作，同时充分体现"多劳多得"原则，他们的收入自然也要比其他员工高一些。如果没有这个数

据分析基础，为平均时间值最高、工作水平最低的员工胡平分配了更多客户量，很可能造成当月债权逾期率上升、债权管理失败的结局。

10. 如何认定债权管理者的时间浪费

债权管理作为一门实践学科，目的是提升债权管理质量，包含降低债权逾期、提升债权盈利、实现客户满意度提升等。日常工作中，债权管理者把时间花在和债权绩效不直接相关的业务上，也就是无法直接产生债权绩效的事情上，我们可以将其认定为时间浪费，正确率会在80%以上。

债权管理者的时间管理技巧很多，笔者认为核心是以时间统筹为主线安排工作。但现实毕竟是现实，现实中很多不确定性让我们的时间管理难以一劳永逸，需要我们不断反思自己的时间管理方式与绩效之间的关系，并体现在周计划和日计划中，让业务充分落地。

三、学会管理自己的时间

我们不断强调，债权管理的独特性在于公司债权资产质量与账龄成反比，也就是说，账龄变长，债权资产质量就会下降。笔者为国内企业做债权培训时不断给专业债权人员讲解并与他们达成了一致认识：债权管理是与时间赛跑的工作，债权管理得好，根本原因是债权经理在与时间赛跑的过程中赢了。比如合同约定客户每月支付月供款时间为25日，如果债权人员能让客户在25日前足额支付，就不会产生新逾期。赢得了时间提前量，就消灭了客户债权逾期风险。

笔者观察发现优秀的债权管理人员大都非常注重时间管理，他们在期初，比如年初、季度初、月初并不急于开展工作，首先从时间管理着手，充分掌握当前债权工作对自己的时间安排提出了什么要求，然后据此做时间规划，并抓住主要矛盾，将最充裕的时间安排给最重要的工作；同时，他们也有能力集腋成裘，将零碎时间汇集并加以充分利用，并尽一切努力砍掉那些耗费时间但不能产生明显债权业绩的工作。

总之，作为专业债权管理者，我们首先要从主观上清醒地认识到时间是债权管理的最核心资源，并通过"债权管理者的十大黄金时间管理法则"释放债权管理时间资源的红利，把每一个债权管理的有效动作抢先在债权风险产生之前发出。

"走在时间与客户变化之前"，这就是债权管理者时间管理的精髓所在。

No Overdue Debt

In The World

第六章

合同全流程监管及规范管理

　　根据路伟国际律师事务所对中国 500 强企业法律风险管理需求调查报告显示，企业面临最主要的法律风险管理事务除公司治理外，就是合同管理。实际上，"合同＋管理"的组合，注定了在企业管理过程中，必须通过"全过程化管理"和"规范化管理"的方式预防和解决合同法律风险。

　　高质量合同管理不应该是事后补救，应从源头抓起，从一开始就把合同主体甄别、文本起草、签订以及档案管理等流程全部规范化，才能达到风险管控前置的效果。实际上，这与扁鹊回答魏文王"扁鹊三兄弟医术谁最好"问题所表达的理念不谋而合。

　　扁鹊对魏文王说，"长兄治病，是治病于病情发作之前，由于一般人不知道他事先能铲除病因，所以他的名气无法传出去。中兄治病，是治病于病情初起时，一般人以为他只能治轻微的小病，所以他的名气只及本乡里。而我是治病于病情严重之时，一般人都看到我在经脉上穿针放血、在皮肤上敷药等大手术，所以以为我的医术高明，名气因此响誉全国。实际上，非也!"扁鹊的话说明一个道理，对病情的把控重在时机，应当是以先期管理和预防为主。

完善的合同全流程监管，除了众所周知的合同撰写及审查外，还包括客户资信审查、不同资信情况及交易模式下主合同的签订、担保增信管理、履约跟进等工作。本章将从合同签署前的充分准备、合同签署中的注意事项、合同签署后的履行三个维度进行深度论述和探讨。

一、资信审查

> **格言:**
>
> 选择一个错误的人、缔结一个不该开始的合同，必然是一个悔不当初的结果。

合同管理最大的风险来自缔结契约的相对方，资信审查的目的就是筛除风险客户，该阶段"合同管理"的重点是收集客户及担保人相关资料，并确保资料真实有效。

1. 客户及担保人资料收集

信审专员收集的客户及担保人资料主要有两类：基本信息类和资金实力证明类，如表 6-1 所示。基本信息类资料包括身份证、户口簿、婚姻证明等，主要证明其身份信息。资金实力证明类资料包括不动产证明、银行流水、收入证明、征信报告、工程施工合同等，主要证明其具备按约还款的实力。

表6-1　　　　　　　　**客户及担保人信审阶段需提供资料**

资料类别	客户/担保人类型	需提供的资料类型	注释位置
基本信息证明类	自然人	身份证	（1）
		户口簿	（2）
		婚姻证明	（3）
		公证委托书	（4）
	法人	年度报告加盖公章	（5）
		统一社会信用代码证复印件加盖公章	（6）
		法定代表人的身份证复印件加盖公章	（7）
		《法定代表人身份证明书》加盖公章	（8）
		法人《授权委托书》，受托人身份证/户口簿复印件	（9）
		法定代表人、全体股东、实际控制人提供的资料参照自然人客户提供的资料清单	（10）
资金实力证明类	自然人	个人征信记录	（11）
		不动产证明复印件	（12）
		银行流水	（13）
		收入证明	（14）
		施工合同复印件	（15）
		自然人客户其他资产证明	（16）
	法人	上一年度及近一个季度的资产负债表、利润表、现金流量表、速动比率分析报表、利息保障倍数分析报表、财务杠杆作用分析报表	（17）
		近三年的纳税申报表、所得税税负率分析报表	（18）
		法人客户资产、对外投资、控股证明	（19）
		法人客户过去一年水电费缴纳凭证及使用房屋的权属证明	（20）
		法人客户其他资产实力证明类资料	（21）
备注：下文按"注释位置"标注的顺序列示客户提供资料的重点注意事项。			

客户提供资料的重点注意事项：

（1）身份证。

① 只能使用二代居民身份证，并核实身份证是否超过有效期，若身份证遗失或超过有效期的，则应提供当地派出所开具的《户籍证明》。

② 身份证在核对原件后留存复印件，由客户在身份证复印件上签字确认，写明当天的日期。

③ 如购买人年龄（Y）超过 57 岁，建议信用销售期限不超过（60 - Y）年，如客户 58 岁，建议分期期限不超过 2 年。

（2）户口簿。

① 核对户口簿中客户及配偶的身份证号码与其提供的身份证是否一致，若不一致，应由客户提供客户所在地派出所出具的《户籍证明》原件。

② 将户口簿中所有家庭成员登记信息均复印留存，由客户在所有的户口簿复印件上签字确认，写明当天的日期。

③ 核对购买人与担保人的户籍信息，排除亲属之间的无效担保。

（3）婚姻证明。

① 婚姻证明包括结婚证、离婚证、未婚证明等，如原件丢失，客户必须提供由相关国家机构出具的证明原件，而不能是公司等部门出具的证明，防止客户隐瞒婚姻情况，遗漏配偶签字。

② 结婚证、离婚证在与原件核对后留存复印件，由客户在复印件上签字确认，写明当天的日期。客户也可对婚姻状况进行公证并提供公证书原件。

③ 重点关注已离婚客户，要求客户提供离婚协议，结合客户陈述

甄别客户是真离婚还是以离婚为名转移资产。

④ 如购买人提供的户口簿能够体现夫妻关系的，可以不收结婚证。

（4）《公证委托书》。

① 对委托代办的，原则上要求出具《公证委托书》。

② 如果不能出具《公证委托书》的，应将委托人列为担保人并完善手续。

（5）公司《年度报告》加盖公章。

（6）统一社会信用代码证复印件加盖公章。

（7）法定代表人身份证复印件加盖公章。

（8）《法定代表人身份证明书》加盖公章。

（9）如有委托代办人的，需出具书面《授权委托书》原件，并核对受托人身份证/户口簿原件，留存复印件。

（10）法定代表人、全体股东、实际控制人需提供的资料参照自然人客户提供的资料清单。

（11）个人征信记录。

① 由客户到当地人民银行征信部门查询提供或登录中国人民银行征信中心个人信用信息服务平台查询提供。

② 公司留存客户在征信部门查询的《个人征信记录》原件。

③ 如需网上查询，由公司相关人员陪同客户登录网站查询并打印，客户签字确认，写明当天日期，公司留存原件。

④ 注意个人征信记录内容中是否有逾期记录、未结清的欠款、尚在为他人提供担保的期间内。

（12）不动产证明。

① 如客户提供的不动产证明为《房屋产权证书》，留存《房屋产权证书》复印件并由客户签字确认，写明当天日期。

② 如客户提供的不动产尚未办理《房屋产权证书》，由客户提供《房屋买卖合同》或其他权力机关开具的《房产证明》原件，留存复印件，并由客户签字确认，写明当天日期。

③ 重点关注上述不动产是否存在抵押、查封、拍卖等情形。

（13）银行流水。

① 客户/配偶提供至少两家银行近 6 个月的银行流水，要求每张银行卡余额不低于 3 万元，严禁客户在提供资料前突发性打款增高余额。

② 信审专员重点审核客户家庭月收入与支出情况，判断当月银行卡余额是否能覆盖月供金额。

（14）收入证明。

① 对有工作单位的客户，由客户工作单位提供收入证明，内容包括客户姓名、身份证号码、从事行业及月/年收入等。一旦涉诉，可以请求法院提取到期收入（《最高人民法院关于人民法院执行工作若干问题的规定（试行）》第 36 条：被执行人在有关单位的收入尚未支取的，人民法院应当作出裁定，向该单位发出协助执行通知，由其协助扣留或提取）。

② 对没有工作单位无法提供收入证明的，要求客户提供至少三家银行近 6 个月的银行交易记录（若客户只能提供一家或两家银行流水，剩余部分由担保人提供）。

（15）施工合同。

① 留存正在进行或尚未开工但将会在 6 个月内开工的施工合同，

并到现场实地查看、检验真实性。

② 如工期能够覆盖整个还款期间更佳。一旦涉诉，可以申请法院执行客户到期债权（《最高人民法院关于人民法院执行工作若干问题的规定（试行）》第 61 条：被执行人不能清偿债务，但对本案以外的第三人享有到期债权的，人民法院可以依申请执行人或被执行人的申请，向第三人发出履行到期债务的通知。履行通知必须直接送达第三人）。

（16）自然人客户其他资产证明。

① 客户有机械设备的，必须亲自查看设备情况，要求客户提供设备合格证和发票原件，核对原件留存复印件，由客户在复印件上签字确认，写明当天日期。

② 如客户有机动车的，要求客户将车辆开至公司，并要求客户提供发票原件并核对、留存复印件，由客户在复印件上签字确认，写明当天日期。

③ 如客户自己或与他人合作经营店铺，应到店铺实地考察，要求客户提供《合伙协议》、个体工商户营业执照原件，核对原件留存复印件，客户在复印件上签字确认。

④ 还可以要求客户提供的其他资产证明有：定期储蓄存单、凭证式国债、理财产品、股票、基金、通过银行购买的实物黄金或记账式黄金、通过银行购买的记账式国债、自有商标、持有其他公司的股权等。

⑤ 如客户为公司"老客户"，可以留存以前客户提供的合格证和发票，无须再次提供。

（17）上一年度及近一个季度的资产负债表、利润表、现金流量表、速动比率分析报表、利息保障倍数分析报表、财务杠杆作用分析报表。

① 上述报表主要用于判断法人客户在未来有无重大经营风险。

② 对客户提供的上述财务报表，交由公司会计或专业审计人员核实数据的合理性，确认资料的真伪。

③ 如法人客户在近三个月聘请有资质的审计机构进行审计，要求法人客户提供审计报告，与上述财务报表进行核对印证。

（18）近三年的纳税申报表、所得税税负率分析报表。

法人客户提供的纳税申报表中需包含所缴纳的增值税和所得税报表并加盖公章。

（19）法人客户资产、对外投资、控股证明。

① 如法人客户自有房屋或其他不动产的，提供房屋产权证书或其他不动产的登记证书，核对原件，留存复印件并加盖公司公章。

② 如法人客户对外投资或外部对法人客户投资，要求提供《投资协议》《合作协议》《股权证》等证明资料，核对原件，留存复印件并加盖公司公章。

③ 重点关注法人客户提供的资产是否存在抵押、查封、拍卖等情形。

④ 查询法人客户涉及的诉讼及执行情况，进一步了解法人客户自身的风险，判断客户信誉。

（20）法人客户过去一年水电费缴纳凭证及使用房屋的权属证明。

① 法人客户提交过去一年的水电费凭证，判断法人客户生产经营淡旺季周期，以便更好地为法人客户制订还款方案和还款周期。

② 法人客户提交所使用场地的房屋权属情况，判断公司的经营计

划是长期的还是中短期的。

（21）法人客户其他资产实力证明类资料。

① 法人客户对外应收账款等凭证。

② 重要资产清单及对应的合同、发票等证明文件。

2. 债权管理实用网站汇总（见表6-2）

表6-2   债权管理实用网站地址

序号	用途	网站名称	网址
1	核实自然人身份证号码真伪	居民身份证号码查询系统	http：//www. dffyw. com/sfzcx/index. asp
2	查询自然人征信记录	中国人民银行征信中心	https：//ipcrs. pbccrc. org. cn
3	查询自然人/法人涉诉情况	威科先行	http：//law. wkinfo. com. cn/？ticket = null
		中国裁判文书网	http：//wenshu. court. gov. cn
4	查询自然人/法人是否为被执行人、失信被执行人、限制消费人员	中国执行信息公开网	http：//zxgk. court. gov. cn
5	查询自然人/法人资产被拍卖、变卖情况	人民法院诉讼资产网	http：//www. rmfysszc. gov. cn
		淘宝司法拍卖网	http：//sf. taobao. com/
6	查询企业基本信息	国家企业信用信息公示系统	http：//gsxt. saic. gov. cn/
		启信宝	https：//www. qixin. com
		企查查	http：//www. qichacha. com
		天眼查	https：//www. tianyancha. com
7	查询上市公司信息披露情况	巨潮资讯	http：//www. cninfo. com. cn/cninfo-new/index
8	查询企业应收账款质押、转让登记信息	中国人民银行征信中心	http：//www. pbccrc. org. cn/

续表

序号	用途	网站名称	网址
9	查询自然人/法人股权质押情况	中国证券登记结算公司	http：//www.chinaclear.cn/zdjs/gpzyshg/center_mzzbhg.shtml
10	查询土地抵押、转让、招拍挂信息	国土资源部	http：//www.mlr.gov.cn/
11	查询全国范围内的供地计划、出让公告、大企业购地情况	中国土地市场网	http：//www.landchina.com/
12	对专利检索与查询	国家知识产权局	http：//www.pss-system.gov.cn/
13	查询注册商标信息及申请商标信息	国家工商总局商标局	http：//www.ctmo.gov.cn/
14	查询计算机软件著作权的登记情况、著作权人、撤销情况、质押情况等信息	中国版权保护中心	http：//www.ccopyright.com.cn/
15	查询每日场内股票质押交易金额汇总、每只证券的交易数量明细、初始交易平均质押率	上海证券交易所	http：//www.sse.com.cn/market/othersdata/repurchase/
16	查询深交所每日场内股票质押初始交易金额汇总、购回交易金额汇总，每只证券的交易数量明细、每周平均质押率	深圳证券交易所	http：//www.szse.cn/index/index.html

信用审查的核心目的是通过深入了解即将建立合作关系的客户经济实力与信用，预判客户在未来是否有能力偿还款项，有无可能欠付款项，在此基础上，收集齐全客户及担保人相关资料，为将来可能出现的诉讼做好充分准备。根据经验，如果销售人员或信审专员怕自己

麻烦、怕客户麻烦或担心得罪客户而少收集客户资料，一旦出现风险，后期会更麻烦，更容易得罪客户。可谓是"小心驶得万年船""一勤解百愁"啊！

二、主合同的签订

格言：

好合同让坏人变好，坏合同让好人变坏。

以工程机械行业为例，常见的销售模式分为四种：全款销售、分期销售、融资租赁销售、银行按揭贷款销售。公司依据销售人员及信审专员在前期对客户做的全维度信用评价，确认最终的销售模式及所需签订的合同类型。

1. 签订的主合同种类（见表 6 – 3）

表 6 – 3　　　　　　工程机械行业设备的销售合同类型

序号	合同类型	合同功能
1	《工程机械设备全款买卖合同》	根据购买方式签订对应合同
2	《工程机械设备分期付款买卖合同》	
3	《工程机械设备按揭销售协议》	
4	《工程机械设备融资租赁销售协议》	
5	《融资租赁/银行按揭销售债权管理协议》	为加强客户债权管理，与主协议一并签订
6	《质量异议承诺函》	让客户承诺不因质量问题而拒绝还款
7	《保险合同纠纷告知函》	让客户承诺不因保险纠纷而拒绝还款

2. 主合同内容审查要点注释

合同全流程管理中，债权管理人员必须充分了解主合同内容及签署要点，以《工程机械设备分期付款买卖合同》为例，结合案例对合同中容易出现风险的内容进行详细分解，让销售人员及债权管理人员充分了解起草、签署、管理合同的基本思路及重点要求，才能更好地利用合同、管理合同，让合同创造价值。

（1）签订合同的主体。

在合同文本的首部，是合同主体的名称，一般出卖人为甲方，购买人为乙方。

注意事项：

① 合同中所填写的双方名称不得使用简称或出现缺字、漏字、错字等情形，特别注意名称中字形相近的字，比如"侯"和"候"，防止出现错别字。

② 如果主体是自然人，须与身份证中的名称一致，如果主体是公司，应当与工商登记名称一致，不能根据平日与对方交往中知道的名字主观臆断，必须核验身份证原件或在国家企业信用信息公示系统上查询确认全称。

③ 签订合同的主体要具备对外签署合同的合法资格，公司内部的财务部、办公室、某某项目部等，虽然这些主体有"公章"，但并不是法律范围内适格的主体。

④ 不能混淆法定代表人与公司之间的身份：如果合同抬头处购买人为公司的法定代表人，合同签字盖章处也仅是法定代表人个人签字，表明法定代表人是以个人身份签订的合同；如果合同抬头处购买人为公司的法定代表人，但合同签字盖章处为公司印章，表明签订合

同的主体为公司；如果合同的抬头处购买人为公司，但合同签字盖章处仅有法定代表人的签字，表明签订合同的主体依然是公司。

⑤ 如果客户是上市公司，应注意其是否以公告的形式对法定代表人对外签字的效力范围作了限制。

⑥ 原则上合同中购买方应当为实际出资人（实际控制人），如在资信审查或合同签订前已知购买人为名义购买人，应当要求实际购买人（实际控制人）在合同的担保人处签字确认。

⑦ 购买人或担保人为自然人的，应在合同中同时罗列配偶名称并要求配偶一并签字。

案例警示：因未核对签约主体的正确名称，诉至法院后被认定起诉主体错误，法院驳回原审原告对原审被告的起诉。

徐州市泉山区人民法院（2017）苏0311民再25号原审原告徐州华东森田重型机械制造有限公司（简称"森田公司"）诉原审被告汉中鸿基工程机械有限公司（简称"鸿基公司"）、徐先利、潘小珍买卖合同纠纷

案件事实：2008年5月9日，森田公司与鸿基公司签订产品投放经销协议，协议约定森田公司授权鸿基公司为陕南地区销售森田公司产品的代理商。2012年7月14日、2013年8月20日森田公司向鸿基公司寄送催款函未果，森田公司将鸿基公司及担保人徐先利、潘小珍诉至法院，要求承担赔偿责任，一审法院判决生效后，又于2017年4月12日作出（2017）苏0311民监4号民事裁定启动再审。

争议焦点：签订合同的主体为汉中宏基工程机械有限公司，本案起诉的被告为汉中鸿基工程机械有限公司，能否据此认定汉中鸿基工程机械有限公司是本案适格的被告并应承担责任。

裁判要点：与森田公司签订《产品存放协议书》《工矿产品购销合同》的主体是汉中宏基工程机械有限公司，而非汉中鸿基工程机械有限公司，原审判决汉中鸿基工程机械有限公司偿还森田公司货款 185000 元及利息损失 27100 元，徐先利、潘小珍承担连带清偿责任，认定事实错误，应当依法撤销。原审原告起诉的被告主体错误，应当依法驳回起诉。依照《中华人民共和国民事诉讼法》第一百一十九条第（二）项、第二百零七条第一款、《最高人民法院关于适用〈中华人民共和国民事诉讼法〉的解释》第四百零七条第二款之规定，裁定：撤销（2014）泉商初字第 924 号民事判决；驳回森田公司的起诉。

资料来源：中国裁判文书网，http://wenshu.court.gov.cn/content/content? DocID = 7941131c-ed7c-4c14-bf42-a89b0109f1bc&KeyWord =（2017）苏 0311 民再 25 号。

（2）设备的信息及交付。

设备是整个合同的核心，如果设备信息填写错误，轻则会给债务人提供拒绝付款的理由，重则面临合同被解除甚至是赔偿损失的风险，因此，在合同签订过程中，一定要将合同中约定的机号与合格证、设备上的铭牌进行核对，核对无误才能向客户交付。

注意事项：

① 双方签订合同中的设备基本信息必须与合格证、设备铭牌信息相一致，该大写的不能小写，数字、字母、符号均不能遗漏，建议将机号在合同中直接打印出来，避免手写出现错误。

② 向客户交付设备时应再次核对合同约定的设备名称、机号与交付设备清单中设备的信息相一致，当交付的设备较多时，一定要逐一核对车辆信息，严防混淆出错。笔者曾处理过一起案件，公司先后与客户 A 和客户 B 签订了两份销售合同，销售人员在填写合同信息时粗心大意，在两份主合同及交车单中关于设备的信息完全一致，后来 A、B 客户均欠款且失联，当时负责的销售经理也离职无法联系到，公司无法核查清楚到底是客户 A 还是客户 B 在实际使用合同中车辆，只能依据两份合同分别起诉客户 A 和 B，无形之中增加了公司的诉讼风险。

③ 交货地点原则上约定在公司所在地交付。

④ 向客户交付的设备涉及运输的，原则上由客户自行解决运输问题并承担运费，并在合同中明确约定。如果客户委托公司代为选择运输公司，需由客户提供《授权委托书》或公司与客户签订《委托代办运输合同》，明确公司是在接受客户委托代办运输业务。

案例警示：因向客户交付的车辆识别代码与车管所备案资料不一致，致使客户无法在车管所备案，导致公司向客户赔偿车价过半的损失。

陕西省西安市雁塔区人民法院（2017）陕 0113 民初 11863 号原告昱立坤诉被告西安华中汽车销售服务有限公司（简称"华中汽车公司）"、第三人北京现代汽车有限公司（简称"北京现代公司"）买卖合同纠纷

案件事实：2014 年 1 月 8 日，昱立坤从华中汽车公司处购买一辆北京现代途胜轻型客车，《中华人民共和国机动车整车出厂合格证》的发动机号：DB147461 号，《车辆一致性证书》的编号为 NO.3338213。2014 年 2 月 19 日，昱立坤在甘肃省张掖市公安局交通警察支队办理注册登记时，被告知"你申请办理的北京现代牌 BH6430MY 小型普通客车，发动机号码同合格证不一致，不能进行唯一性确定，不符合 GB7258，不能办理注册登记"，并向昱立坤出具《退办单》。后华中汽车公司重新向昱立坤出具《中华人民共和国机动车整车出厂合格证》的发动机号：DB174461 号，《车辆一致性证书》的编号为 NO.3321671。昱立坤使用更改后的出厂合格证和车辆一致性证书办理了注册登记。2017 年 4 月 22 日，昱立坤驾驶购买的涉案车辆水箱爆炸引起车辆前部燃烧，事发当日，昱立坤通知 4S 店并拨打火警电话报警。2017 年 5 月 16 日，甘肃省山丹县消防队与张掖银通 4S 店工作人员在现场拆解车辆，但对水箱爆炸原因没有作出结论。

争议焦点：华中汽车公司在买卖交付前更换涉案车辆的发动机，没有向昱立坤告知，交付的车辆与合同约定不一致，是否构成欺诈并侵害了昱立坤的知情权。

裁判要点：法院认为，车辆销售价格的降低或者优惠是销售商常用的销售策略，也是双方当事人协商的结果，不能由此推断被告在告知原告更换发动机的基础对其降价和优惠。故对被告抗辩其在销售前已履行了更换发动机告知义务，不予采纳。因被告更换发动机是为原告提供合格商品，主观上没有过错，不能认定被告有欺诈行为，被告的该项抗辩意见予以采纳。原告称被告的行为构成欺诈，不予采纳。原告请求依法判令解除原被告之间的买卖合同，退还购车款、赔偿损失的请求均不予支持。但被告的行为侵犯了原告作为消费者的知情权，对此被告应当赔偿原告相应损失，最终，法院酌情认定赔偿原告人民币 7 万元。

资料来源：中国裁判文书网，http：//wenshu. court. gov. cn/content/content？ DocID = e16d3d6d－8863－46f3－be2c-a85900ae7a ac&KeyWord =（2017）陕 0113 民初 11863 号。

（3）关于付款及期限。

公司签订合同的核心目的是约束客户按照协议约定付款，所以相关付款及期限类数据是整个合同的核心数据，要求清晰规范，不能出错。

注意事项：

① 明确合同总价是否为含税价，即向客户开具发票时，该价格是否包含开具发票需要承担的税金。

② 明确预付款是"定金"还是"订金"。实践操作中，一般是先订立合同后交付设备，为避免客户单方毁约，要求在交付设备前由客户缴纳一定比例的款项，有的公司在合同中将该笔款项的性质约定为"定金"，有的公司则约定为"订金"，两者一字之差，却有重大区别，"定金"属于法定的担保方式，金额不得超过总价款的20%，当客户违约时，公司有权不向客户返还"定金"；如果在合同中约定为"订金"的话，对双方则没有这种约束。

③ 合同金额应当明确具体，大小写保持一致。为避免在合同中出现大小写不一致的情形，应在合同中约定清楚"如大小写不一致时，本合同中所有的金额均以大写为准"。

④ 合同总价一般为设备的价格，如在合同中约定的金额包括运费、保险费等相关费用，应当注明并列明相应开具发票的主体。为减少或避免出现发票纠纷，明确合同中相关费用项所涉及的双方权利义务，建议对运费、保险费等费用单独签订协议。

⑤ 在合同中注明公司收款户名及账号，并约定"本合同中的收款账号为公司唯一指定的收款账号，未经公司书面通知变更，以任何形式向公司收款账号以外的第三方付款，不视为对公司履行还款义务"。以此防范个别销售经理或债权管理人员代收延付或代收不付给公司造成的债权风险。

⑥ 在合同中明确约定每笔分期款的支付时间及金额，为方便客户记忆，最好在合同中设定以固定金额在固定时间支付款项。

⑦ 如客户以银行承兑方式支付款项，公司出纳人员应打电话到出票银行核实票面记载信息真伪后再确定接收。如客户以商业承兑汇票方式支付款项，公司需保持高度的警惕，除核实出票人的资金实力、有无涉及重大诉讼等问题外，需要求客户另行提供担保物或保证人，一旦商业承兑汇票无法承兑，公司可直接要求客户及相应的担保人承担还款责任。

案例警示：因借条中约定的大小写金额不一致，且未标注当发生冲突时的解决方法，法院以大写金额认定最终的欠款金额。

湖北省浠水县人民法院（2018）鄂 1125 民初 627 号原告南卫平诉被告程双明买卖合同纠纷

案件事实：2014 年 3 月，南卫平经人介绍与程双明相识，双方订立口头买卖合同，由南卫平向程双明赊销油漆。2015 年 1 月 15 日，双方对油漆款进行结算后，程双明出具借条 1 张，载明"今借到南卫平人民币伍万捌仟壹佰叁拾陆（￥58316），特立字据"，现南卫平向程双明催要油漆款 58316 元及利息并诉至法院。

借条

今借到伍万捌仟**壹佰叁拾陆**（￥58316）

———————————

———————————

— —

> **争议焦点**：大小写不一致且双方未做约定的，应以哪个金额为最终的认定依据。
>
> **裁判要点**：法院认为，原告南卫平与被告程双明口头约定油漆买卖，由原告向被告赊售油漆，双方订立的油漆买卖合同不违反法律规定，属有效合同依法应予保护。被告程双明于2015年1月15日同原告南卫平就其赊购油漆款进行结算并出具58136元借条，该行为应属被告真实意思表示，被告在原告催讨油漆款后迟延未支付货款的行为违反了油漆买卖合同约定的义务，同时也侵犯了原告合法权益，故原告诉请被告支付货款于法有据，应予支持。但原被告间订立的买卖合同未约定逾期违约责任或逾期支付利息，故原告诉请被告支付货款利息无法律和事实依据，本院对此请求不予支持。因被告在出具借条时书写的金额大小写不一致，本院采信被告大写书写的金额"伍万捌仟壹佰叁拾陆元"。
>
> 资料来源：中国裁判文书网，http：//wenshu. court. gov. cn/content/content？ DocID = 84434385 − 6ea3 − 46c0 − ad6f-a8ab012fa4fa&KeyWord =（2018）鄂1125民初627号。

（4）违约责任。

在分期付款买卖合同中，虽然有对设备所有权保留的约定，但设备一旦交付给客户，公司实际上就已经处于风险之中，为保障公司债权的实现，有必要通过设定违约责任让客户对逾期付款的后果可预见，对未来逾期成本作出预判和权衡，从而降低客户逾期概率。

注意事项：

① 违约责任的约定应当明确、具体，比如，当客户发生欠付但不

足以达到解除合同情形时，可将违约条款设置为"客户未按合同约定的时间或金额支付款项的，以当月应付款为基数，按日万分之五利率自应付款之日计算至实际还清之日止"。

② 明确设定客户逾期情况下公司行使取回权的条件及程序。

③ 明确约定设备质量异议不能成为客户拒绝付款的理由，基于实践中很多客户都会以设备存在质量问题为由拒绝付款，但在诉讼中，一般未经权威部门鉴定，该理由都难以成立。因此，在合同中可以明确约定"公司提供的设备如果经权威机关证明不符合验收标准，乙方可以拒绝接收。公司应当在合理期限内为客户调换符合验收标准的设备。客户在使用过程中如认为存在质量问题的，需以权威机关出具的书面鉴定意见为准"，既告知客户行使质量异议抗辩的方式，也是对客户随意行使质量异议抗辩的约束。

④ 明确约定如客户未经债权人同意转让、抵押、质押设备或未经债权人同意擅自拆卸 GPS 的，视为客户违约，所有未到期款项均视为已到期，客户除应立即支付全部货款外，还应向公司承担一定比例的违约金。

案例警示： 因取回设备后未及时确定设备价格，债权人自行委托评估机构评估的价格确定时间晚于设备取回日一年半，法院最终以客户自行委托的评估价格为准确定价格。

江苏省高级人民法院（2017）苏民再 38 号再审申请人唐小红、陈铁山与被申请人南通恒钢工程机械有限公司、一审被告韩宏林、李俊担保追偿权纠纷

案件事实：2011 年 8 月、9 月，恒钢公司与唐小红签订《工程机械购销暨租赁合同》两份，约定唐小红分别以 730000 元、940000 元的价格向恒钢公司购买型号为 SK140 - 8、SK200 - 8 的液压挖掘机各一台。合同签订后，唐小红仅支付其中的 435500 元，欠付首付款 70500 元。恒钢公司分别于 2011 年 8 月 25 日、9 月 30 日向实际使用人李俊交付了挖掘机。为筹集其余机械款，唐小红、陈铁山以上述两台挖掘机为抵押物向光大银行白下支行抵押贷款 1604000 元，所贷款项均汇入恒钢公司账户。恒钢公司根据与光大银行白下支行的合作协议，为上述贷款提供了连带保证担保。2011 年 11 月 3 日李俊向恒钢公司出具不可撤销担保函一份，其就唐小红因购买案涉两台挖掘机对恒钢公司的所负债务承担连带担保责任。自 2011 年 10 月 27 日起至 2013 年 11 月 30 日止，恒钢公司共为唐小红与陈铁山的上述贷款垫资还款 1122600 元（唐小红于 2011 年 10 月 18 日还款 27000 元已经扣除）。因唐小红、陈铁山一直不能按约偿还银行贷款，2012 年 6 月，恒钢公司取回两台挖掘机。

2013 年 11 月 30 日，恒钢公司与唐小红、韩宏林签订协议及对账确认单各一份，协议中载明，由唐小红、韩宏林自愿承担双方买卖合同的违约责任，逾期利息共计 368600 元，对恒钢公司的银行代偿款以设备作价后由恒钢公司回购，唐小红两台挖掘机 SK200 - 8（YN12 - H3952）作价 64 万元、SK140 - 8（H0971）作价 42 万元，韩宏林一台挖掘机 SK200 - 8（YN12 - H1081）作价 45 万元，回购款抵偿银行代偿款，对未偿付的垫资款由唐小红、韩宏林给付，多出部分由恒钢公司无息返还。唐小红、韩宏林为彼此所欠恒钢公司款项的连带担保人。<u>协议整体为打印文本，其中有关逾期利息的金额及机器作价的金额为手写</u>。协议签订后，恒钢公司又为唐小红向光大银行白下支行代偿 656529.07 元。本案经过一审、二审后，唐小红向江苏省高级人民法院申请再审，并自行委托评估机构对两台设备重新进行评估并得出价格分别为 785000 元及 579800 元。

争议焦点：本案中应以恒钢公司实际取回日确定两台设备的价值，还是以取回后某一时间点确定两台设备的价值。

裁判要点：恒钢公司于 2012 年 6 月收回了涉案挖掘机，恒钢公司关于涉案挖掘机以 2013 年 11 月 30 日的价值抵偿债务的主张，晚于其取回涉案挖掘机的时间近 18 个月，对唐小红明显不公平。因此，恒钢公司一审中提交的评估报告确定是涉案挖掘机 2013 年 11 月 30 日的价值，该评估报告不应被采信。应以涉案挖掘机 2012 年 6 月 12 日的价值抵偿债务。恒钢公司于 2012 年 6 月 12 日取回了涉案挖掘机，唐小红已经丧失了对涉案挖掘机的管控。恒钢公司主张，其于 2012 年 6 月取回涉案挖掘机后，只是暂时保管，并未予以处分、使用，在签订《协议》后才转让。但是恒钢公司没有提交证据证明该主张，法院不予支持。唐小红在再审中提交的评估报告应予以采信。该评估报告确定的是涉案挖掘机在2012年6月12日的价值，是由有资质的评估师作出的，其采用的会计方法也与恒钢公司在一审中提交的评估报告相同。虽然唐小红提交的评估报告不能对涉案挖掘机的现状作出认定，但恒钢公司将涉案挖掘机转让，导致无法确定涉案挖掘机现状。评估人员依据同型号挖掘机的市场价值，根据会计方法作出评估结论，并无不当。因此，本院采信唐小红在再审中提交的评估报告，认定涉案挖掘机2012年6月12日的市场价格分别为785000元、579800元。

资料来源：中国裁判文书网，http：//wenshu.court.gov.cn/content/content? DocID = fc12853b-dc72 - 4a2e-a565 - a836001d09a5&KeyWord = （2017）苏民再38号。

（5）争议的解决。

管辖权，当事人争、律师争、法院也争，有一个原因在于我国并不是判例法国家，因此各地法院对相同的案件可能会做出不同的处理结果，必然会使其中一方受益而另一方利益受损，因此管辖条款就成为签约双方争夺的焦点。

注意要点：

①管辖约定必须明确、具体。根据现行《民事诉讼法》的规定，合同类纠纷可以将原告住所地、被告住所地、合同履行地、合同签订地、标的物所在地通过协议的方式确定为管辖地，因此，上述五个地

点均可以选择作为最终发生争议后的解决地，笔者建议在合同中明确选择其中一个法院，如果双方在协议中选择了两个以上与争议有实际联系的地点作为管辖的法院，则原告一方可向其中任何一个法院提起诉讼。

②如果约定管辖为一方的工商登记住所地与其经常办公地点不一致的，在已经明确知悉的情况下，应直接约定具体的管辖法院避免由此产生争议。

> **案例警示：** 合同约定由出租人住所地法院管辖，出租人在合同签订时尚未搬离工商登记住所地，且出租人在另案中已明确自认住所地，法院据此将案件移送至工商登记的住所地，因此最好还是将管辖法院直接约定为具体的法院，避免因此产生争议引发管辖争议大战。
>
> 北京市大兴区人民法院（2015）大民（商）初字第7180号原告中恒国际租赁有限公司（简称"中恒公司"）诉被告黑龙江永庆工程机械销售有限公司（简称"永庆公司"）、陈治岩保证合同纠纷一案
>
> **案件事实：** 2010年1月7日，原告与被告签订《融资租赁业务合作协议》《保证函》《融资租赁合同》，原告依据上述证据向其现住所地北京市大兴区人民法院提起诉讼，被告永庆公司在答辩期间内提出管辖异议，认为案件应当移送至永庆公司住所地有管辖权的法院管辖。
>
> **争议焦点：** 本案应当由中恒公司工商登记地法院管辖、中恒国际起诉时所在地法院管辖还是由永庆公司住所地法院管辖？

裁判要点：原告中恒公司依据其与被告永庆公司于2010年1月7日签订的《融资租赁业务合作协议书》《保证函》《融资租赁合同》等证据提起的本案诉讼，请求法院判令被告永庆公司、被告陈治岩履行连带保证责任，向原告中恒公司支付租金及罚息等，故本案属于因保证合同纠纷提起的诉讼。根据《中华人民共和国民事诉讼法》第三十四条规定，合同纠纷的当事人可以书面协议选择被告住所地、合同履行地、合同签订地、原告住所地、标的物所在地等与争议有实际联系的地点的人民法院管辖。本案中，原告中恒公司提交的《融资租赁业务合作协议书》及《保证函》中均约定发生争议由原告中恒公司的住所地法院管辖，该管辖协议约定合法有效。《最高人民法院关于适用〈中华人民共和国民事诉讼法〉的解释》第三十二条规定，管辖协议约定由一方当事人住所地人民法院管辖，协议签订后当事人住所地变更的，由签订管辖协议时的住所地人民法院管辖，但当事人另有约定的除外。双方签订管辖协议的日期为2010年1月7日，原告中恒公司没有向本院提交证据证明其当时住所地在本院辖区内，且原告中恒公司在（2014）三中民终字第04901号民事裁定书中明确表示其住所地在北京市顺义区，故本院对本案没有管辖权。据此，依照《中华人民共和国民事诉讼法》第三十四条，《最高人民法院关于适用〈中华人民共和国民事诉讼法〉的解释》第三十二条之规定，裁定移送至北京市顺义区人民法院。

资料来源：中国裁判文书网，http：//wenshu. court. gov. cn/content/content？ DocID = f122833e – 76dc – 48ff-b217 – a84d00a84abf&KeyWord =（2015）大民（商）初字第7180号。

（6）合同的生效条件及其他。

合同的生效指关于合同在什么条件之下在双方当事人之间发生法律效力。

注意要点：

① 关于合同的生效条件，一般合同都会笼统写为"本合同自双方签字盖章之日起生效"，这实际上给合同设置了双重生效条件，即必须是"法定代表人签字 + 盖章"后才能生效。规范地讲，应区分签约主体为单位还是个人，如果签约双方均为单位，应设定为"自双方盖章之日起生效"；如果签约双方均为自然人，应设定为"自双方签字之日起生效"；如果签约双方一方为单位，另一方为自然人，则应设置为"各方签字、盖章之日起生效"。

② 签字盖章页必须由合同中所涉及的主体自行签字或盖章，任何人都不得代签，如果因特殊原因确实需要代签，则应当由委托人和受托人在公证机关办理《公证授权委托书》。

③ 基于 2016 年 9 月 12 日出台的《最高人民法院关于进一步推进案件繁简分流优化司法资源配置的若干意见》第 3 条规定，"完善送达程序与送达方式。当事人在纠纷发生之前约定送达地址的，人民法院可以将该地址作为送达诉讼文书的确认地址。当事人起诉或者答辩时应当依照规定填写送达地址确认书。积极运用电子方式送达；当事人同意电子送达的，应当提供并确认传真号、电子信箱、微信号等电子送达地址……"因此，在合同设计时，将双方留存的地址设定为催收地址及法院/仲裁机构的送达地址，避免因法院送达问题导致客户为此申请再审。

④ 应在合同中备注"合同中的全部内容以打印版为准，不在规定范围内手写的不视为是合同内容补充"，以此避免客户经理与客户

签订合同时随意更改合同。

案例警示：未在合同签订时严格把控由债务人本人签字的原则，致使法院无法认定双方存在合同关系，最终败诉。

云南省昆明市西山区人民法院（2017）云 0112 民初 7039 号原告云南信腾工程机械有限公司诉被告母陈靖追偿权纠纷

案件事实： 2017 年 7 月 27 日，原告以为被告向中国光大银行金碧路支行垫付款项 125096.22 元为由，向本院提起诉讼，要求被告向其偿还垫付款 125096.22 元。原告向法院提交 2011 年 8 月 15 日的《工程机械销售合同》及 2011 年 11 月 14 日的《个人贷款合同》，两份合同分别载明了购买的设备机号及贷款金额。2017 年 9 月 26 日，法院依法委托云南警官学院司法鉴定中心鉴定 2011 年 8 月 15 日的《工程机械销售合同》中母陈靖及李燕花的签字是否是本人所签？2011 年 11 月 14 日的《个人贷款合同》中母陈靖及李燕花的捺印是否是本人所留？经鉴定，认定在《工程机械设备买卖合同》《个人贷款合同》的签字及指纹印痕均不是母陈靖所留。2017 年 9 月 26 日，被告向云南警官学院司法鉴定中心支付鉴定费 10800 元。

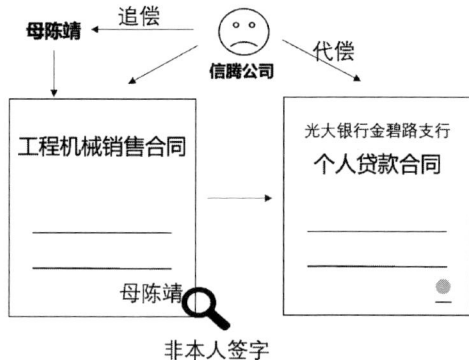

争议焦点：经笔迹鉴定确定被告"母陈靖"的签字非本人所为，原告的诉请还能否得到支持。

裁判要点：法院认为，原告以《工程机械销售合同》及《个人贷款合同》为依据，要求被告偿还垫付款 125096.22 元。原告认为根据《个人贷款合同》的约定，其向中国光大银行金碧路支行承担了连带保证责任，因此有权向被告追偿。根据云南警官学院司法鉴定中心出具的云警院〔2017〕司鉴字第 X068－HJ 号鉴定意见书及云警院司法鉴定中心〔2017〕文鉴字第 X166 号鉴定意见书，《工程机械合同》及《个人贷款合同》的签字及捺印均不是被告本人所留。由于《工程机械合同》并非被告与原告签订，原告也未能提交证据证明将涉案装载机交付给被告使用，故不能证明双方建立买卖合同关系。同时，因《个人贷款合同》并非被告与原告及中国光大银行昆明分行签订，故也不能证明被告就买卖涉案装载机向中国光大银行昆明分行借款，并与原告建立保证关系。故即使原告因《个人贷款合同》向中国光大银行昆明分行承担连带保证责任，也不能依据上述合同向被告追偿。对于原告的全部诉讼请求，本院不予以支持。此外，对于鉴定费 10800 元，应由原告承担。

资料来源：中国裁判文书网，http：//wenshu. court. gov. cn/content/content？DocID＝0982f7dd－6e77－443c－9c42－a858010293ea&KeyWord＝（2017）云 0112 民初 7039 号。

（7）合同的附件。

合同的附件主要有五个：《质量异议承诺函》《保险纠纷告知函》

《融资租赁/银行按揭销售债权管理协议》《地址确认书》、客户及担保人基本信息资料和资金实力证明资料（客户及担保人基本信息资料和资金实力证明资料在前期已经做过详细阐述不再展开）。

※《质量异议承诺函》内容要点注释

① 函件目的：明确告知客户即使出现产品质量问题，也不能影响正常还款。

② 应在《质量异议承诺函》中告知客户因质量问题寻求帮助的联系人员及电话。

③ 引导客户通过正常途径解决可能发生的质量问题，比如售后部门已经排除了设备质量问题，但客户坚持认为有质量问题的，应积极引导客户通过第三方鉴定的方式确认质量问题。

④《质量异议承诺函》有两种应用场景：一种是双方签订信用销售买卖合同时，客户向公司提供（见函件1），承诺不以设备在合同履行期间出现质量问题为由而拒绝支付款项；另一种是客户因质量问题而拒绝付款时，公司向客户发送《质量异议告知函》（见函件2），告知客户不能因以车辆损坏或进行维修为由中止付款或不履行合同。

函件1

工程机械设备质量异议承诺函

_____公司：

本人于____年__月__日签订了编号为_____号的《_____合同》，机号为：_____，本人对所提交资料的真实性、准确性、完整性承担法律责任。

　　本次购买车辆已经本人验收合格，且已经收到车辆《合格证》，本人承诺在后续使用车辆时，若发生机械故障或保养问题，将通过拨打售后服务电话或与售后约定上门服务进行车辆保养和维修，或在履行合同义务的同时，由出卖人、出租人协调售后处理相关维修保养事宜。不以设备在合同履行期间出现质量问题为由而拒绝支付贵司或融资租赁公司的包括但不限于购车款、垫付款、租金、违约金或进行抗辩、提起反诉、中（终）止履行合同。

　　以上内容本人已知晓，由此导致的法律后果及经济损失由本人自行承担。本承诺系本人真实意思表示，不存在欺诈、胁迫、重大误解等情形。

　　特此承诺。

承诺人：

年　月　日

函件2

工程机械质量异议告知函

尊敬的_____：

　　贵方于____年__月__日与我司签订了编号为_____号的《_____合同》，我司已依约向贵方交付了经贵方验收合格的挖掘机，贵方也已签订车辆交接手续。同时，根据贵我双方关于分期付款的约定，截止到本函发送之日，贵方已逾多期货款未支付，构成严重违约。根据我方掌握的证据和事实证实并非我公司原因，贵方如对车辆质量有异议，可以申请第三方进行鉴定，但不应以车辆损坏或进行维修为由中止付款或不履行合同。

基于此，我司郑重声明：若贵方在收到本函之日起仍不履行合同约定，或不与我司协商的，视为贵方有意扩大损失，贵方不仅应当承担因拒绝履行合同按期付款义务所产生的违约责任，还应当自行承担因车辆出现故障无法正常作业所产生的维修费和台班损失。同时，如果因贵方逾期付款导致合同全部到期或担保受偿方案启动，以及由此产生的律师费、违约金、诉讼费、保全费及其他实现债权费用的责任均全部由贵方承担。

望贵方审慎对待！

单位（盖章）：

年 月 日

特别声明：本函将以快递方式向你方送达，快递签收之日视为送达之日，你方签收后五个工作日内未予书面答复，由此导致的一切法律后果由你方承担。本函一式两份，一份交你方，一份公司留存。

※《保险合同纠纷承诺函》内容要点注释

① 应向客户告知出险后的报案电话、保单号等基本信息。

② 应向客户告知保险期限应与分期/融资租赁/银行按揭付款期限

保持一致。如出现合同倒签情形，即先向客户交车，随后根据融资租赁公司或银行的审批结果再与客户补签《融资租赁合同》/《按揭贷款合同》，在此情形下，应同时建议客户在购买正常保险的基础上，增加1~3个月的短期保险，以避免在推迟放款、提前交机期间可能出险造成的不必要损失。

③ 告知客户可预期的保险理赔时间，因案件性质有所不同，一般在1~3个月，客户不能因此而不履行按时还款的义务，理赔款仅用于冲抵到账当期的月供款。

④ 告知客户出现某些情形时，保险公司不负赔偿责任，如驾驶人员不具有相应的操作资格证书等，信审专员需提醒客户详细阅读保险合同条款。

以下为笔者团队制作的公司在与客户签订主合同时，客户向公司出具的《保险合同纠纷承诺函》范本：

工程机械设备保险合同纠纷承诺函

_____公司：

本人于____年__月__日签订了《_____合同》，并按照合同约定向_____公司办理设备保险业务，对所提交资料的真实性、准确性、完整性承担法律责任。

本人承诺在保险合同期限内及保险理赔期间不撤保，未经贵司及融资租赁公司同意，不得变更保险内容，依约进行续保。同时，在保险合同履行期间，如发生车损并能够触发保险赔偿的，本人不可撤销地承诺同意保险公司将理赔款直接支付至贵司指定

账户内，如发生人员伤亡的保险纠纷由本人自行处理。本人绝不以设备在保险纠纷处理期间及理赔事宜未处理完毕为由而拒绝支付贵司或融资租赁公司的包括但不限于购车款、垫付款、租金、违约金或进行抗辩、提起反诉、中（终）止履行合同。

以上内容本人已知晓，由此导致的法律后果及经济损失由本人自行承担。本承诺系本人真实意思表示，不存在欺诈、胁迫、重大误解等情形。

特此承诺。

承诺人：

年　月　日

备注：1. 保险单号：×××××

2. 保险报案电话010－8276××××，联系人：张小姐

※《融资租赁/银行按揭销售债权管理协议》内容要点注释

① 仅适用于客户通过融资租赁或银行按揭方式购买设备时，因公司为客户向融资租赁公司或银行承诺回购或提供担保，为保障公司后续债权的实现，公司与客户签订该协议。

② 应向客户明确告知触发债权管控的情形。

③ 公司在行使债权管控时，也应严格按照协议中约定的流程行使权利。

以下为笔者团队制作的客户通过融资租赁/银行按揭方式购买设备时公司与客户签订的《融资租赁/银行按揭销售债权管理协议》

范本：

融资租赁/银行按揭销售债权管理协议

编号：

甲方：××公司

乙方（购机人）：　　　　　　身份证号：

乙方（配　偶）：　　　　　　身份证号：

丙方（保证人）：　　　　　　身份证号：

鉴于：

乙方以融资租赁或按揭/抵押贷款方式购买工程机械设备（以下简称"设备"，具体型号、数量、规格以乙方与融资租赁公司或银行签署的合同为准），履约过程中可能发生乙方逾期支付租金或贷款，从而导致甲方被要求承担担保责任/回购责任。为了督促乙方按时履约并保障甲方合法权益，甲乙双方经友好协商达成本协议：

一、乙方确认发生以下任意一种或多种情形的，均视为乙方触发甲方行使债权管控的情形

1. 乙方未按时归还一期或多期租金/贷款，导致甲方被融资租赁公司或按揭/抵押贷款银行发函告知履行垫付或回购的。

2. 乙方未按时归还一期或多期租金/贷款，导致甲方被融资租赁公司或按揭/抵押贷款银行扣划保证金的。

3. 乙方未按时归还一期或多期租金/贷款，导致甲方垫付或回购的。

二、无论甲方是否实际垫付或回购，但是乙方实际逾期的，并符合本协议第一条约定情形之一的，则乙方确认甲方有权采取以下任意一种或多种措施

1. 通过电话、上门或通过报纸、电台、电视台、互联网等方式向乙方、丙方催促履约。

2. 不经预告，取回乙方购置的设备，并通过电话短信或快递限期乙方归还逾期款。如果乙方在限定期限内不予归还，则甲方有权选择通过出租设备获取的租金纯收益代付逾期款项；或者甲方履行垫付责任或回购责任的同时，处置设备用所得价款偿付乙方应付款项。如果通过上述方式依然不能足额支付的，则甲方有权继续追索。

3. 有权直接起诉乙方、丙方支付甲方可能或已经发生的垫付/回购款。乙方、丙方确认即使甲方未实际支付垫付/回购款的，但是依据融资租赁公司或按揭/抵押贷款银行的发函，可以直接起诉乙方、丙方并把融资租赁公司或按揭/抵押贷款银行列为第三人，要求乙方、丙方履行还款责任。

上述情形中，如果甲方为乙方、丙方垫付或回购的（垫付/回购金额以甲方支付给融资租赁公司或按揭/抵押贷款银行的付款凭证为准），乙方应自甲方垫付之日至付清之日按照每天万分之八计付利息，还应当承担甲方为索要欠款所产生的公证费、保全费、律师费、差旅费、扣留和取回工程机械所产生的支出等费用。

三、取回处置设备的流程确认

1. 当乙方债权逾期后，甲方有权要求乙方立即支付所有剩余账

款，并承担合同约定的违约金；如果乙方不能立即支付且拒绝向甲方返还设备的，则乙方不可撤销地授权甲方有权不经预告单方行使取回权→取回后三日内，甲方向收购二手设备的个人或单位询价，并根据询价结果确定变现价款→甲方通过乙方在本合同留存的手机号，以短信方式告知乙方询价结果，并限期乙方支付欠款及甲方取回设备所发生的合理费用后赎车→乙方在接到通知并在通知确定的期限内提出对设备提交评估机构评估的，则双方组织评估确定价格，并根据评估结果的一定比例与乙方欠付款项相抵顶→如果乙方在短信告知的赎车期内不予答复或拒绝赎车的，则视为乙方认同甲方以短信通知的变现价款出售，所得变现款直接冲抵乙方欠付，包括但不限于到期未付款及利息、未到期款、甲方垫付款、甲方行使取回权所产生的费用以及违约金等→短信告知乙方标的物变现后最终结算结果。若变现款不足以清偿的，甲方有权继续向乙方追偿。

2. 双方均同意，对设备进行评估确定价格的，交由评估机构评估，由此产生的评估费用由乙方和丙方承担，或在甲方先行垫付后，变卖价款优先用于清偿甲方支付的评估费。

四、丙方自愿对乙方在本合同项下的所有债务，包括但不限于垫付/回购款、违约金、甲方因主张债权所产生的各项费用等承担连带保证责任，保证期间为乙方最后一期应付款履行期限届满之日起两年。

五、本协议履行期间发生争议，由甲方所在地人民法院依法裁决执行。

六、本协议自甲、乙、丙三方签字、盖章后生效。

七、本协议一式四份，由甲方持有两份，乙方和丙方各持一份，具有同等法律效力。

甲方：

乙方：　　　　　　　　　乙方配偶：

丙方：

签约时间：　　年　月　日

签约地点：

※《地址确认书》范本

地址确认书

致：

为保证按约履行债务，本人（本公司）特向贵司确认以下地址为催收及诉讼文书送达地址：

收件人：

住址/住所地：

联系电话：

本人（本公司）承诺：

1. 上述确认的送达地址，系本人（本公司）真实意思表示。

2. 本人（本公司）确认的上述地址均真实、准确；若因本人（本公司）确认的上述地址不真实、不准确（包括但不限于地名变更、地址被拆迁、确认的地址无人签收文书等情形），导致贵司或人民法院的相关文书未能实际由本人（本公司）签收，视同本人（本公司）已收到贵司或人民法院寄送的相关文书。邮件退回之日，视为送达之日。

3. 本人（本公司）承诺若变更上述送达地址的，将及时通知贵司；若因本人（本公司）未及时通知和更改确认书，导致贵司或人民法院的相关文书未能实际由本人（本公司）签收，将视同本人（本公司）已收到贵司或人民法院、仲裁机构寄送的相关文书。邮件退回之日，视为送达之日。

4. 本人（本公司）对贵司或人民法院、仲裁机构寄送的相关文书，将诚实收取；若贵司或人民法院按上述地址寄送相关文书，本人（本公司）或本人（本公司）负责签收邮件的人员拒绝签收的，将视同本人（本公司）已收到贵司或人民法院寄送的相关文书。邮件退回之日，视同送达之日。

5. 上述确认的送达地址适用于贵司寄送的催收货款、宣布合同提前到期、债权转让通知书等，也适用于贵司向人民法院提起诉讼或向仲裁机构提起仲裁时，人民法院或仲裁机构向本人（本公司）寄送的法律文书。

6. 上述确认的送达地址适用于人民法院（仲裁机构）处理案件的全部程序，包括一审、二审、再审及执行程序等。

7. 本人（本公司）对上述条款的含义和法律后果已知晓，并愿意为此承担一切法律责任。

确认人（单位）：

年 月 日

3. 主合同审核流程管理及分工

（备注：后续内容涉及合同签订流程管理及分工的，参照本部分内容）

笔者在为多家公司提供法律服务及咨询过程中反复调研总结，设计了一套比较科学的合同签订流程及分工。

第一步：销售经理发起合同审核流程。

（1）信审专员完成对客户资信调查，销售经理与客户确定好交易模式及相关买卖事务后，由销售经理发起合同审查流程，并附客户的相关身份信息资料；

（2）原则上应使用本公司已有的制式合同，如特殊情况下客户提出修改意见的，销售经理应在发起合同审查流程时一并提供书面说明，并确保进入审核流程的合同内容填写完整、不留白。

第二步：信审专员出具信审意见。

第三步：法务人员出具法律风险意见。

法务人员结合主合同内容审查要点注释及新增合同内容，出具："经审查，无重大法律问题"的意见或"经审查，存在如下法律风险：……，修改意见为：……，退回修改"。

第四步：主管领导审批合同内容。

对于合同修改内容，若销售经理与法务人员观点不一致，由主管领导出具最终修改意见，法务人员按照主管领导意见对合同文本进行最终修订。

第五步：总经理签字确认后盖章。

信审专员填写《合同盖章申请单》，携合同原件及《信用销售合同审批流程表》，总经理审核签字后，印章管理人员加盖印章并交付销售经理/信审专员。

第六步：签订合同。

销售经理/信审专员与客户预约时间，签订主合同（含附件）及相应的管理协议。

4. 主合同签订要求

（备注：后续合同及其他文本的签订参照本部分内容）

销售经理/信审专员在与客户签订主合同（含附件）及《债权管理协议》时，需注意如下问题：

（1）在签订合同前认真查看合同文本有效期，若合同文本超过有效期，需要印制新合同文本。

（2）关注合同编号、产品信息、付款金额及期限、合同份数等重要内容是否全部填写以及填写是否正确、规范。

（3）签字时应使用黑色墨水钢笔、中性笔、专用签字笔，不得涂改合同内容；已盖章印但不清晰的，应在相近位置补印，两印不得有叠合。

（4）要求捺印的，一律使用右手食指指印，如有特殊情况，应使用左手食指指印；一份文书含多页的，一律要求签骑缝字，加盖骑缝章、印。

（5）合同中涉及配偶及担保人签字的，通过签字时拍照或录像等方式确保由本人亲笔签字，不得代签。

（6）关注合同附件是否完备，如附件为原件的，须标注清楚"原件"。

（7）关注合同是否需要办理具有强制执行效力的公证文书。

（8）合同文本签订齐全后，交客户一份，公司留存两份并交档案专管员留存管理。

三、担保增信

> **格言：**
>
> 通过风险兜底实现快速交易的商业信用背书。

担保是保障主债权实现的重要防线，但担保条款法律专业术语多，容易因使用不准确使担保变成一纸空文，要注意设置好合同担保条款以保障、督促主债权顺利实现。

1. 担保协议种类（见表6-4）

表6-4　　　　　　　　　担保合同类型及其适用范围

序号	合同类型	适用范围
1	《动产抵押合同》	适用于债务人或第三人提供动产抵押时签订的合同
2	《不动产抵押合同》	适用于债务人或第三人提供不动产抵押时签订的合同

序号	合同类型	适用范围
3	《动产质押合同》	适用于债务人或第三人提供动产并向债权人转移占有时签订的合同
4	《保证合同》	适用于第三人向债权人提供保证担保时签订的合同
5	《融资租赁/银行按揭担保函》	适用于债权人与债务人已签订《工程机械设备融资/按揭销售协议》，第三人基于该协议向债权人做出的担保承诺
备注：根据债务人所提供的担保方式决定应当签订哪种担保增信合同，可叠加使用。		

2. 担保增信合同内容审查要点注释

在实践中，提供实物担保的情形较少，提供保证人担保的情形居多，笔者以使用最多的《保证合同》为例阐述其审查要点。

（1）保证合同主体。

① 按照《中华人民共和国担保法》规定，担保合同的签订主体采用排除式。不能签订担保合同的主体主要为国家机关、学校、幼儿园、医院等以公益为目的的事业单位、社会团体、企业法人的分支机构、职能部门，一旦与上述不能签订保证合同的主体签订了担保合同，双方之间建立的保证关系可能会被认定为无效。

② 债权管理人员及销售人员应当对担保主体进行严格考察，确认担保主体具有足够的履约能力和良好的履约愿望。

（2）保证合同内容和范围。

① 应在合同中明确约定保证人承担保证责任的保证期间，如在合同中未约定保证人的保证期间，则保证人的保证期间按照法律规定仅为六个月，即从主债务履行期限届满之日起算六个月，六个月届满，

保证人的保证责任履行完毕。故建议将保证期间约定为自主合同最后一笔债务履行期届满后两年。

②应在合同中明确约定保证人承担保证责任的形式为"连带担保责任"，没有约定也没关系，法律默认为连带担保责任，但如果约定为"如主债务人不能偿还的由担保人偿还"，则担保人的担保形式为一般保证。因此，与其不知道如何约定，不如不对担保人的保证责任形式做约定。

③如果既有债务人提供的担保物，又有第三人提供的担保物，一定要明确约定债权人可以不分先后顺序地向债务人和第三人实现担保物权，如未约定债权人实现债权的顺序，按照法律规定，应当优先实现债务人提供的抵押物。

④明确担保人的担保范围，担保范围一般包含本金、违约金、催收费、公证费、律师费及其他实现债权的费用等。

在《保证合同》中关于担保人担保的内容和范围示范条款如下：

> 担保人为债务人提供连带保证责任担保，担保范围包括但不限于本金、违约金、催收费、公证费、律师费及其他实现债权的费用，保证期间为双方约定或债务人承诺还款期间的最后一期还款期届满后两年。且不论债务人、担保人是否向债权人提供了抵押担保，债权人无须适用物保优先于人保，有权直接向担保人主张担保范围内的全部担保责任。

（3）保证合同管辖。

保证合同中的管辖约定应与主债权合同中的管辖保持一致，如不一致的，在诉讼中，以主债权合同中关于管辖的约定为准。

案例警示：未约定保证人的保证期间，因债权人没有证据证明在六个月内向保证人主张过权利，法院依法判决免除保证人的保证责任。

安徽省合肥市瑶海区人民法院（2017）皖0102民初982号原告安徽南亚工程机械有限公司诉被告甘兴慧、方义忠追偿权纠纷

案件事实：2010年3月2日，南亚公司与黄立平签订《工程机械买卖合同》，南亚公司作为黄立平的保证人向提供贷款的金融机构提供连带责任保证。在贷款期限内，因黄立平不能按月向贷款的金融机构偿还贷款本息，南亚公司向金融机构履行保证责任，后黄立平去世，设备由其妻子甘兴慧继承。2010年1月17日，方义忠向南亚公司出具担保承诺书一份，载明：本人方义忠自愿为黄立平同志从南亚公司以按揭方式购神钢牌挖掘机壹台（型号SK210LC－8、机号YQ12－H1790、发动机号16337）提供连带担保，如该机款到期不能归还或违反合同其他规定，本人自愿用自己的所有财产作为担保，由我负责偿还所有全部欠款及违约金等，并承担由此引起的一切法律责任，纠纷解决在南亚公司所在地人民法院。

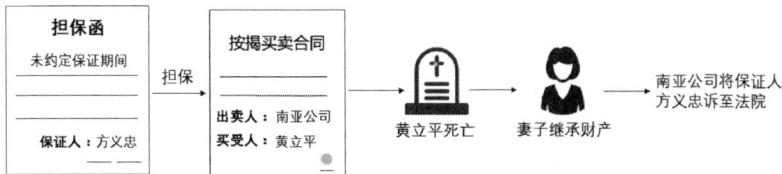

> **争议焦点**：原告要求方义忠承担担保责任能否成立，是否已经过了保证期间。
>
> **裁判要点**：方义忠虽出具担保承诺书，自愿对黄立平所欠南亚公司的债务承担连带清偿责任，但双方未约定保证期间，现南亚公司未提供证据证明其在主债务履行期限届满之日起六个月内向方义忠主张过保证责任，依法方义忠的保证责任免除，故对南亚公司要求方义忠对甘兴慧应偿还的款项承担连带清偿责任的诉讼请求，不予支持。
>
> 资料来源：中国裁判文书网，http：//wenshu. court. gov. cn/content/content？DocID＝8a930e70－7ae2－4e6c-b34d-a8960154e25f&KeyWord＝（2017）皖0102民初982。

3. 担保增信合同签订注意事项

（1）发起担保增信合同审核的主体根据客户提供担保的阶段不同而不同，可能由销售经理/信审专员在主合同签订时发起，也可能由催收专员在债权催收环节发起。

（2）建议担保合同编号与主合同编号保持一致，便于档案管理、查询。

（3）关注担保合同的担保期限、范围、金额等内容是否已全部填写以及是否填写正确、规范。

（4）销售经理/信审专员应在担保合同签署完毕第一时间将合同及相关附件交付档案室，与对应主合同一并存档保管。

四、债权催收

原则上客户应按照合同约定的时间及金额还款，但在实操中很多客户受制于公司经营质量、现金流状况、还款意愿等多方面因素影响，经常出现债权逾期，熟练应用好收据、对账函等相关文书，有利于进一步强化债权债务法律关系，提升债权管理水平。

1. 债权催收中常用合同文本（见表 6-5）

表 6-5　　　　　债权催收工作常用合同及其适用范围

序号	合同类型	适用范围
1	《收据》	适用于所有向公司交款的客户
2	《对账函》	适用于欠付客户或正常还款但有潜在风险的客户
3	《抹账协议》	适用于公司与客户互相存在应付，或客户提供其他资产折抵欠款
4	《分期还款协议》	针对债权逾期款，公司同意重新制订还款计划
5	《欠条》	适用于客户欠付首付款、运费，或当公司为客户代垫银行按揭/融资租赁款项后，客户向公司出具欠条确认对公司形成应付款项的事实

2. 《收据》内容要点注释

（1）《收据》中应载明所涉及的设备型号及机号、交款用途。

（2）如客户名下有多台正在还款的车辆，客户常常一次性支付一笔总款，公司应针对每台车实收款分别出具收据。

（3）一旦向客户出具《收据》后，公司不应再自行调账。

（4）如交款人员仅为代办人员，在收据中注明"代办人"。

以分期付款中所使用的《收据》为例，笔者提供《首付款收据》范本：

首付款收据

今收到_____购买的型号为_____，机号为_____交来的首付款大写_____元（小写_____元）。

收款人（盖章及签字）：

交款人：

代办人：

年　月　日

备注：如金额大小写不一致的，以大写为准。

3.《对账函》内容要点注释

（1）对账函用于核对客户欠款金额，不视为对合同内容的变更。

（2）原则上每月与客户对账一次，可根据不同客户风险情况区分对待。

（3）对账函中大小写金额应当保持一致。

（4）如债务人与债权人不在同一地点，可通过电子邮箱、EMS快递等方式进行对账，确保双方沟通内容有据可查。

为了进一步强化对"对账函"的认识，笔者提供了一份《对账函》范本：

对 账 函

函证编号：

致：

我方与贵司于××年××月××日签订《××协议》，现根据工作需要，需与贵司核对 2018 年 4 月 30 日前往来款项。下列数据出自我方账簿记录，如与贵司记录相符，请在本对账函下方"欠款金额无误"处盖章确认；如有不符，请在"欠款金额不符，说明事项如下"处做出详细说明，并提供相关凭证予以证明。请贵司核对完毕后，在 2018 年 5 月 10 日前将本《对账函》、相关凭证（如有），寄至：××公司，××收，电话××，地址：××××号，邮编××。

购买方式：□分期　□银行按揭　□融资租赁

贵司欠款表		
截止日期	项目	贵司逾期款金额（元）
2018 年 4 月 30 日	本金	
2018 年 4 月 30 日	违约金	
2018 年 4 月 30 日	滞纳金	
2018 年 4 月 30 日	保证金	
2018 年 4 月 30 日	定金	
2018 年 4 月 30 日	质押保证金	
2018 年 4 月 30 日	预收账款	
2018 年 4 月 30 日	其他应收款	
合计		

××有限公司

2018 年 5 月 2 日

核对欠款情况	
欠款金额无误	欠款金额不符，说明事项如下：
	1. 2. 3. 4. 5.
（单位盖章）： 日期： 经办人： 电话：	（单位盖章）： 日期： 经办人： 电话：

4.《抹账协议》内容要点注释

（1）《抹账协议》可以是债权人与债务人之间的双方抹账协议，也可以是包含第三人在内的三方抹账协议。

（2）《抹账协议》中应明确各自需要抹账的内容及金额，如经抹账未能完全抹平账目的，则在抹账协议中明确各方抹账金额为多少，下欠金额为多少。

（3）如各方能够完全抹平账目的，在《抹账协议》中明确双方已经确认抹账的金额没有争议。

（4）在《抹账协议》中约定明确的管辖法院。

5.《分期还款协议》内容要点注释

（1）协议中应明确约定客户已逾期的金额及应承担的违约金。

（2）应明确新的还款金额及期限，同时，因变更了原还款期限，对原合同中有担保人的，应在本《分期还款协议》中列明担保人的身份，要求担保人签字确认，同时写明担保人的保证期间自最后一笔款项到期日起算两年。

（3）基于双方达成了新的还款约定，应在本《分期还款协议》中明确新的违约金计算方式。

（4）在本《分期还款协议》约定明确的管辖法院。

6.《欠条》内容要点注释

（1）《欠条》的主体一般为债务人，但如果欠条是由其他人向债权人出具，可以理解为是债的加入，债权人可以同时向主债务人和出具欠条的人主张债权。

（2）《欠条》中应写明具体欠付原因，如存在客户欠付多种性质款项的，则分别写明欠付款项种类和对应金额，并保证合计金额无误、大小写一致。

（3）《欠条》中应写明具体还款时间。如果未写明具体还款时间的，诉讼时效的起算节点按照欠条出具时间认定。

（4）基于《欠条》是债权人和债务人关于欠款达成的新协议，所以管辖以及送达地址应在欠条中一并约定。

以运费欠条为例，笔者提供一份《欠条》范本。

欠　　条

今欠 _____ 公司型号 _____，机号：_____，从 _____ 运至 _____ 的运费 _____ 元，大写 _____ 元。

本人承诺于____年__月__日前付清运费，如到期不能按约偿付，本人自愿每逾期壹天按照欠款总金额万分之三向贵司支付违约金，自应付之日计算至全部还清运费和违约金之日止。同时，本人自愿承担贵司为实现债权而发生的费用（包括但不限于公证费、公告费、送达费、律师费、差旅费、通信费、误工费及其他手续费等）。

　　担保人为欠款人履行全部债务承担连带保证责任，全部债务包括但不限于欠款本金、违约金、损害赔偿金、债权人实现债权与担保权利而发生的费用。保证期间自欠款人承诺还款之日起计算两年。

　　因上述欠款发生争议的，由××市××区人民法院依法裁决。

　　在未付清欠款前，贵司有权查询本人的征信报告或名下财产；如果无法用本欠条所留的地址或电话联系到本人的，贵司有权通过登报公告、悬赏查找等方式查找和催收。同时，双方认可在本合同中留存的地址为法院/仲裁机构的送达地址。

　　特立此据，以作凭证！

　　欠款人（签章）：　　　　担保人（签字捺印）：

　　家庭住址：　　　　　　　家庭地址：

　　身份证号码：　　　　　　身份证号码：

　　联系电话：　　　　　　　联系电话：

　　签订地点：××市××区

　　签订日期：　　年　月　日

五、实物/抵押物处置变现

格言：

　　快速高效变现逾期风险客户抵押物是实现债权回收的直通车！

当遇到部分客户无力偿还欠款时，公司被迫以合同约定的方式取回设备或处置客户提供的抵押物变现，回收债权，降低财务风险，这部分业务涉及的法律雷区很多，所以一定要把合同签好、签全，并注意合同内容的严谨性和全面性。

1. 签订的协议种类（见表 6 - 6）

表 6 - 6　　　　　　　实物/抵押物处置合同及其适用范围

序号	合同类型	适用范围
1	《不动产/动产二次处置合同》	适用于客户提供抵押物或公司通过行使取回权取回设备后与客户协商价格并用以抵顶欠款
2	《不动产/动产买卖公证/见证委托合同》	适用于客户提供资产或公司行使取回权取回设备后，客户同意并委托公司对资产变现处置
3	《委托取回设备合同》	适用于客户违约情形已经满足公司行使取回权的条件，公司委托第三人行使取回权
4	《限期付款赎车通知函》	适用于公司在行使取回权后，向客户发出通知，要求客户限期付款赎回车辆

2.《不动产/动产处置合同》内容要点注释

（1）在合同签订前双方共同到当地有关不动产或动产登记管理部门做权属调查，确认该资产是否存在抵押、被查封或者拍卖等可能导致最终无法实现合同目的的情形。

（2）为保证资产价格的公允性，双方应通过协商、向房产/车辆中介询价或引入第三方评估机构等方法确定资产价格，引入的第三方评估机构应为双方均认可的机构，对于第三方机构的选择，可以在该合同中明确指定或约定为"债务人对债权人选定的第三方评估机构予以认同"。

（3）合同中明确约定双方一致同意处置的资产价格和抵顶债务的金额。

（4）合同签订后，债权人应及时要求债务人协助办理相应产权变更手续，在变更手续过程中产生的费用由债权人和债务人协商承担。

3.《不动产/动产买卖公证/见证委托合同》内容要点注释

如选择办理《公证委托合同》的，双方到公证处办理；如选择办理《见证委托合同》的，双方到律师事务所由律所指定律师办理。

4.《委托取回设备合同》内容审查注释

（1）对公司委托行使取回权的合作公司，应注意其证照齐全，具有道路运输许可证，为员工购买了相关保险。

（2）在《委托取回设备合同》中明确罗列受托方在行使取回权过程中所使用的车辆号牌及具体办理的人员姓名、身份证号等身份信息，留存汽车行驶证复印件及办理人员身份证复印件，明确禁止受托方采用危及人身、财产安全方法行使取回权。

（3）在《委托取回设备合同》中明确取回设备的停放地点。

（4）明确受托人代为行使取回权的费用。

（5）明确双方发生争议的解决法院，一般为委托人所在地法院。

（6）明确在途风险和装卸车过程中的风险由受托人自行承担。

（7）明确合作公司、其主要负责人和具体负责人的职责和风险承担。

5.《限期付款赎车通知函》内容要点注释

（1）应列明设备的机号、价值等基本信息。

（2）应明确债务人实际欠付金额，一般包括本金、违约金、取回标的物所发生的费用等项目。

（3）给予债务人行使付款赎回权利的合理限期。

（4）明确告知债务人逾期行使权利的不利后果。

（5）第一时间以 EMS 等快递方式向债务人寄送通知函，留存快递回单以及快递投递结果查询记录单。

（6）必要时登门送达，请公证机关公证人员对送达行为做公证。

六、档案管理

> **格言：**
>
> 习近平说，经验得以总结，规律得以认识，历史得以延续，各项事业得以发展，都离不开档案。

1. 建立客户档案的原则

（1）集中管理原则。

① 客户档案全部归结到公司档案管理科室由专人做专业保管。

② 建立档案管理制度，档案进出有章可循，按照秩序借阅。

（2）独立建档原则。

① 即"一合同一档案"原则，每一份独立的主合同都需单独建立一份档案，便于查询。

② 每一合同档案与销售数量及销售额无关，只是法律意义上的一份独立合同。

③ 与主合同相关的担保增信合同随同主合同一并入档。

（3）完整性原则。

① 每一份客户档案，都是一个客户信息博物馆，能反映客户真实情况的书面资料都应该入档，包括客户的资信调查资料、债权催收过程中公司与客户形成新的协议、向客户发送的各类告知函、快递回单等。

② 按照时间顺序排列，做到翻阅客户档案就能对客户基本信息及合同履行过程了然于胸。

（4）真实有效原则。

① 要求每份客户档案资料真实有效。

② 对有任何瑕疵的客户资料不予归档，补齐资料达标后方可归档。

2. 建立客户档案电子台账

（1）客户档案管理台账应包括如下基本信息（见表6-7）。

表6-7 　　　　　　　××公司2018年度档案管理台账

序号	档案编号	客户名称	产品类别	机器编号	业务类型	存放地点	资料齐全	销售经理	交档人	存档人
1	※	××公司	挖掘机	※	新车销售	01柜	√	张三	李斌	张霄米
2										

（2）以自然人客户为例，客户档案表应包括如下基本信息（见表6-8）。

表 6 - 8 客户档案信息表

客户名称：××　　　销售日期：××　　　产品类型：××　　　机器编号：××

类别	资料名称	原件/复印件/打印件	页数	交接人	接收人	交接时间
资信审查资料清单	身份证	复印件				
	户口簿	复印件				
	婚姻证明	复印件				
	公证委托书	原件				
	个人征信记录	原件				
	不动产证明	复印件				
	银行流水	原件				
	收入证明	原件				
	施工合同	复印件				
	自然人客户其他资产证明	复印件				
	销售审批表	原件				
合同及债权管理文书	合同用印审批表	原件				
	《分期付款买卖合同》	原件				
	《分期还款期间确认表》	原件				
	《委托运输合同》	原件				
	《质量异议告知函》	原件				
	《保险纠纷告知函》	原件				
	《债权管理协议》	原件				
	《设备交接单》	原件				
	合格证	原件				
	发票	原件				
	《担保合同》	原件				
	《抵押合同》	原件				
	《还款承诺函》	原件				

续表

类别	资料名称	原件/复印件/打印件	页数	交接人	接收人	交接时间
合同及债权管理文书	《欠条》	原件				
	《分期还款协议》	原件				
	《限期付款赎车告知函》	原件				
	《催款函》	原件				
	《催款函》快递回单	原件				
	《催款函》快递查询单	打印件				
	《债权/债务转让协议》	原件				

备注：合同、文书类资料，须备注清楚为原件还是复印件，如为复印件，需写明具体原因。

（3）《××公司 2018 年度档案管理台账》和《客户档案信息表》使用注意事项。

① 每次接收到销售、债权部移交合同资料后 10 日内完成档案更新。

② 机器编号为设备的"身份证号"，必须填写完整。

③ 对列表中已有的资料，必须填写原件或复印件，对列表中没有的资料，在"原件/复印件/打印件"一行填写"无"。

④ 对未成交的客户也应一并列入，一方面，用来分析客户未成交原因并总结经验；另一方面，如果该客户日后再次决定购买设备的，本次的客户信息可以为下一次的资信调查提供参考。

（4）建立电子档案。

所有入档的客户资料按照形成时间排序扫描为电子档案，存储在指定的存储设备中，并按照文件名层级存储在正确的位置，文件名设置层级示范：2018 年客户电子档案→挖掘机业务→1 月份→朝阳分公司→客户张三→机号××。

3. 审核入库的客户档案

（1）审核资料完整性。

确保客户档案完整齐全，不得有丢失或遗漏，如有重要资料未向档案管理专员移交，档案移交人应向档案管理专员作出合理理由的解释及承诺补齐时间。

（2）审核资料有效性。

① 主体资料合格标准。需要提供的原件：资信调查资料/公证委托书/银行流水/收入证明/销售审批表/合同用印审批表/全部合同及协议/《委托运输合同》/《质量异议告知函》/《保险纠纷告知函》/《债权管理协议》/《设备交接单》/合格证/发票/《还款承诺函》/《欠条》/《限期付款赎车告知函》/《催款函》/《催款函》快递回单/《催款函》快递查询单/《股东会决议》（担保单位）/他项权证/《授权委托书》/《对账函》/《接车单》/《送达的公证书》/报纸上刊登催收公告的报纸/《还款承诺书》/《抹账协议》/《资产抵顶协议》等。需要提供的复印件：身份证/结婚证/离婚证/单身证明/户口簿/不动产证明/施工合同/公司统一社会信用代码等。

② 主合同签署规范。合同页数完整；合同内容填写正确、字迹清晰、无涂改，符合合同签署规范；合同双方均已签字盖章，且签字盖章清晰，有骑缝章。

总之，合同签署需符合《合同全流程监管及规范管理》章节中的管理规定。

4. 客户档案入库管理

（1）对档案室的基本要求。

① 宽敞明亮，能够容纳至少 6 个年度的客户档案（分期 3 年 + 诉讼时效 3 年）。

② 屋顶、墙壁、地面要绝对防水渗漏，并具有良好的隔热、防潮性能。

③ 档案室的门窗应紧密、牢固、耐火，窗户玻璃应有防强光与防风沙的功能。

④ 档案室安装 2 个摄像头，确保 24 小时内开启并正常工作。

⑤ 钥匙由专人保管，不得随意出借。

（2）对档案柜的基本要求。

① 便于档案调阅、取拿方便。

② 合理利用档案室的空间与面积。

③ 经久、耐用、牢固，节约利用。

④ 整齐划一，合乎规范化要求。

（3）档案管理专员将审核通过可以入库的客户档案逐笔装入每个档案袋，并在档案袋相应位置做好便于找寻和检索的标记，如客户姓名、档案编号等，装袋后按照档案编号从小到大的顺序排列于档案柜。

5. 客户档案借阅

① 需要借阅档案的（包括原件和电子档案），由借阅人填写《借阅申请表》，由借阅部门领导签字，档案管理专员及部门领导审批后方可借阅。

② 除非诉讼使用，原则上只出借电子档案或复印版，并在指定电

脑上查阅、打印。

③ 如借阅的档案涉及公司秘密的，除需按照第①条审批程序外，还应由公司总经理审批方可借阅。

④ 特殊情况下，如有其他部门借阅原件的，需由借阅部门提出书面申请（包含借阅理由及归还时间等），总经理审批同意后借阅，原则上借阅期限不得超过 5 天。

⑤ 档案管理专员应做好档案原件归还管理工作，到期前两天，档案管理专员通过电子邮件发出归还通知并抄送借阅人部门领导、档案管理部门领导；逾期未归还的，档案管理专员向借阅人领导催收归还档案。

No Overdue Debt | 第七章

In The World | 债权管理实战必赢十八诀

债权催收能力直接影响公司资金的流动性，资金的流动性又决定了公司的变现能力和偿债能力，而债权催收本身也需要消耗公司资源，公司一方面已经意识到债权催收在公司经营管理层面的重要性；另一方面又担心无效催收导致公司成本增加、"失血"过多。

行百里者半九十，短期内或者说战术上如何实现点债成金、长期内或者说战略上如何实现天下无债，最关键的是将催收之法充分落地，做到成本可控，逾期率控制在安全线以内。本章债权催收十八诀正是笔者结合多年债权管理实践经验及法律规定提炼、总结而成，专为公司经营中的债权管理提供行之有效的解决方案。

一、电话＋短信/微信催收

因为经济、便利，电话催收是公司债权催收中最常用的手段，不足之处是电话催收容易被债务人轻视，所以，在债权催收通话结束后立即发一条短信/微信，表明身份并向客户强调催款要求、复述客户在电话中的还款承诺（还款时间、金额），有助于强化催收效果。

1. 工作要求

（1）用公司配备给员工的专用号码与客户联系，并将通话录音、短信/微信记录统一上传至公司指定的存储空间（如公司百度网盘等），上传前按照标准格式对文件命名："催收人员＋客户姓名＋催款时间"，如"张悦＋客户李文君＋5.15"。

（2）在向客户催收过程中，边打电话边在《电话催收记录表》（建议使用 Excel 版本，格式好调整）中做好有效重点信息记录，并汇总至债权部档案管理专员处保管。

（3）通话中要以客户确定性的还款承诺收尾，即确定还款时间、还款金额、下次通话时间，根据客户的承诺有针对性地施压。

2. 经典电话催收话术

债权管理实践中，客户逾期的原因五花八门，总结后发现客户表达逾期的原因也有规律可循，笔者反复观察业内优秀债权经理的催收技巧，提炼出以下常见的经典应对话术，供读者见招拆招。

（1）客户：我这两天一直在工地，手机转账不会操作，工地手机信号也不好，等我回家就找人操作把钱转过去。

【话术】

> ① 若还款日还未到、催的是当月到期月供款：王总，那您确定几日能回家，15 日怎么样？15 日早上 8 点我第一时间电话联系您还款。如果 15 日上午 10 点前款没到位，GPS 会自动锁机，一旦

锁机，设备停机发生窝工损失不说，因为设备突然停机再发生危险，就得不偿失了。所以，建议您务必按时还款。

②若还款日已到或已经逾期：对不起，王总，您已经逾期了，您还是让亲戚朋友或孩子帮忙转账。如果实在不方便转账的话，我们也可以通知当地业务人员去协助，上门去取也行，今天的款必须打入公司账户。

（2）客户：已经通知财务转账了啊，你们没收到吗？

【话术】

王总，我们还没收到款（应对该话术前一定要给公司财务人员打电话核实，确定是客户未还款）！那辛苦您把转账记录发给我，我让公司财务人员和银行核实下。（如果客户说不方便，可以步步紧逼）那您直接把负责这次办款人员的电话给我，我们直接电话核实，如您既不能提供转账记录又不能提供办款人员电话让我们自行核实，公司将按照未收到款的方式处理，不仅会额外收取您逾期付款利息，还将记入不诚信履约客户名单中，所以还请您配合并按时付款。

（3）客户：我们是专款专用，设备的款还没到位，其他的款不能乱动，你们再等下吧！

【话术】

看来您公司经营很规范啊，我们就喜欢和您这样讲规矩的公司打交道。我们公司也很规范，所以到期款必须按时、足额收回，大家理念一致，既然贵司认同规范经营的理念，所以就应当执行合同，不能厚此薄彼，否则会有损贵司的美誉！所以，还请您今天按时付款。

（4）客户：款还没下来，工地让（月底、月初或节假日）去算账，现在我也没钱还！

【话术】

王总，三角债的悲催我懂，但这种事情常有，我们总不能随意更改合同吧！签订合同时的付款日期是经过您确认的，公司信任您才允许您分期付款；对公司来说，已经根据合同约定的回款日期和金额做了资金计划，您不能按时还款，不仅是违约，还将导致我公司的资金计划出现问题。最关键的是，工地给您支付的款是确定的，但是您违约后除了归还本金外，还将产生违约金，只要不还就会一直滚动下去。如果再因为逾期 GPS 系统自动锁机，您连干活的设备都没法动，您又靠什么挣钱呢？您里里外外一想，肯定是想办法还款更值当。所以，我觉得你还是先找亲戚朋友借一下，把分期款先还上，等工程款下来您再还给人家，这样您既不违约又不失信于人！一个月的款（比方说 1 万元）好凑，但是，逾期累计到两个月、三个月凑起来就不容易了，我们也是为您着想，为您减轻压力。

（5）客户：这个月没钱了，下个月一下还两期！

【话术】

王总，凡事都有规矩，这样肯定不行！要是可以这么做，那我们当时做分期还有什么意义呢！而且，您拖上两个月，到时候就不是只还两个月本金的事情了，因为你这是违约行为，您除了按日承担逾期付款罚息外，最关键的是您个人的信用也将受到严重影响。谁都希望和一个言必信、行必果的朋友打交道，您说是不是？

（6）客户：这个款是我们张总安排付，我前几天已经提醒他了，等我再联系他一下。（现实中存在合伙情形）

【话术】

> 王总，那您和他是合伙吗？麻烦您发下你们的合伙协议呗（一来核实理由是否真实；二来为今后追加责任方搜集证据）。
>
> （如果客户答复——是合伙，我负责干活，他负责打款）那您把他的电话告诉我一下吧，后期我可以直接联系他还款。
>
> （如果客户答复——我们不是合伙或者是你们不用管，有人打款就行）您说的也有道理，但您是合同签订人，我们肯定要先联系您。另外，我们核实付款人的身份也是为您好，不然公司每天资金进出较多，如果不明确身份，就无法核实是否为您的付款。要不您就把打款人的电话告诉我，后期我们也可以先联系他，如果他不打款或者有其他风险的话，我们肯定还是要再联系您，也希望您及时督促一下张总。

（7）客户：你们以后别给我打电话了，我只是个顶名的，用车和还款都是××，和我没关系。

【话术】

> ×先生，您是合同签订人，您在合同中签字的行为就代表承担还款责任。除非您把实际购机人叫到公司，并按照公司要求补充签订相关文件或付清尾款，否则关于您所说的顶名的事情，不是您想的这么简单。

您可以把实际购车人的联系方式给我，以后我也直接和他联系，但依然需要您按时催款或直接还款。在本合同款项全部付清之前，因为逾期产生的所有费用及不良后果都需要您全部承担，我提前告知您，望您全力配合我们，谢谢。

（8）那个××的车都两个月没还款了，我才欠几天你们就这么催？

【话术】

王总，谢谢您告知我们这个信息，说明您很关心我们公司的债权管理，欠债还款天经地义，正如您所说，是您欠钱在先，我才催款的。××的事情不是你我关心的问题，也没法类比，但无论是××的车还是您的车，我们公司的规矩都一样，只要逾期，就必须催款，严格按照合同约定采取措施。去年8月，有个叫张三程的客户欠款1个月，还没到第二个月，GPS系统自动锁机，张三程最终一次性付了好几个月的租金才将设备打开，多不划算啊。所以，还款这事，您就不要对比了。请您赶紧把这期欠款和逾期违约金合计××元一并付清。

（9）我车出险了，现在不能干活，修车都没钱，哪有钱还你们！

【话术】

王总，这个情况我们能理解，谁遇到这个事情都闹心。（如果投保的话）公司有专职负责客户保险对接的工作人员，也一直在帮您协调此事，也希望您的损失小一些。车辆在使用过程中出险，是您买这个车的时候可以预见到的风险，这也是我们让您购买保险的原因。所以，不能说出险了到期款就不付，这个事故谁都不愿意发生，我们公司对您的出险也没有任何责任。如果您把出事故和可以停止付款画等号，那我公司是不是太冤了，凭什么啊？您的困难我们理解，但这也必须建立在按期支付到期款的基础上，理解是相互的，但一定让别人觉得您值得信任和帮助，所以请先按时支付本期款。

（如果未投保或未续保）凡事不要因噎废食啊，您看这件事情当务之急是干什么？应该是尽快修好设备，好尽快干活挣钱。但是，谁又能确保您的设备尽快修复呢？好配件、好技工！这些都需要我们的支援吧。如果你家亲戚身体已经有了重病，您敢到小诊所治疗吗？您让公司给您提供支援，又拒绝还款，您说这不是给自己找不痛快吗？所以，您赶紧想办法给公司支付到期款，我也以最快的速度申请公司派出精兵强将修复设备。

（10）销售经理答复可以缓期支付，逾期没有问题。

【话术】

王总，我手边就有您的合同，合同里面没有可以延期付款的约定，所以您必须按照合同约定时间和金额付款。关于您说的销售经理承诺可以延期支付的说法，之后我们会认真核实的，如果真存在违反公司规定的不实承诺，我们会严肃处理，届时也会诚挚地向您做出解释。但是，这些事情并不影响我们的收款。换位思考一下，如果您是我们公司老板，您会允许销售经理告知客户可以随便逾期吗？公司不早都乱套了吗？这明显不符合常理，今后遇到此类说法，也希望您直接向公司核实。所以，请您按时按合同约定付款，希望您理解我的工作。

3. 常见应对策略

（1）客户反馈车辆的部件经常出问题，公司未解决。

对策：了解客户反映的情况并做好记录，核实车辆或车辆的部件是否在三包期内，及时与售后/维修专员对接，且明确告知客户其反映的问题公司会核实，一经核实清楚，公司会安排维修/售后人员与其沟通。如果车辆或车辆的部件是在三包期内发生故障的，公司负责免费维修，如果车辆或车辆的部件是在三包期外的，公司可提供有偿维修服务。必须明确告知客户，反映的问题不是拒绝还款的理由，如果其继续拒绝还款，公司会依合同主张权利，最终会给客户带来更大的成本支出，望其慎重考虑。

（2）客户反馈最近手头紧，要求给宽限期。

对策：结合客户上次还款时间、整体还款情况、客户回复的语气和态度，判断客户手头紧的答复是托辞还是事实，进而决定是否给予客户宽限期，但要明确宽限期的时间范围，到约定时间的前三天立即打电话再次催款，并明确告知客户再次逾期付款的法律后果。

（3）客户反馈欠款数额不正确，要求对账。

对策：明确告知客户其欠款的项目构成、金额和计算依据，公司可以配合客户对账，索要客户的 QQ 或微信等联系方式，将对账单发送给客户，稍后继续致电并进一步催款，如客户以公司提供的账目不对为由拒绝还款，则限期要求客户来公司对账或提供详细凭证，否则以对账函中的金额主张权利，避免部分客户长期以对账为由拖延还款。

（4）客户反馈违约金/利息过高要求免除，仅偿还本金。

对策：告知客户公司主张的违约金/利息都合理合法，有据可循，免除肯定是不行的，如果客户能够一次性付清剩余款项的话，可以尝试着向领导申请能否给予一定折扣的减免，请示之后第一时间回电，敲定还款金额和还款日期。

（5）客户反馈不是本人、直接挂电话或是态度恶劣。

对策：在向客户发送"缓和版"催收短信/微信无效后，直接告知其拒绝还款的法律后果，并向其发送"施压版"催收短信/微信。

总之，电话催收讲究心理战术，将一些债权人员催收效果不佳的客户交给律师处理，律师通过电话催款并强调拒付后果及公司后续会进一步采取的合法、有力措施，能大幅提升债权回收效果。

4. 催收短信/微信内容示例

催收短信/微信（缓和版）

×老板：您好！我是××公司的债权管理人员/销售员/××部经理/副总张某某，刚跟您电话联系过。做生意以诚信为本，您选购我们的车辆，我们就是合作伙伴，大家需要共同成长，我公司完全依靠各位客户的按时回款确保公司正常运营，所以还请您多多理解与支持。请您将欠付××元的货款打入公司指定账户内（户名：××公司、开户行：××支行、银行账号：6210××），打款后请短信/微信告知，我公司财务人员核实并为您作收款确认。谢谢合作！××公司。

催收短信/微信（施压版）

> ×老板：您好，我是××公司的销售员/××部经理/副总张某某，刚跟您电话联系过。您欠付我公司××元货款，如果公司向您催收无果，必然采取包括但不限于起诉至法院等措施，到时候您除了要归还货款本金和违约金（利息）外，还将承担原本没有必要产生的诉讼费、执行费以及其他不必要的麻烦。同时，目前司法征信系统已经与银行等金融机构联网，一旦涉诉将会影响您的融资信贷、行政审批、政府扶持、资质认定等事项，望您慎重考虑拒绝或延迟付款所引发的法律后果，尽快在收到本短信/微信之日起三日内付清欠款或联系本人协商还款事宜，避免不必要的纠纷和诉累。烦请您将欠付××元的货款打入我公司清欠专用账户（户名：××公司、开户行：××支行、银行账号：6210××）。打款后请短信告知，以便我公司财务人员核实并为您作收款确认。谢谢合作！××公司。

5.《电话催收记录表》示例

电话催收记录表

负责区域：   债权管理人员：刘某

序号	客户		应付账款（元）			催收时间	还款承诺		约定下次电话时间
	名称	电话	逾期	月供	本月应付		金额（元）	时间	
1									
2									
3									
4									

二、信函催收

信函催收相对电话催收更为正式，特别是对于法人客户，"信函催收＋电话跟进"更能提高法人客户的重视。

1. 核心要点

（1）催收函件不超过三封，否则客户会陷入倦怠期。

（2）同时寄给客户及担保人，明确拖欠的本金及利息、逾期天数。

（3）为维护客户关系，需持续、递进地施加压力，每份函件的发函主体可根据催收情况做调整。

2. 工作要求

（1）在《催收函》中，需将要求客户还款的金额、付款时间加黑或用醒目的颜色标注。

（2）写明发件人的职位并加盖公章、备注联系方式。

（3）发出函件确定签收后，必须对收函人或法人客户的法定代表人/主要负责人电话跟进。

（4）《催收函》一式两份，一份发客户，一份公司留存，与向客户寄送的快递回单一并存档。

3. 催收信函示例

（1）发给客户的第一封催款函。

客户逾期后，债权人员可通过电话催收、上门催收等方式向客户催收债权，客户逾期 15 日仍未付款者，公司可向客户发送第一封《催款函》。

催　款　函

编号：

致：_____公司/经理

您好！根据贵我双方关于业务的往来账务记录，截至目前，贵方下欠我司款共计大写：_____元（￥_____元）。

我司本着友好协商、长期合作的基本原则，视为贵方因业务繁忙、资金周转或回款未到位等原因而忘记付款，现我司已给予必要的宽展期，请贵方于____年__月__日完成付款，谢谢合作！

如贵方已寄出支票或安排财务人员支付，请接受我司的谢意；如尚未安排支付，请以立即付款作为回复，感谢贵方的合作！

顺祝商祺！

单位：××公司债权管理部

经办人：　　　　电话：

年　月　日

（2）发给客户的第二封催款函。

第二封函件应于客户连续逾期两期或第一份《催款函》发出后客户无任何反应的 15 天后发出，在信函中应叙述公司已采取的催款措施，语气更加严厉。

催 款 函

编号：

致：_____公司/经理

您好！关于贵方欠付我司款事宜，我司曾于____年__月__日发送《催款函》一份，遗憾的是至今未得到贵方回应。为此，我司已经将您的业务调整至法务部管控，截至发出本函之日，您的逾期本金为____元，违约金____元，两项合计____元，已经触发我司宣布合同立即到期并采取其他措施的条件！

为避免损害贵我双方来之不易的合作关系，请贵方在收到本函后3日内支付逾期款，改善贵方已经受到质疑的信用状况。否则，按照双方签订的《分期付款买卖合同》第8.2条，贵方需于____年__月__日前将逾期款与未到期款一并付清。感谢合作！

顺祝商祺！

单位：××公司财务部/信用管理部

经办人：　　　　电话：

年　月　日

（3）发给客户的第三封催款函。

这是向客户发送的最后一封警告信，应于客户连续逾期三期及以上或对方对第二封催款函无任何实际补救行动的十五日后发出，直接指出欠款金额、拖欠时间、最后付款期限及客户需要面对的后果，要一并寄送给客户的担保人、客户单位等关联主体。

催 款 函

编号：

致：_____公司/经理

截至本函发出之日，你方已经逾期付款达____天，欠付我司货款本金____元，违约金____元。为此，我司先后于____年__月__日、____年__月__日两次书面催告你方，后续又通过电话多次主动与你方沟通。截至目前，你方并未给予我司任何书面答复，也未到我司协商处理，双方已无继续合作的基础，我司深表遗憾！

基于此，现我司要求你方于____年__月__日前一次性付清全部已到期及未到期的货款，如届时我司未收到货款，我司立即将此事转交律师处理。我司在此严正声明，你方拖欠货款一事已经构成严重违约，如交予律师处理，你方除承担合同约定的违约责任以外，还应当承担包括但不限于诉讼费、保全费及其他实现债权费用，请予正视！同时，我司将依据合同约定，使用 GPS 锁机、停止所有售后服务，将你方严重违约的失信行为向我司和你方所在的行业协会做通报。请你方慎重考虑拒绝履约产生的法律后果以及对你方自身的负面影响，积极履行合同义务，望予以积极合作为盼！

顺祝商祺！

单位：××公司法务部

经办人：　　　电话：

年　月　日

抄送：

　　担保人：

　　客户领导：

　　行业协会：

三、上门催收

> **格言**：
>
> 　　欠债不还，你想要的安静，我给不起！

　　上门催收是进一步向客户施加压力的方式，更能引起客户极大重视，催收的成效也更高。债权催收人员到客户家中及周边深入调查，与客户交涉并掌握客户不还款的原因、目前资金状况、设备所在地情况和周边环境，有助于催收人员进一步制定行之有效的催收措施。整个催收过程应循序渐进，上门催收容易引发矛盾，切忌与客户发生冲突。

1. 上门催收人员必备的素质

　　（1）遵纪守法，忠于职守，保证合法实现公司的债权利益，在上门催收过程中不能采取限制客户及保证人人身自由、强制财物抵债、恶意中伤、恐吓债务人及家人人身安全等行为。

　　（2）思维敏捷、缜密，情绪稳定，意志坚定，心理素质好。

（3）有一定的知识储备，尤其是财务、法律、经济、心理学、营销、产品、售后服务方面的知识，有备而战，才能事半功倍。

（4）有较强的人际交往能力，审时度势，随机应变，善于调节气氛，才能掌握局面的主动性。

2. 上门催收工作原则

（1）有礼貌，讲礼节。

（2）控制情绪，学会忍耐。

（3）专心致志，善于倾听。

（4）反应灵活，随机应变。

3. 上门催收工作要求

（1）前期准备工作很重要。

上门催收之前要充分准备，包括客户家庭住址，客户电话，购买机型，付款方式，欠款金额，逾期期数，逾期金额，前期还款时间及方式，配偶电话，担保人所有联系方式等，并搞清楚车辆准确位置。

（2）做足架势，明确目的，切忌拐弯抹角。

债权催收人员上门催收的目的就是催要货款，切忌拐弯抹角，不好意思跟客户开口，债权催收人员不好意思跟客户开口催款，客户更不会主动提还款的事情。

（3）坚定初衷，不拿欠款绝不罢休，从根本上解决问题。

很多情况是债权人员上门跟客户谈还款后，客户带你七拐八绕地聊天，天南海北，说得债权催收人员云里雾里，忘记来的初衷，作为优秀的上门债权催收人员，不管客户跟你聊什么、怎么聊、聊多久，一定要记住你只有一个初衷：回款！任尔东西南北风，咬定青山不放松。

（4）拒绝客户画大饼，客户有难处，公司比客户更有难处。

上门催收后，很多客户会给债权人员一些还款承诺，而这些还款承诺大多数以客户失信而告终。一旦债权催收人员轻易相信客户承诺，等待债权催收人员的往往是客户一次又一次的承诺，一次又一次的失信。不能因为客户有难处就不收款，公司可能比客户更有难处，要跟客户重点强调公司难处更大。

（5）不要怕客户不高兴而不去发愤催收。

现实情况中，很多欠款客户是公司战略性大客户或者当地有影响力的标杆客户，如果债权催收人员害怕这些重要客户不高兴而不去对客户催款，只会使客户的欠款越来越多，还会给客户错误的暗示，让客户以为他对公司很重要，甚至不可或缺，公司肯定会给他们大额授信支持，这样的思想万万要不得。欠债还钱，天经地义，对这样的客户，先收款再修复关系。

（6）面对难以催回的债权，当机立断，学会借势。

债权催收人员要有过硬的专业知识和业务技能，熟悉相关法律知识，坚决抵制暴力催收、涉黑催收，要学会"借势"催收，合理运用身边的一些关系为自己造势，达到催收目的。

4. 上门催收示例

（1）根据客户实际情况选择不同类型的催收人员。

不同类型人员催收的效果不一样，一般来说，级别越高的员工催收效果越好，债权管理部长的催收效果比债权管理专员好，律师催收的效果比非律师的效果好，所以在催收人员选择上也要依实际情况确定。

示例：客户张×，2013 年购买设备一台，以售后服务不及时为由拖欠 3 期货款，债权人员上门催收没有效果后，请求分公司经理协助催收，分公司经理找了另外一名客户刘××，刘×× 是张×的朋友，帮忙催款，张×称工程款未结算到位，确实没钱，多次催促未果后，债权人员决定下发律师函，债权人员拿着律师函，找到张×父母，告知如果在 15 天内不还款，将去法院立案起诉，并且张×需要承担诉讼及相关费用 2 万余元，过了一周，张×主动打款 5 万元，并表示剩余欠款 7 万元，分配到未来 7 个月，每月在付清当月到期款基础上，再支付 1 万元逾期货款，问题得到较好解决。

（2）做好充分的准备。

债权催收人员要对客户债务做全面了解，包括合同签订的过程、是否存在争议、对方以往的态度及履行能力、对方可能提出的托辞，等等，上门催收时应熟记客户相关欠款数据，跟客户沟通时脱口而出，显示出债权催收人员的专业水平，也能给客户一定的震慑力。

示例：客户最怕两种债权催收人员，专业的和职业的。西北有一客户，购买设备一台，逾期 25 万元，客户是村长，回族，53 岁，性格刁钻，极为难缠，客户工程停止后，将设备放在自己家后院里，拴着一条狼狗看守，债权人员多次催款无功而返，最后经债权会议共同商定，由财务经理李女士带队，带领销售经理、服务人员、债权人员、公司律师，一同上门协商，如若协商不成，直接起诉，李女士做财务出身，对数字非常敏感，见到客户，将欠款金额、逾期利息、未到期金额、欠款期数、还款金额、还款时间、还款方式、签订合同数据、合同约定事宜等一口气讲了出来，这种专业的工作方式，让客户感觉李女士是有备而来，又带着律师及庞大的债权催收队伍，态度有所缓和，表示愿意协商解决，当天走的时候，支付了 10 万元，剩余 15 万元在 2 个月内还清。

（3）态度不卑不亢，向客户传递明确具体的回款态度。

上门催收人员必须向客户明确表明回款的决心，适当运用造势战术，与客户打心理战。催收人员要学会虚张声势，给客户造成还款压力，往往会收到事半功倍的催收效果。严重逾期客户用于归还债务的资金是有限的，哪个债权人施加的压力越大，哪个债权人得到偿还的可能性就越高，回款效果在一定程度上取决于客户心理承受能力，所以债权催收人员要充分利用好这一点，对客户施加更大的心理压力，促使客户尽快还款。

示例：有一客户，四人合伙购买设备一台，一年后，合伙关系出现裂痕，客户之间互相推诿，拖欠还款，逾期额一度达到 34 万元，前期债权催收人员用尽各种办法，效果不佳。最后，债权部决定给足客户心理上的压力，直接租赁一台拖板车找到客户，如果客户拒不还款，立刻行使取回权，客户听说债权人开着板车到了，看样子不给钱就一定要取回设备，后四个合伙人协商将该设备的股份全部交易至一名老板名下，当天回款 17 万元，挖掘机产权也明确了，以后再也不会出现还款推诿责任的问题。

（4）胆大心细脸皮厚。

上门催收业务对催收人员自身素质要求很高，催收人员既要有责任心和耐心，又要能承受得住上门催收过程中可能遭到客户的无理拒绝或谩骂，催收人员只有通过坚持不懈的努力才能达到预期的催收效果。

示例：有一位优秀债权人员，还差10万元就可以完成当月回款任务，月底前一天下午，下着大雪，他来到客户杨×家楼下在车里蹲守，一直蹲守到晚上10点多，客户开车到家，债权人员打电话，客户说在外省，只能下月打款了，债权人员很生气，便到客户家敲门，客户开门见到后大吃一惊，但表示"要命一条，要钱没有""赶紧走，别影响我休息""有事明天再说"，债权人员急中生智，佯装要给110打电话报警，告诉客户今天要是拿不到钱，就只有让110来协调解决了。客户思考了半天后，支付了当月月供2.2万元，表示剩余欠款明天解决，债权人员就在楼下车里休息，客户以为债权人员回去了，第二天早上6点半，债权人员再次敲门，客户态度很蛮横，债权人员不为所动，只管要债，一直斗争到下午1点多，最终客户通过转账方式支付了逾期货款。该债权人员虽然辛苦了一晚上，但是结清了逾期货款，解决了恶性逾期问题。

四、行使取回权

格言：

当断则断，不受其乱。当断不断，必受其难。

行使取回权的催收方式主要适用于合同中做了"所有权保留＋可行使取回权"约定的情形。一般而言，客户出现逾期，最正确的做法就是申请法院查封、扣押，但由于保全难、执行难，公权力救济并非唯一的选择。实践中大量的债权回收都是通过行使取回权完成，可以说对设备行使取回权是大多数行业无法绕开的话题。取回设备属于私力救济方式，取回权既然是一项权利必然有权利的边界，如何合法行使取回权，是个"技术活"，且看笔者一一拆解。

1. 取回方式

（1）司法取回。

利：完全合法，杜绝了客户以赔偿设备停工损失为由提起反诉或另行提起返还原物赔偿损失之诉。

弊：诉前保全阶段，实践中法院往往不予先行扣押。因此，弊端在于直到法院作出生效判决，并由债权人申请进入执行阶段后，法院采取司法扣押方式取回车辆，但也可能因为法院执行人员数量不够及司法资源紧缺错过最佳取回时机。

（2）委托第三方公司取回。

利：专业、效率高、经验足。

弊：对其是否采取非法拘禁、暴力取回的手段无法控制，存在较大风险，因此，建议先行签订合作或取回服务协议，将相关责任进行预先约定，对受托公司进行必要的合同约束。

（3）自行行使取回权。

利：快捷、成本低，取回后及时向当地公安机关报备。

弊：取回后易被刑事控告导致公安机关立案，如因取回设备时采取措施不当导致人身伤害/死亡或者因为依据不足，可能导致被追究刑事责任或民事责任。

2. 取回设备的实务操作及手续完善

（1）取回前的准备阶段。

以工程机械行业操作惯例为例，在分期买卖合同中会列明所有权保留和取回条款，但是以融资租赁和按揭贷款方式销售设备的取回权却很少提前约定，一方面客户逾期支付融资租金或按揭贷款时，代理商被融资租赁公司/按揭银行要求履行垫款责任；另一方面代理商垫款后对设备行使取回权时无合同依据。因此，建议在与客户签订的买卖合同或购机意向书中增加如下条款："鉴于××公司为承租人（或购机人）提供担保，因此承租人（或购机人）确认在本人出现逾期偿还到期租金或货款时，经××公司电话或短信催告后（联系方式以合同载明的电话号码为准）仍不偿还的，××公司可不经预告地对设备取回。"

① 分期买卖合同：可以通过所有权保留方式约定取回权，在客户逾期达到合同约定取回条件时，有权直接取回。

② 融资租赁合同：实践中主要有两种操作模式：一是基于《最高人民法院关于审理融资租赁合同纠纷案件适用法律问题的解释》，融资租赁公司在客户逾期后可以自行取回也可以出具书面授权代理商取回车辆；二是代理商全部代垫或回购后，融资公司出具所有权转移证明及债权转让通知书，由代理商取回车辆。

③ 银行按揭合同：需要特殊对待，因办理按揭业务后客户取得了设备所有权，设备所有权已经转移给了客户，所有权保留的前提缺失。建议通过取回后立即申请法院采取诉讼财产保全措施的方式合法化。实践中也有通过与客户签订《委托保管合同》《租赁合同》，完

善取回手续的合法性。

（2）行使取回权的限制及破解方法。

① 善意取得。

取回限制：已经由无权处分人将设备转让给第三人。

破解善意取得的方式：a. 在相关部门办理抵押登记手续；b. 在显著位置做标识；c. 有证据证明客户以不合理低价转让；d. 定期做客户回访，利用 GPS 对设备位置及使用情况进行监控。

② 被查封保全。

取回限制：已被司法机关扣押至指定地点或者冻结车户手续。

破解方法：必须在执行程序中提出保全异议或执行异议，并经法院解除保全措施后方可取回，否则轻的会被以妨害民事诉讼程序被追究司法行政责任；重的会被以非法处置查封、扣押的财产罪追究刑事责任。

注意事项：如车辆确实存在善意取得或已被司法机关查封、保全，必须核查清楚车辆取回时的法律现状。确实不能取回的，必须通过法律途径进行解决，避免取回不成还要承担赔偿责任。

（3）取回后快速变现或限期付款赎车。

行使取回权后应采取的措施：第一时间通过快递、短信/微信通知（一定要注意留存回执）客户取回主体、理由和依据、拒不还款赎车将变现及后续措施，目的是告诉客户因为逾期违约，债权人行使合同权利将车辆取回，限期其到公司偿还欠款赎车，否则将变现抵充欠款并对下欠款项继续追索。

行使取回权是一个法律问题，绝非经营行为那么简单，一定要充分地依靠专业律师或公司法务做好风险预警和处置工作，让取回权能够合法有据地行使，成为债权管控利器。

取回权法律依据：

《最高人民法院关于审理买卖合同纠纷案件适用法律问题的解释》

第三十五条 当事人约定所有权保留，在标的物所有权转移前，买受人有下列情形之一，对出卖人造成损害，出卖人主张取回标的物的，人民法院应予支持：

（一）未按约定支付价款的；

（二）未按约定完成特定条件的；

（三）将标的物出卖、出质或者作出其他不当处分的。

取回的标的物价值显著减少，出卖人要求买受人赔偿损失的，人民法院应予支持。

第三十七条 出卖人取回标的物后，买受人在双方约定的或者出卖人指定的回赎期间内，消除出卖人取回标的物的事由，主张回赎标的物的，人民法院应予支持。

买受人在回赎期间内没有回赎标的物的，出卖人可以另行出卖标的物。

出卖人另行出卖标的物的，出卖所得价款依次扣除取回和保管费用、再交易费用、利息、未清偿的价金后仍有剩余的，应返还原买受人；如有不足，出卖人要求原买受人清偿的，人民法院应予支持，但原买受人有证据证明出卖人另行出卖的价格明显低于市场价格的除外。

《最高人民法院关于审理融资租赁合同纠纷案件适用法律问题的解释》

第二十一条 出租人既请求承租人支付合同约定的全部未付租金又请求解除融资租赁合同的，人民法院应告知其依照合同法第二百四十八条的规定作出选择。

出租人请求承租人支付合同约定的全部未付租金，人民法院判决后承租人未予履行，出租人再行起诉请求解除融资租赁合同、收回租赁物的，人民法院应予受理。

第二十二条 出租人依照本解释第十二条的规定请求解除融资租赁合同，同时请求收回租赁物并赔偿损失的，人民法院应予支持。

前款规定的损失赔偿范围为承租人全部未付租金及其他费用与收回租赁物价值的差额。合同约定租赁期间届满后租赁物归出租人所有的，损失赔偿范围还应包括融资合同到期后租赁物的残值。

五、实现担保物权

格言：

　　法擎利剑斩邪恶，律做天平判是非；债权逾期无小事，变现担保物寻义！

设立"实现担保物权特别程序"是2013年正式实施的《中华人

民共和国民事诉讼法》的亮点之一，该程序极大地提高了债权人在有担保物权的条件下实现债权的效率（审限 30 天，一审终审），对不良债权清收具有重要意义。该特别程序指债权人对债务人或第三人提供的财产设定有担保物权，当债务人出现逾期后，可以向担保财产所在地或担保物权登记地基层人民法院提起实现担保物权特别程序，经法院审查后若符合法律规定，裁定拍卖、变卖担保财产，当事人可直接根据裁定向法院申请执行的法律程序。

债权人要想行使好这项快速实现债权的权利，必须掌握以下要点：

1. 谁可以申请实现担保物权特别程序

申请实现担保物权特别程序的主体主要为担保物权人，也包括其他有权请求实现担保物权的人，如抵押权人、出质人、财产被留置的债务人等，向人民法院提出。

2. 怎么快速过审

（1）在主债权诉讼时效期间内行使权利。

（2）债务人对主债权没有实质性的争议。

所谓实质性的争议，在实践中一般认为是否有足以证明主债权不存在的事实，如债务人提出主体的抗辩或者债权过了诉讼时效等问题，都是可能直接推翻主债权的问题，因此，如果是双方有实质性的争议则不能适用该程序。

3. 如何快速变现

向人民法院提出申请，符合法律规定的，人民法院作出拍卖、变卖担保财产的裁定。由于实现担保物权特别程序的裁定一经作出即生效，所以在收到裁定后即可向人民法院申请执行，人民法院收到执行申请后，依法拍卖、变卖担保财产，以其价款兑现债权，从而实现担保物权。

4. 谁来办理

担保财产所在地或者担保物权登记地基层人民法院都有管辖权，以先立案的法院为准。

5. 审理期限

自立案之日起三十日内审结，但当被申请人下落不明时能否以公告方式送达，各地法院做法不一致。

6. 需要多少费用

实现担保物权的费用无统一明确的规定，在实践中有三种做法：第一种是不予收取诉讼费；第二种是按件收取诉讼费；第三种则按照诉讼标的额收取诉讼费。具体收费方式以各地法院的标准为准。

这里为读者分享一份笔者制作的申请实现担保物权申请书的范本：

实现担保物权申请书

申请人：××，住所地××，联系电话：××。

法定代表人：××，系该公司总经理

委托诉讼代理人：××，系××单位××职位职务

被申请人：××，住所地××，联系电话：××。

法定代表人：××，系该公司总经理

申请事项：

1. 请求贵院依法裁定拍卖或变卖被申请人抵押给申请人的房产及土地，其中：房产：位于××，房产证号××；土地：位于××、土地使用权证号××。

---

2. 以上房产和土地拍卖或变卖所得价款优先偿还申请人对被申请人享有的债权本息合计：××元，其中：本金××元，利息××元，利息暂计算至××年××月××日，之后利息按贷款合同约定利率×%计算至被申请人实际付款之日利随本清。

事实及理由：

××年××月××日，被申请人因日常生产经营周转之需，向申请人申请借款，双方签订《××合同》，约定内容包括但不限于：被申请人向申请人借款××元，借款期限自××年××月××日起至××年××月××日止。同时约定了借款利率、罚息利率、还款方式等。同日双方签订了《抵押合同》，约定被申请人自愿将其名下位于××的房产及土地向申请人提供抵押，并办理了抵押登记。

合同生效后，申请人依约履行合同义务，但被申请人未在约定期限内还本付息。依据《中华人民共和国民事诉讼法》第一百九十六条、第一百九十七条之规定，申请实现担保物权由担保物所在地法院即贵院管辖，现申请人依法向贵院申请实现担保物权，望贵院依法裁定。

此致

××××人民法院

申请人：××

年　月　日

附：

1. 实现担保物权申请书 2 份；

2. 申请人公司统一社会信用代码证、法定代表人身份证明书及法定代表人身份证复印件各 1 份；

3. 授权委托书及律师函件各 1 份；

4. 证据复印件 1 套。

六、申请支付令

格言：

崇德明礼民安定，尚法守制国昌隆；债权逾期支付令，绿色通道高速行！

天下武功，唯快不破！支付令恰恰是十八诀中用时最短的公权力救济方式，但在实践中却用之甚少，这既有司法资源配置的问题，也有很多人不了解支付令使用方式的原因。对于债权债务关系明确的民事纠纷，这无疑是一个绿色通道，如何使用支付令，必须掌握以下要点。

1. 谁可以提出

享有到期债权的公民、法人及其他组织都可以向人民法院请求下发支付令。

2. 可以请求支付令的债权范围

（1）请求给付金钱或汇票、本票、支票、股票、债券、国库券、可转让的存款单等有价证券的。

（2）请求给付的金钱或者有价证券已到期且数额确定，并写明了请求所根据的事实、证据的。

（3）债权人没有对等给付义务的。

（4）支付令能够送达债务人的。

3. 法律疗效

债务人应当自收到支付令之日起 15 日内清偿债务，如果债务人在前款规定的期间不提出异议又不履行支付令的，债权人可以向人民法院申请强制执行。

4. 谁来办理

支付令案件管辖由债务人住所地的基层人民法院管辖，不受争议金额的限制。债务人的住所地与经常居住地不一致的，由经常居住地基层人民法院管辖。同时根据《最高人民法院关于适用督促程序若干问题的规定》第二条，"共同债务人住所地、经常居住地不在同一基层人民法院辖区，各有关人民法院都有管辖权的，债权人可以向其中任何一个基层人民法院申请支付令；债权人向两个以上有管辖权的人民法院申请支付令的，由最先立案的人民法院管辖"。

5. 审理期限

法院在接到申请后进行审查，认为债权债务明确、合法的，在受理申请之日起 15 日内向债务人签发支付令。

6. 需要多少费用

根据《诉讼费用交纳办法》第十四条（三）项，"依法申请支付令的，比照财产案件受理费标准的 1/3 交纳"。

为便于读者快速操作，笔者为大家分享一份支付令申请书范本：

支付令申请书

申请人：××，男/女，××年××月××日出生，××族，……（写明工作单位和职务或者职业），住址……，联系方式……。

法定代理人/指定代理人：××，系××单位××职位职务。

委托诉讼代理人：××，系××单位××职位职务。

被申请人：××，住所地：××，联系电话：××。

法定代表人：××，系该公司总经理

请求事项：

向被申请人××发出支付令，督促被申请人××给付申请人××欠款××元。

事实和理由：

××年××月××日，被申请人购买装载机一台并需支付装载机首付款××元，因被申请人资金紧张，向申请人借款××元用于支付首付款并出具欠条一张，现还款期限已到，经申请人催促被申请人一直不予还款。申请人根据《中华人民共和国民事诉讼法》第二百一十四条之规定，向贵院申请支付令，望贵院依法裁定。

此致

××××人民法院

申请人：××

年　月　日

附：

1. 支付令申请书 2 份；

2. 申请人身份证复印件 1 张；

3. 授权委托书及律师函件各 1 套；

4. 证据复印件 1 套。

七、诉讼清欠

格言：

逾期之后，法律之内，只谈天理，不谈人情！

诉讼清欠是债权管理的重型武器！在使用诉讼清欠方式时，公司债权管理团队必须有招之即来、来之能战、战之能胜的底气。

1. 注意事项

（1）决定起诉时，法务人员应当提前准备好所有的证据。特殊情况下，在起诉后才能收集齐全证据的，先将已经收集到的证据提交，但务必确保在开庭前向法院提交完整的证据目录及证据，并根据被告人数按照 n + 1 份准备，确保法院可以提前向各被告送达。

（2）根据合同/案由确定管辖法院，尽量一次性确定正确的管辖法院，避免管辖法院选择错误导致案件被移送。

（3）诉讼请求必须具体、明确，尤其是起诉状中的诉讼请求金额，无论是总金额还是总金额下的各分项金额，应在起诉前核实清楚，不能模糊不清或模棱两可。

（4）起诉状中陈述的事实应当客观准确，言简意赅又能将事实和依据陈述清楚。

（5）必须在举证期限届满前向人民法院提供证据，举证期限届满后提交的证据，法院有可能不予组织质证。如果举证期限届满前无法完成举证，但该证据又非常重要，应及时向人民法院申请延期举证，是否准许，由人民法院决定。对于一方申请证人出庭的，也要在开庭前提交证人出庭申请书明确具体出庭人员。

（6）如果是涉及国家档案、国家秘密、商业秘密、个人隐私以及其他客观上原告不能获得的证据，应当在法院指定或与被告协商的举证期限届满前七日向人民法院提交书面调取证据申请书。

（7）在证据可能灭失或者以后难以取得的情况下，原告可以向人民法院申请保全证据，但不得迟于举证期限届满前七日向人民法院提出书面申请，并根据人民法院的要求提供相应担保。

（8）如果要增加、变更诉讼请求，必须在举证期限届满前向人民法院提出，否则人民法院将不予受理。

（9）原告需明确审理是采用简易程序还是普通程序，这关系到举证规则和开庭日期的确定，很重要。

（10）牢记开庭时间，在开庭前再次与书记员电话确认。

2. 管辖

（1）对合同类纠纷有约定的从约定，约定的管辖法院不能违反专属管辖，没有约定的则按照普通的管辖原则，也即由被告住所地或者合同履行地法院管辖，被告住所地与经常居住地不一致的，由经常居住地法院管辖。

（2）合同双方可以书面协议选择的管辖法院有：被告住所地、合同履行地、合同签订地、原告住所地、标的物所在地等与争议有实际联系地点的人民法院管辖。

3. 审理期限

（1）适用普通程序审理的一审案件期限为6个月；有特殊情况需要延长的，经法院院长批准，可以延长6个月，还需延长的，报请上一级人民法院批准，可以再延长3个月。

（2）适用简易程序审理的民事案件，期限为3个月。

（3）对一审结果为判决的案件，二审审理期限为3个月；有特殊情况需要延长的，经法院院长批准，可以延长3个月。

（4）对一审结果为裁定的案件，审理期限为30日。

4. 需要多少费用

因合同类案件标的额不同，可能产生的诉讼费也不同，可通过"诉讼费计算器网站"（www. cnado. com）计算得出。

具体步骤如下：

第一步：在"案件类型"处选择"财产案件"；

第二步：在"涉及财产"处选择"是"；

第三步：在"涉及财产"处输入具体金额；

第四步：点击"计算"，就可以算出即将起诉案件需要缴纳的受理费、执行费、保全费。

例如，某公司即将起诉一位欠款50万元的客户，想知道在诉讼中需要缴纳多少费用，可通过"诉讼费计算器网站"计算得出，公司向法院提起诉讼，在法院立案时需缴纳案件受理费8800元，如在起诉时或诉讼进程中对被告的财产进行保全，则需要缴纳保全费3020元，如在判决生效后向法院申请执行，需缴纳执行费7400元。（上述费用在假定总金额始终50万元不变的基础上计算得出。）

也可在手机App中下载"诉讼费计算器"或"多问客户端"，均能准确地计算出应向人民法院缴纳的费用（见图7-1）。

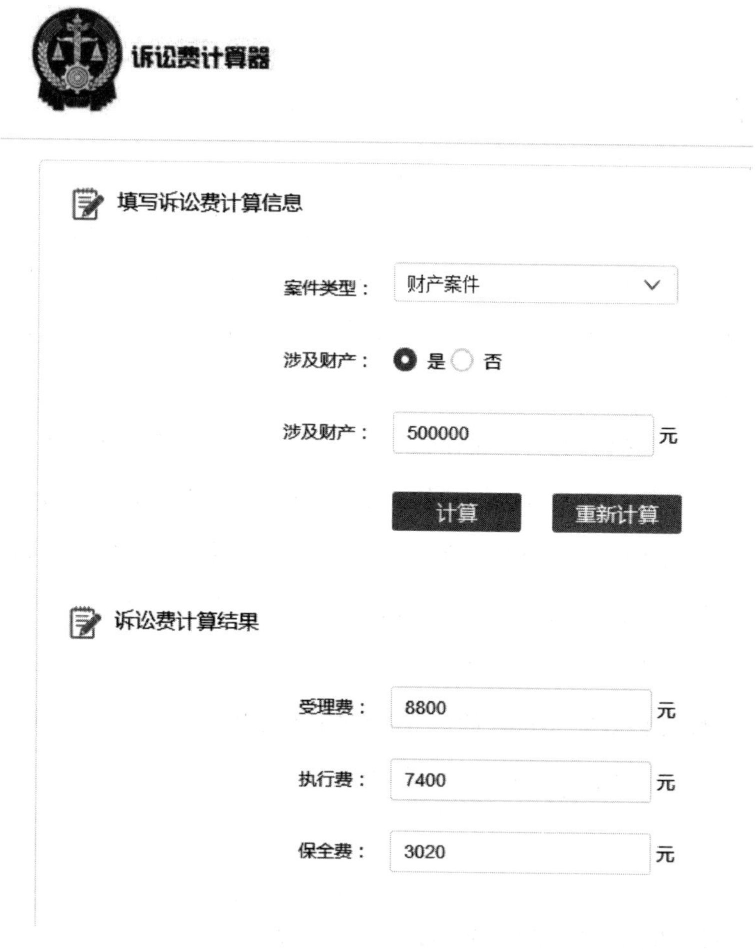

图7-1 诉讼费计算器示意

八、办理具有强制执行效力的法律文书

　　我国实行二审终审制，加之再审可能引发中止执行等因素，一起案件从起诉到执行，道路极其漫长艰辛。如果在债权清欠中可以避开审理环节，就好比搭上了一站式高铁，快速清欠将不再是一种奢望。具有强制执行效力的法律文书正是这趟债权催收的高铁，让您在需要通过法院解决债权清欠问题时直接进入人民法院执行环节，简捷迅速，省时省力。

　　具有强制执行效力的法律文书，是通过公证处对债权人和债务人签订的具有给付内容的合同或协议进行公证，在债权文书中载明债务人不履行义务或不完全履行义务时，债务人愿意接受债权人直接申请人民法院强制执行的承诺。一旦债务人违约，债权人可以向公证处申请《执行证书》进入强制执行程序。

1. 哪些债权文书可以被赋予强制执行效力

　　（1）公证机关办理赋予强制执行效力的债权文书所必备的条件①：

---

　　① 法律依据为《最高人民法院、司法部关于公证机关赋予强制执行效力的债权文书执行有关问题的联合通知》。

① 债权文书具有给付货币、物品、有价证券的内容；

② 债权债务关系明确，债权人和债务人对债权文书有关给付内容无疑义；

③ 债权文书中载明债务人不履行义务或不完全履行义务时，债务人愿意接受依法强制执行的承诺。

（2）公证机关赋予具有强制执行效力债权文书的范围：

① 借款合同、借用合同、无财产担保的租赁合同；

② 赊欠货物的债权文书；

③ 各种借据、欠单；

④ 还款（物）协议；

⑤ 以给付赡养费、扶养费、抚育费、学费、赔（补）偿金为内容的协议；

⑥ 符合赋予强制执行效力条件的其他债权文书。

2. 办理公证的注意事项

（1）债务人需出具愿意接受强制执行的承诺。

（2）债权债务关系需明确具体，债权人和债务人（包括担保人）对债权文书中关于债务的标的、数额（包括违约金、利息、滞纳金）及计算方法、履行期限、地点和方式均没有疑义。如债务为分期履行的，需明确具体地约定分期履行债务的强制执行条件和范围。

（3）明确具体地约定债务人不履行或不适当履行的方式。

（4）公证一方为公司的，在办理公证业务时需提供统一社会信用代码证复印件、法定代表人身份证明书原件、法定代表人身份证复印件，均加盖公章。若公司授权法定代表人以外的人员代为办理的，需同时提供公司出具的加盖公章的授权委托书原件和代理人身份证明原件。

（5）公证一方为自然人的，在办理公证业务时需携带身份证原件并提供身份证复印件。如委托他人代办的，需提供公证授权委托书原件和代理人的身份证明原件。

（6）办理公证双方需携带双方签订的《还款协议》《销售合同》及客户资料原件。

3. 需要多少费用

地区差异较大，每个公证处都有相关计费标准，一般按照待公证合同中标的额比例提取公证费，具体价格可根据公证数量、标的额度、业务繁杂程度等方面协商确定。

4. 申请强制执行的通行证——《执行证书》

（1）根据《办理具有强制执行效力债权文书公证及出具执行证书的指导意见》第十一条之规定，债权人向公证机构申请出具执行证书，应当提交下列材料。

① 申请公证机构出具执行证书的申请书，申请书应当包括债权人保证所提交证明材料真实的承诺；

② 经公证的具有强制执行效力的债权文书；

③ 委托代理人的，提交授权委托书；

④ 已履行了债权文书约定义务的证明材料。

债权人如有债务人（包括担保人）不履行或者不适当履行债务的证明材料，应当向公证机构提交。

（2）公证机关出具《执行证书》的前提条件。

① 债权人有证据证明已按债权文书约定履行义务；

② 公证机关已向债务人（担保人）核实，其对债权文书载明的

履行义务没有疑义；

③ 公证机关按照约定的方式核实债务人已经存在不履行或不适当履行债务的事实，如公证机关按照双方约定方式无法向债务人核实，也不影响公证机关按照法定程序出具执行证书。

（3）债权人获得《执行证书》的程序。

第一步：债权人通过 EMS 快递向客户发送《告知函》，主要内容如下：

告 知 函

致＿＿＿＿＿＿＿＿：

根据你方与我公司签订的《还款协议》约定，截至××年××月××日，你方已多次未按照合同约定时间归还我公司货款，经多次催要无果，你方逾期还款的行为已构成严重违约，现我公司依据《还款协议》约定，将通过申请强制执行收回剩余货款、违约金及所有费用，由此产生的一切费用及法律后果均由你方承担。

告知人：××公司

年　月　日

第二步：3 个工作日后，携带邮局回单复印件、《公证书》复印件、客户身份证复印件、《执行公证书的申请》去公证处申请办理《执行证书》。

第三步：公证处收到申请人所提交的资料后，通过 EMS 向客户邮寄《欠款确认函》等材料。

第四步：7~10天后，若客户无反馈，公证处可出具《执行证书》。

执 行 证 书

申请执行人：××

被申请执行人：××

申请事项：执行证书

申请执行人××公司于××年××月××日向本处申请出具该公司与被申请执行人××签订的具有强制执行效力的《还款协议》的执行证书。

经查，××公司与客户××于××年××月××日签订了《还款协议》，该协议经本处公证赋予强制执行效力（公证书编号：××），根据《还款协议》约定，客户××以分期付款的方式购买××公司经销的××产品壹台，价值人民币××万元整，首付人民币××万元，余款分××期，至××年××月××日付清，协议中特别约定：双方当事人同意此还款协议经公证机关公证后，依法赋予强制执行力，当债务人不履行或不完全履行本还款协议时，债务人自愿接受人民法院的强制执行。

现查实，《还款协议》签订后，客户××未按还款协议的约定按时足额还款，担保人也未代为清偿，根据《还款协议》第×条规定，债权人要求债务人立即偿还全部货款本金、违约金和其他应付款项。至××年××月××日，客户××已还货款××元整，积欠货款本金人民币××元整。

现应申请执行人××公司的申请，根据《中华人民共和国民

事诉讼法》《中华人民共和国公证法》的规定及申请执行人与被申请执行人所做的约定，特出具此执行证书，申请执行人××公司可持本证书向有管辖权的人民法院申请强制执行。

被申请人为客户××，执行标的为：货款本金人民币××元（截至××年××月××日），及协议约定的利息、违约金和申请执行人为实现债权所产生的相关费用。

中华人民共和国××公证处

公证员：××

年　月　日

5. 拿到《执行证书》后如何申请办理法院执行

第一步：拿着《公证书》《执行证书》《执行申请》、产品合格证书、公司统一社会信用代码证、法人身份证复印件、委托人身份证复印件及职务证明、客户身份证复印件等资料，去法院立案庭执行立案窗口立案（不需要交执行费，等执行回来后由被执行人缴纳）；

第二步：5个工作日左右，法院执行庭办案法官就会主动联系并告知执行事宜；

第三步：向执行办案法官提供所有线索，共同去办理执行手续。

通过上述流程，省去了漫长的民事诉讼过程，节省了成本，对债权管理压力大的公司具有很高的实用价值，在现实操作中，因地区差异，流程方面可能会有所不同。总体来说，一旦与公证处形成默契的合作关系，操作起来要比法律诉讼简单易行，有殊途同归、事半功倍之效。

九、悬赏执行

> **格言：**
>
> 　　法网恢恢，疏而不漏！

　　近年来，悬赏执行已成为法院执行手段的标配，这主要归因于该手段可充分发挥社会各方面力量，使知情人能站出来提供"老赖"的住所、财产等线索，让"老赖"无法躲避，协助执行法院快速执结案件。与其耗费时间和精力与债务人玩猫捉老鼠的游戏，不如通过悬赏执行编织执行大网，打消债务人的"老赖"心理，让债务人主动还款。

　　1. 谁来申请

　　由申请执行人发起悬赏执行的申请，执行法院发布悬赏公告。

　　2. 法律疗效

　　通过悬赏执行，可以鼓励知情人举报被执行人住所、固定财产情况、银行存款账号、投资理财情况、财产隐藏及转移情况等线索，使法院执行有抓手，让被执行人无所遁形，最终受到法律的制裁。另外，通过将被执行人信息公开在报纸、网站、微信等公众平台，接受群众举报，给被执行人制造舆论压力，促使其主动到法院履行债务，同时也对已经有逾期或尚未进入执行程序的债务人起到震慑作用，让那些长期躲债的"老赖"无处可逃，维护法制权威和法律威严，促进社会诚信体系构建。

3. 费用承担

由申请执行人承担，具体标准为申请执行人承诺的标准或费用。实践中，也有保险公司承揽该项业务，由申请人缴纳少量的保费，一旦发生兑付事实，由保险公司最终买单。

4. 笔者建议

悬赏执行并非只能通过法院发布悬赏公告，在自力救济环节，债权人可以参照执行。以融资租赁公司为例，时常会面对人、机消失的情形，自行催收或司法催收无果，也可自行发布有奖悬赏，通过有奖悬赏发挥全社会和行业的力量，共同加入到寻找失联客户、车辆的行列，把公司全员催收提升至全社会、全行业催收的高度，通过广撒网的方式让失联客户无处可藏。有条件的话，在全行业内建立联动机制，建立行业"天网"，借助各自的销售和债权网络体系，设立行业失信客户禁入机制，让行业内的失信和不良客户无处购机，也不再浪费公司的信用核查和销售资源，把更多的精力精准投入为优质客户服务当中去，打造信誉至上的风尚。

悬赏执行的法律依据：

《最高人民法院关于依法制裁规避执行行为的若干意见》

第一条第5项 建立财产举报机制。执行法院可以依据申请执行人的悬赏执行申请，向社会发布举报被执行人财产线索的悬赏公告。举报人提供的财产线索经查证属实并实际执行到位的，可按申请执行人承诺的标准或者比例奖励举报人。奖励资金由申请执行人承担。

《最高人民法院关于适用〈中华人民共和国合同法〉若干问题的解释（二）》

第三条 悬赏人以公开方式声明对完成一定行为的人支付报酬，完成特定行为的人请求悬赏人支付报酬的，人民法院依法予以支持。但悬赏有合同法第五十二条规定情形的除外。

《天津市高级人民法院关于民事执行中实行悬赏执行措施的意见（试行）》（全文均是关于悬赏执行的内容）

《陕西省高级人民法院关于在民事执行中实行悬赏举报措施相关问题的意见（试行）》（全文均是关于悬赏执行的内容）

《北京市高级人民法院关于公告悬赏执行的若干意见（试行）》（全文均是关于悬赏执行的内容）

《深圳市中级人民法院关于基本解决执行难目标的实施标准（试行）》

第五条 法院可以根据申请执行人的申请悬赏执行，悬赏公告费由申请执行人垫付。

《江苏省高级人民法院关于强制执行程序中财产调查的规定（试行）》

第十一条 被执行人未申报财产、申报无财产或者申报的财产不足以清偿生效法律文书确定的债务的，申请执行人可以向人民法院申请发布悬赏举报被执行人财产的公告。

悬赏举报申请应当以书面形式提出，悬赏举报申请书应当写明悬赏执行的内容、奖励条件、奖励数额或者比例以及悬赏公告发布的场所或媒体。

> 第十三条　发布悬赏举报公告的费用，由申请执行人负担。
>
> 悬赏举报的奖金由申请执行人负担并在领取通过举报执行到的财物前先行支付给举报人。执行法院也可以从应当发还申请执行人的执行案款中优先支付给举报人。
>
> **《浙江省高级人民法院关于执行中穷尽措施的指导意见（试行）》**
>
> 第十二条　申请执行人申请悬赏执行符合有关规定的，人民法院经审查可以采取悬赏执行措施。

十、化解三角债

> **格言：**
>
> 不管此刻多么黑暗，以债顶债，希望总在前方！

实践中，一个人既对上家欠付债务，又对下家享有债权的情况十分常见，客户身陷三角债中无力化解。我国《民事诉讼法》从诉讼经济原则出发，专门设定了代位诉讼，究其根本就是希望通过代位诉讼制度化解三角债难题。

1. 谁可以申请

债权人以自己的名义做原告行使代位权，次债务人为被告，债务人为第三人。两个或者两个以上债权人以同一次债务人为被告提起代位权诉讼的，人民法院可以合并审理。

2. 代位诉讼的行使条件

（1）须各方的债权债务均已届清偿期，未到清偿期的债权，如果债务人放弃期限利益并主动要求进行抵销的除外。

（2）抵销的债权债务性质相同，也即为相同种类的物或者货币，但最常见的是支付货币之间的抵顶。

（3）债务的性质可以抵顶，但如果当事人在合同中明确约定不能抵顶或法律规定不能抵顶的，则不能适用，比如具有人身性质的抚恤金、退休金等。

3. 法律疗效

（1）债权人行使代位权以后，债务人对其权利不得处分，否则债权人可以主张债务人再次处分的行为无效。

（2）债权人向次债务人提起的代位权诉讼经人民法院审理后认定代位权成立的，由次债务人直接向债权人履行清偿义务，债权人与债务人、债务人与次债务人之间相应的债权债务关系消灭；当两个或者两个以上的债权人以同一次债务人为被告提起代位权诉讼的，人民法院可以合并审理，财产不足的，依据各自债权数额的大小按照比例分配。

（3）代位权的行使范围以债权人的债权为限，如债权人行使代位权的请求数额超过债务人所负债务数额或者超过次债务人对债务人所负债务数额的，超出部分人民法院不予支持。

（4）债权人可以代位债务人向次债务人提起代位权诉讼，无论债务人是否参加诉讼，人民法院的判决均对其产生效力，如果其他债权人参加诉讼，该判决也同样对债务人产生效力。

（5）在代位权诉讼中，次债务人对债务人的抗辩，可以向债权人主张。债权人已着手实行代位权并在通知债务人之后，次债务人取得的对债务人的抗辩是否可以对抗债权人视情况而定：如果因为债务人对次债务人的债权进行处分，次债务人获得的对债务人的抗辩不能对抗债权人；如果因次债务人已经对债务人进行清偿的，次债务人可以直接对抗债权人。

4. 费用承担

债权人行使代位权的必要费用由债务人负担，比如因行使代位权产生公告费、证据保全费、鉴定费等。但在代位权诉讼中，如果债权人胜诉的，诉讼费由次债务人负担，从实现的债权中优先支付。

5. 管辖

对代位诉讼的管辖法院，《最高人民法院关于适用〈中华人民共和国合同法〉若干问题的解释（一）》第十四条明确规定，由被告住所地人民法院管辖。

法律依据

《中华人民共和国合同法》

第七十三条 因债务人怠于行使其到期债权，对债权人造成损害的，债权人可以向人民法院请求以自己的名义代位行使债务人的债权，但该债权专属于债务人自身的除外。

代位权的行使范围以债权人的债权为限。债权人行使代位权的必要费用，由债务人负担。

《最高人民法院关于适用〈中华人民共和国合同法〉若干问题的解释（一）》

第十一条 债权人依照合同法第七十三条的规定提起代位权诉

讼，应当符合下列条件：

（一）债权人对债务人的债权合法；

（二）债务人怠于行使其到期债权，对债权人造成损害；

（三）债务人的债权已到期；

（四）债务人的债权不是专属于债务人自身的债权。

十一、灵活运用债务承担或债务加入

格言：

一份痛苦二人分担，就会只剩下一半痛苦；一份债务多人分担，就迎来了光明。

在资信审查环节，债权人一般都要考察客户的朋友圈或家庭背景，目的就是判断客户出现债权风险后，其关系网可否施以援手。这种思维实际上就是"借力者强、借势者智、借智者王"，善于借力是一种能力，适用于债权催收管理中，就是通过施压债务人，使其寻求第三方的帮助，通过债务承担或债务加入，提高清偿债权的成功率。

1. 债务承担和债务加入是两种化解债务人逾期后难以还款的重要方式

（1）债务承担是在不改变合同的前提下，债权人、债务人以及第三人订立转让债务的协议或者部分转移给第三人承担的法律行为。

（2）债务加入是指第三人加入原有债的法律关系中，与原债务人共同对债务承担责任的法律行为。

2. 债务承担和债务加入的区别

两者的区别在于原债务人是否继续承担责任，如果原债务人并不退出债权债务法律关系，即为债务加入，也就是并存的债务承担，反之则是免责的债务承担。

3. 使用条件

（1）债务承担：必须经债权人同意，债权人、债务人与第三人达成债务转让协议。

（2）债务加入：无须经债权人同意，可以直接向债权人出具还款承诺函或与债权人签订还款协议。

4. 法律疗效

（1）债务承担中，债务人的部分或者全部义务将由第三人直接向债权人履行，针对已经转让的全部或部分合同义务，债务人免责。

（2）债务加入中，债务人应履行的合同义务不变，只是有第三人同意加入进来与债务人共同履行合同义务。

5. 管辖

无论是债务承担还是债务加入，没有明确的法律规定，因此，在涉及债务承担和加入的协议时，建议明确约定同原协议的管辖或改变原协议的管辖约定并确定新的管辖法院。

法律依据

《中华人民共和国合同法》

第八十四条 债务人将合同的义务全部或者部分转移给第三人的，应当经债权人同意。

《中华人民共和国民法通则》

第九十一条 合同一方将合同的权利、义务全部或者部分转让给第三人的，应当取得合同另一方的同意，并不得牟利。依照法律规定应当由国家批准的合同，需经原批准机关批准。但是，法律另有规定或者原合同另有约定的除外。

债务加入在法律层面没有规定，但在地方高院意见中有债务加入的概念。

《江苏省高级人民法院关于适用〈中华人民共和国合同法〉若干问题的讨论纪要（一）》

第十七条 债务加入是指第三人与债权人、债务人达成三方协议或第三人与债权人达成双方协议或第三人向债权人单方承诺由第三人履行债务人的债务，但同时不免除债务人履行义务的债务承担方式。

为便于读者在实践中应用，笔者提供一份《债务转让协议书》范本供参考使用：

债务转让协议书

债务转让方（甲方）：××，住所地：××。

债务受让方（乙方）：××，住所地：××。

债权人（丙方）：××，住所地：××。

担保人（丁方）：××，住所地：××。

鉴于：甲方向丙方通过分期付款方式购买机号为××的设备

台，丁方为甲方债务的担保人。现经各方同意，甲方将对丙方的债务转让给乙方，在各方平等协商一致的基础上达成如下协议：

第一条 合同签订情况

甲方与丙方于××年××月××日签订《××合同》，甲方从丙方处购买××牌的机号为××的设备××台；

第二条 各方一致同意，甲方针对《××合同》中的货款已经实际支付××元，下欠共计××元，其中本金××元，利息/违约金××元，由乙方向丙方继续履行，甲方不再履行《××合同》。

第三条 乙方应继续按照原《××合同》的约定时间及金额履行合同义务，如乙方未按期履行的，则依据原《××合同》的约定向丙方承担违约金。

第四条 丁方同意对乙方向丙方所负债务继续承担连带担保责任，保证期间自主债务履行期届满后的两年。

第五条 本协议及原《××合同》发生争议，各方应协商解决，协商不成的，各方一致同意均由××市××区人民法院管辖。

第六条 各方一致确认本合同中留存的地址、联系方式为双方真实、有效的联系方式，任何一方变更联系方式、地址的，需以适当的方式通知对方，否则另一方向本协议中留存的地址、联系电话发出的通知、信函视为对方已收到。同时，各方认可在本协议中留存的地址为法院诉讼文书的送达地址。

第七条 本协议自各方签字/盖章之日起生效，一式四份，各方各执一份，具有同等法律效力。

甲方：	联系电话：
乙方：	联系电话：
丙方：	联系电话：
丁方（保证人）：	联系电话：
	签订时间：　　年　月　日

十二、刑事立案

格言：

触碰刑事＝擦枪走火！

拿法律不当回事，等于拿生命当儿戏！

刑事责任是我国法律责任中最严格的责任形式，一旦构成犯罪，债务人不仅要退赃退赔，还要承担刑事处罚。债权管理实践中，债务人最容易涉嫌的罪名主要有合同诈骗罪，拒不执行判决、裁定罪以及职务侵占罪，解析如下：

1. 合同诈骗罪报案必备知识

合同诈骗罪是指以非法占有为目的，在签订、履行合同过程中，采取虚构事实或者隐瞒真相等欺骗手段，骗取对方当事人的财物，数额较大的行为。

（1）种类。

① 以虚构的单位或者冒用他人名义签订合同。

一般是指当事人借助别人的名义骗取对方签订合同，或者虚构了一个完全不存在的单位，与受骗人签订合同，导致合同对价无法兑现，使受骗人蒙受损失。

② 以伪造、变造、作废的票据或者其他虚假产权证明作担保。

这里的票据是指汇票、本票、支票、信用证、银行存单等金融票据，而其他虚假的产权证明，一般是指虚假、造假的动产或不动产证明。

③ 没有实际履行能力，以先履行小额合同或者部分履行合同的方法，骗取对方当事人继续签订和履行合同。

④ 收受对方当事人给付的货物、货款、预付款或者担保财产后逃匿。

因此，公司在与客户签订合同时，要通过资信审查考察判断客户是否有实际履行合同的能力和主观愿望，最大限度保证公司不被骗。

（2）报案所需材料。

① 提交《关于××涉嫌××罪的报案材料》。

② 提供公司与涉嫌犯罪客户签订的合同/协议。

③ 提供涉嫌犯罪客户使用虚构单位、冒用他人名义的资料，如留下的印章、印鉴、假身份证、假名片、假工作证、假营业执照，盖假公章的各种证明等。

④ 对涉嫌犯罪客户已经履行小额合同、部分合同的，提供涉嫌犯罪的客户已履行合同的材料。

⑤ 涉嫌犯罪的客户收受公司给付的货物、货款、预付款或担保财产后逃匿，提供涉嫌犯罪的客户的通信电话、原住址等证明材料。

⑥ 提供涉嫌犯罪客户其他虚构事实、隐瞒真相的证据，如留下的书写工具、交通工具、生产工具、刊登虚假广告的报纸、杂志等。

（3）民事欺诈和合同诈骗罪的区别。

虽然合同欺诈和合同诈骗有一定的相似之处，但两者存在本质的区别：

① 主观目的不同。

合同诈骗罪是欺诈人以签订合同为名，达到非法占有公私财物的目的。

民事欺诈是欺诈人为了用于生产经营，创造履行能力诱骗公司陷入认识错误并与欺诈人订立合同，不具有非法占有公私财物的目的，只希望通过实施欺诈行为从他人处获取一定的经济利益。

② 欺诈财物的数额不同。

合同诈骗罪的认定标准：个人诈骗公司财务数额在五千元至二万元以上、单位直接负责的主管人员和其他直接责任人员以单位名义实施诈骗的数额在五万至二十万元以上的；数额达不到的，为一般的民事欺诈。

③ 行为人对取得财物后的处置情况不同。

合同诈骗罪是行为人将取得的财物全部或大部分用以挥霍，或者从事非法活动、偿还他人债务、携款逃匿、隐匿财物且拒不返还的，应认定为行为人有"非法占有"之故意。民事欺诈则是将取得的财物用于生产经营。

④ 行为人未履行合同的原因不同。

影响合同未履行的原因包括主、客观两种情况。

合同诈骗罪是行为人在履行合同过程中享受了权利，不愿意承担义务，合同未履行是由于行为人主观上具有"非法占有"的目的。

民事欺诈是行为人在履行合同过程中享受了权利，也尽了最大努力去承担义务，因客观上发生了使行为人无法预料的情况，致使合同目的无法实现，行为人不具有"非法占有的目的"。

2. 拒不执行判决、裁定罪报案必备知识

拒不执行判决、裁定罪是指对人民法院的判决、裁定有能力执行而拒不执行，情节严重的行为。

（1）种类。

根据《中华人民共和国刑法》第三百一十三条、《最高人民法院关于审理拒不执行判决、裁定刑事案件适用法律若干问题的解释》，拒不执行判决、裁定罪的种类包括：

① 拒绝报告或者虚假报告财产情况、违反人民法院限制高消费及有关消费令等拒不执行行为，经采取罚款或者拘留等强制措施后仍拒不执行判决、裁定确定的义务；

② 伪造、毁灭有关被执行人履行能力的重要证据，以暴力、威胁、贿买方法阻止他人作证或者指使、贿买、胁迫他人作伪证，妨碍人民法院查明被执行人财产情况，致使判决、裁定无法执行；

③ 拒不交付法律文书指定交付的财物、票证或者拒不迁出房屋、退出土地，致使判决、裁定无法执行；

④ 与他人串通，通过虚假诉讼、虚假仲裁、虚假和解等方式妨害执行，致使判决、裁定无法执行；

⑤ 以暴力、威胁方法阻碍执行人员进入执行现场或者聚众哄闹、冲击执行现场，致使执行工作无法进行；

⑥ 对执行人员进行侮辱、围攻、扣押、殴打，致使执行工作无法

进行；

⑦ 毁损、抢夺执行案件材料、执行公务车辆和其他执行器械、执行人员服装以及执行公务证件，致使执行工作无法进行；

⑧ 拒不执行法院判决、裁定，致使债权人遭受重大损失。

（2）立案关键。

本罪公安机关立案及认定的关键在于：有证据证明被执行人有财产却拒绝执行，比如经查询被执行人名下有房产、车辆、存款、股权、工程、来源于工作单位的固定收入、应收账款、高消费、出国、旅游等；或是曾被司法拘留，多次达成和解协议，还部分款项后又继续拖欠；或是在执行前或期间将财产转移出去；或是为避免执行人找车，将车辆 GPS 卸载等。

同时，《最高人民法院关于审理拒不执行判决、裁定刑事案件适用法律若干问题的解释》第三条规定，对申请执行人有证据证明同时具有下列情形的，人民法院认为符合刑事诉讼法第二百零四条第三项规定的，以自诉案件立案审理：

① 负有执行义务的人拒不执行判决、裁定，侵犯了申请执行人的人身、财产权利，应当依法追究刑事责任的；

② 申请执行人曾经提出控告，而公安机关或者人民检察院对负有执行义务的人不予追究刑事责任的。

综上，根据上述规定，对符合拒不执行判决、裁定罪的犯罪嫌疑人，如若公安机关不予立案，需向公安机关索要不予立案通知书存留作为证据，可向执行法院所在地的人民法院提起刑事自诉。

3. 职务侵占罪报案必备知识

职务侵占罪多数发生情形为：公司指派专门的债权管理人员/销

售经理向客户催收债权，客户将本应直接向公司支付的货款交给债权催收人员/销售经理，再加之公司监管缺位长期未能发现债权管理人员/销售经理将货款据为已用的行为，直到公司指派其他人员向客户催收时，客户反映已经付款，公司才发现员工对货款的侵占行为。

根据公安部侦查刑事案件管辖分工，本罪由经济犯罪侦查大队办理。

（1）立案标准及量刑。

① 公司、企业或者其他单位的人员，利用职务上的便利，将本单位财物非法占为己有，数额在五千元至一万元以上的，应予立案追诉。

② 公司、企业或者其他单位的人员，利用职务上的便利，将本单位财物非法占为己有，数额较大的，处 5 年以下有期徒刑或者拘役。数额巨大的，处 5 年以上有期徒刑，可以并处没收财产。

（2）报案所需关键证据注意事项。

① 及时固定员工侵占的证据，跟客户交涉，让客户配合调取并搜集客户向公司员工打款的凭证。

② 公司应尽快和员工进行对账，确认员工侵占具体客户的名称及金额。

（3）立案应提交的证据材料。

序号	证据	用途
1	公司撰写的《报案材料》	用于详细说明事件发展的经过，便于审查立案人员快速了解案情
2	《劳动合同》、工资条、社保缴纳清单	用于证明公司与员工存在劳动合同关系

续表

序号	证据	用途
3	《分期付款买卖合同》、发票、合格证或产证登记证书	用于证明公司对涉案的财产具有所有权
4	公司出具的《收据》、客户直接向公司还款的转账凭条	用于证明客户已开始实际履行《分期付款买卖合同》
5	客户向公司员工转账的凭条或银行流水、客户身份证复印件/加盖公章的统一社会信用代码证	用于证明客户的身份以及客户向员工已付款
6	公司与员工的《对账函》	用于证明员工侵占公司款项，一直未向公司返还

如若上述材料部分缺失，公司可以将已有资料移交给公安机关，即使公安机关经审查认为尚无法立案，也可促使公安机关致电侵占人员，起到震慑作用，后续由公司对接，进而促进侵占人员返还款项。

以下为笔者制作的一份《刑事控告状》范本，参考使用：

刑事控告状

控告人：××，住所地××，联系电话：××。

委托代理人：××，××。

被控告人：××，男，生于××年××月××日，原系××公司销售经理，身份证号码：××，联系电话：××。

控告事项：

1. 请求追究被控告人××涉嫌职务侵占和挪用资金罪的刑事责任。

2. 依法责令被控告人立即退赃退赔。

事实与理由：

××年××月××日，被控告人到控告人处任销售经理一职，××年××月××日离职。在职期间，被控告人利用职务上的便利将客户应向控告人支付的货款据为已有，其中××年××月至××年××月期间，被控告人擅自收取客户××应向公司支付的货款××笔合计××元。直到控告人向客户××追索债权，客户××提供了向被控告人转账的银行打款凭证及账目说明，控告人才得知款项被侵占，但是被控告人拒不承认上述事实。

被控告人担任控告人销售经理期间，利用职务便利，非法侵占客户××的货款后未上交，金额较大，且拒绝承认此事，意图据为已有，根据《中华人民共和国刑法》第二百七十一条第一款的规定，被控告人已经涉嫌职务侵占罪。

根据《公安机关办理刑事案件程序规定》第十五条，本案被控告人涉嫌的职务侵占罪和挪用资金犯罪结果发生地在控告人公司所在地处，应由贵局管辖。为此，控告人向贵局提出控告，恳请贵局能够重视本案，并予以立案查处，严厉查办被控告人的犯罪行为，维护控告人的合法权益，责令其将非法所得的款项尽快返还。

此致
××市公安局××分局

控告人：

年　月　日

附：

1. 控告状 2 份。

2. 公司统一社会信用代码证、法定代表人证明书、法定代表人身份证复印件一套。

3. 无经济纠纷证明书。

4. 授权委托书及受委托人身份证复印件。

5. 证据清单：

（1）离职审批表，证明：××年××月××日，被控告人××到控告人处任销售经理一职，××年××月××日离职的事实。

（2）合同书、设备总账说明、汇款凭条及统计表，证明：××年××月××日，客户××向控告人购买型号为××的设备××台，还款方式为分期支付。××年××月××日，客户××出具书面证明并提供回款凭条，证实被控告人擅自侵占控告人公司货款××元的事实。

十三、申请债务人破产

格言：

法律源于人的自卫本能，是一种强制性秩序，债务人给你黑暗，债权人被迫通过法律寻找黎明。

当债务人为法人客户时，如果债权人多次催讨无果，申请法人客户破产是应对法人客户逃避债务的有效方法。同时，如果债权人提出对法人客户要申请破产，债务人依然不予还款并不为所动，说明债务人已经真的到了资不抵债的地步，债权人应当机立断，直接向人民法院申请破产。

1. 申请破产的主体

（1）债务人自己可以向人民法院提出"重整、和解或者破产清算"的申请。

（2）债权人可以向人民法院提出"重整或者破产清算"的申请。

（3）当企业法人已解散但未清算或者未清算完毕，资产不足以清偿债务的，依法负有清算责任的人可以向人民法院申请破产清算。

2. 可以被申请破产的债务人主体

（1）被申请破产的债务人应当具备法人资格，不具备法人资格的企业、个体工商户、合伙组织、农村承包户不属于可以申请破产的主体。

（2）外国法人在我国境内设立的分支机构没有中国法人资格，该分支机构不具备破产主体资格。

3. 债权人申请破产的条件

（1）债务人不能清偿到期债务。

通常情况下，债权人很难知悉债务人的真实财务状况，更难以准确地判断债务人是否已经亏损，采用"债务人不能清偿到期债务"的标准使得债权人能够及时行使破产申请权，更好地维护自身合法权益。

（2）债权人的债权是财产上的请求权。

破产程序是对债务人财产进行清理的程序，只有享有财产上的请求权的债权人才可以通过破产程序获得清偿。

（3）债权人的债权应该是已经到期且未受清偿的债权。

债权人的债权必须是已经到期且未受清偿的债权。债权人享有的债权如果是附期限的，必须是期限已经届满；如果债权人对债务人享有的债权是附条件的，必须是条件已经成就。但如果破产人已经开始了破产程序，债权人未到期的债权视为已到期。

（4）债权人的债权没有超过诉讼时效。

超过诉讼时效的债权属于自然之债，债权人不再享有胜诉权，即不能通过司法强制执行手段实现其债权。破产程序是以司法强制执行的手段保障债权人的债权，自然之债自然无法适用。在司法实践中，如果债权人的债权已经超过诉讼时效，则有可能被法院驳回破产申请。

4. 申请破产的要点

（1）当债务人被申请破产并经人民法院裁定宣告进入破产还债程序时，法院指定破产管理人在 10 日内通知债务人和已知的债权人，并发出公告；债权人应当在收到通知后的 30 日内，向人民法院申报债权；未收到通知的债权人，应当自公告之日起 3 个月内，向人民法院申报债权；债权人逾期未申报债权的，视为放弃债权。

（2）人民法院在审理破产还债案件时，组织债权人成立债权人会议，讨论通过破产财产的处理和分配方案或者和解协议。同时，组织有关机关和有关人员成立清算组织，接管企业的财产，负责破产财产的保管、清理、估价、处理和分配。

（3）在审理破产还债案件时，如果企业法人与债权人会议达成和解协议，并经人民法院审查认可，人民法院应当发布公告，中止破产还债程序。和解协议自公告之日起具有法律效力；对未达成和解协议的，人民法院应当根据清算组织提出的，并经债权人会议讨论通过的破产财产分配方案分配破产财产。破产财产分配完毕后，人民法院应当宣告破产还债程序终结，解散债权人会议和清算组织。

5. 法律疗效

（1）一旦法院受理了破产申请，债务人的有关人员要承担妥善保管财产、印章和账簿、文书等资料；根据人民法院、管理人的要求工作，并如实回答人民法院、管理人的询问；列席债权人会议并如实回答债权人的询问；未经人民法院许可，不得离开住所地；不得新任其他企业的董事、监事、高级管理人员。

（2）法院受理破产申请后，债务人对债权人的个别债务清偿无效。

（3）法院受理破产申请后，债务人的债务人或者财产持有人应当向管理人清偿债务或者交付财产。

（4）债务人的债务人或者财产持有人故意违反前款规定使债权人受到损失的，不免除其清偿债务或者交付财产的义务。

（5）人民法院受理破产申请后，管理人对破产申请受理前成立、债务人和债务人的合同相对方均未履行完毕的合同有权决定解除或者继续履行，并通知对方当事人。管理人自破产申请受理之日起二个月内未通知对方当事人，或者自收到对方当事人催告之日起三十日内未答复的，视为解除合同。

（6）管理人决定继续履行合同的，对方当事人应当履行；但是，对方当事人有权要求管理人提供担保。管理人不提供担保的，视为解除合同。

（7）人民法院受理破产申请后，有关债务人财产的保全措施应当解除，执行程序应当中止。

（8）人民法院受理破产申请后，已经开始而尚未终结的有关债务人的民事诉讼或者仲裁应当中止，在管理人接管债务人的财产后，该诉讼或者仲裁继续进行。

（9）人民法院受理破产申请后，有关债务人的民事诉讼只能向受理破产申请的人民法院提起。

6. 管辖

根据《最高人民法院〈关于审理企业破产案件若干问题的规定〉》：

（1）企业破产案件由债务人住所地人民法院管辖。债务人住所地指债务人的主要办事机构所在地。债务人无办事机构的，由其注册地人民法院管辖。

（2）基层人民法院一般管辖县、县级市或者区的工商行政管理机关核准登记企业的破产案件；中级人民法院一般管辖地区、地级市（含本级）以上的工商行政管理机关核准登记企业的破产案件；纳入国家计划调整的企业破产案件，由中级人民法院管辖。

（3）上级人民法院审理下级人民法院管辖的企业破产案件，或者将本院管辖的企业破产案件移交下级人民法院审理，以及下级人民法院需要将自己管辖的企业破产案件交由上级人民法院审理的，依照《中华人民共和国民事诉讼法》第三十九条的规定办理；省、自治区、直辖市范围内因特殊情况需对个别企业破产案件的地域管辖作调整的，须经共同上级人民法院批准。

7. 案件受理费

破产案件的案件受理费，根据破产财产总额计算，按照财产案件受理费标准减半交纳，最高不超过 30 万元。

法律依据

《中华人民共和国企业破产法》

第二条 企业法人不能清偿到期债务，并且资产不足以清偿全部债务或者明显缺乏清偿能力的，依照本法规定清理债务。

第七条 债务人有本法第二条规定的情形，可以向人民法院提出重整、和解或者破产清算申请。

债务人不能清偿到期债务，债权人可以向人民法院提出对债务人进行重整或者破产清算的申请。

企业法人已解散但未清算或者未清算完毕，资产不足以清偿债务的，依法负有清算责任的人应当向人民法院申请破产清算。

十四、呆坏账提取

格言：

种德者必养其心，守法者必利自身；逾期者必毁其信，履约者必建其高！

如果说十八式中其他方法都是对外想办法实现债权回收，呆坏账提取则是对内想办法，借助我国税务规定减少债权无法收回时的损失。

1. 可提取呆坏账的种类

建议借鉴《中华人民共和国企业所得税法》《中华人民共和国企业所得税法实施条例》《中华人民共和国担保法》的规定，在债务人发生如下情况认定为应收账款呆坏死：

（1）债务人被依法宣告破产、撤销，其剩余财产确实不足清偿的债务。

（2）债务人死亡或依法被宣告死亡、失踪，其财产或遗产确实不足清偿的债务。

（3）债务人遭受重大自然灾害或意外事故，损失巨大，以其财产（包括保险赔款等）确实无法清偿的债务。

（4）经法院裁决被执行债务人确实无法清偿的或逾期3年以上仍未收回的债务。

呆坏账损失提取是减轻企业税负的法定理由，一定比例的应收账款呆坏死属公司正常经营中不可避免的事项，在公司确认债务无法回收的情形下通过财务做计提处理，从企业所得税做税前扣除，减轻企业的经营负担。

2. 提取方法和比例

关于呆坏账的计提方法和比例问题，企业自己可以规定，通常运用以下四种计提方法：

（1）余额百分比法，主要是按照期末应收账款余额的一定比例计算。

（2）账龄分析法，主要根据应收账款的账龄长短，设置梯度比例进行计算。

（3）销货百分比法，主要是根据应收未收款的余额和销售额的联系，按照一定比例来计算坏账损失。

（4）个别认定法，是针对每项应收款项的实际情况分别估计坏账损失，需要一项一项地预估计算坏账准备金，当未收款项较多的时候，操作起来比较麻烦。

3. 呆坏账损失证据材料

（1）相关事项的合同、协议或说明。

（2）属于债务人破产清算造成的坏账损失，应有人民法院的破产、清算公告。

（3）企业逾期三年以上的应收款项且在会计上已作为损失处理的，可以作为坏账损失，但应说明情况，并出具专项报告。

（4）企业逾期一年以上，单笔数额不超过五万或者不超过企业年度收入总额万分之一的应收款项，会计上已经作为损失处理的，可以作为坏账损失，但应说明情况，并出具专项报告。

（5）会计核算资料及其他相关的纳税资料。

十五、应收账款融资

格言：

债权管理具有时代性，充分利用现代金融技术实现债权回收，是上帝为债权管理打开的另外一扇窗。

如果债权人有大量的应收账款，短时间内无法收回，但是又急需周转资金，借助第三方将应收账款融资并提前收回资金，是提高催收率的方法之一。

1. 什么是应收账款融资

应收账款融资是指企业将自己的应收账款出质、转让给融资机构，融资机构根据应收账款的数额和质量向企业提供一定融资的经济活动，包括应收账款质押融资、应收账款转让融资、应收账款资产证券化融资等方式。与负债融资相比，应收账款融资成本相对较低，是一种值得考虑的转移风险的方式。2017 年 5 月 2 日，中国人民银行、工业和信息化部等七部门联合印发的《小微企业应收账款融资专项行动工作方案（2017—2019 年）》明确提出，在小微企业中，应收账款融资的实施条件最为成熟，是一种门槛低、成本低、很便利的融资方式。

2. 哪些债权可以借道融资

（1）销售产生的债权，包括销售货物，供应水、电、气、暖，知识产权的许可使用等。

（2）出租产生的债权，包括出租动产或不动产。

（3）提供服务产生的债权。

（4）公路、桥梁、隧道、渡口等不动产收费权。

（5）提供贷款或其他信用产生的债权。

根据上述定义，应收账款属于金钱债权，但也有例外情形，如果根据合同性质或当事人事先约定不得转让的则不能使用该方式处置债权。

3. 种类及成本

应收账款融资根据受让方在债务人破产、无理拖欠或无法偿付应收账款时是否可以向债权人反转让应收账款、要求债权人回购应收账款或归还融资，可分为有追索权保理和无追索权保理。有追索权保理是指在应收账款到期无法从债务人处收回时，受让方可以向债权人反转让应收账款、要求债权人回购应收账款或归还融资，有追索权保理又称回购型保理。无追索权保理是指应收账款在无商业纠纷等情况下无法得到清偿的，由受让方承担应收账款的坏账风险，无追索权保理又称买断型保理。

一般而言，企业筹措的资金是根据销售发票金额减去允许客户在付款时扣除的现金折扣、信贷机构收取的佣金以及在应收账款上可能发生的销售退回和折让而保留的扣存款后的余额确定，扣存款占比由双方协商确定，一般为10%左右。

十六、诉讼融资

格言：

科学是人类智慧的最高成就，是解决债权管理问题的首要思路。

债权催收中不排除有些案件是债权人可诉可不诉的，或者说债权人预算不足、准备放弃的案件。那有没有什么办法，可以通过让渡债权人可预期回收的部分债权，让第三方为债权人的诉讼清欠买单呢？诉讼融资为债权人提供了这种可能。

诉讼融资最早在英美国家兴起，其把律师参与的诉讼业务和金融经济家们的融资业务结合在一起，具体是指在诉讼中，诉讼一方当事人因为暂时不能完全支付或者无法支付诉讼所需的有关律师费、公证费、鉴定费等费用，由第三方公司先行垫付，待案件胜诉后，第三方公司再收回其所垫付的款项，并获取一定比例的收益。这里提及的第三方公司一般有法律、金融行业的专业人士，并且有一定资金实力的资本公司或贷款公司。

1. 诉讼融资本质上类似于风险投资，而非诉讼

虽然与律师的风险代理模式相似，但还是存在区别：律师的风险代理模式下，律师直接用自己的法律服务投资和承担风险，以从胜诉赔偿里面获取回报；诉讼融资则是以专业公司去运作整个评估事宜，会由法律和金融专业人员共同构成，每个案件都会进行专业的评估，比如能否胜诉、胜诉可能性有多大、预期回报是多少等，诉讼垫资已经抽离出了律师行业，用纯投资的眼光去经营。

诉讼融资公司在国外很常见，比较有名的如 Burford Capital、IMF Bentham、Harbour Litigation Funding。其中 Burford Capital 已经在伦敦上市，其2014年的收入6070万美元，业绩同比增长43%，足见发展潜力无限。

2016年，中国也出现了将诉讼融资加入不良资产交易的"互联网＋法律＋金融"电商平台，经营效果如何，我们拭目以待，但这种方法无疑为解决债权逾期问题，提供了很好的思路。

2. 诉讼融资一般考虑以下四个因素

（1）投资金额：这主要取决于案件的标的额、可能涉及的程序和周期成本。

（2）资金用途：诉讼融资的资金用途就是支付诉讼开支，包括但不限于保全费、诉讼费、执行费、律师费、鉴定费和评估费等与诉讼有关的费用。

（3）还款条件：一般是申请融资方胜诉并获得全额或部分赔偿金/款项；如果受资方败诉或未取得任何赔偿金时，则意味着诉讼融资的回报率为零。

（4）还款额：可以选择固定回报率或者按照一定比率从诉讼收益中提取，与裁判的执行效果直接相关。

十七、智能催收

格言：

世界会向那些有远见的人让路，"人工智能＋催收"重新定义债权管理格局！

德国思想家、哲学家黑格尔曾说，一个民族有一群仰望星空的人，他们才有希望。作为有追求的债权催收人员，不能止步于当下的各种催收手段，要充分关注技术发展趋势，释放新技术红利，提高债权催收效率。

一年前谈起人工智能催收，很多人觉得不现实，总感觉落地应用是件非常遥远的事情，从 2017 年下半年开始，当各类的智能催收机器人铺天盖地地出现在市场后，大家才意识到，智能催收的时代已经来临。

资易通 CEO 盛洁俪说，"假设一天有效工作时间是 7.5 个小时，一位催收专员按传统方式打电话，7.5 个小时里真正有效时间只有 2 个小时"，这句话一点儿不假，通过人工方式向债务人催款，从找电话号码、拨打、等待、接通、通话到挂断，真正与债务人有效沟通时间平均只有一半左右，如何突破债权催收中固化的体制，用技术手段提升催收效率已经被越来越多的人关注，特别是人工智能系统中的自动拨号系统，能够大幅提高处理账户的数量。

对标美国 True accord，就是一家利用大数据做债权催收的公司，该公司认为债务催收是一个债权人与债务人关系恢复与和解的过程，而非对抗，其与国内动辄几百人的专业债权催收公司相比，这样一家"大"公司只有 15 人，通过如下五个方法联系并帮助债务人确定支付计划：

（1）为系统创建丰富的数据集，教系统如何接近客户，使用智能算法查找、验证客户在线足迹并对客户智能分类；

（2）系统通过多种渠道与客户沟通，如电子邮件、电话、信函、网页等方式，并估算与用户最匹配的通信风格；

（3）系统会自动学习客户行为，发送与客户相关的信息；

（4）系统管理与客户的谈判和客户付款流程；

（5）系统实时采集事件记录，提供完整的可审计性，以确保合规。

现实中，很多原因造成债务人逾期，比如遗忘还款时间、经营财务状况恶化、主观赖账甚至诈骗，对此人工催收方法很难全面对债务人未来还款情况做预判，而人工智能可借助大数据、算法、场景等要素对客户逾期行为做出预判，通过系统追踪客户履约行为，可以有效防范主观赖账甚至谋划诈骗，同时为债务状况良好的客户提供更加优质的服务。

未来，智能催收可能会建立一张天网，让逾期失联者无所遁形。因此，在未来的债权管理中应多关注大数据、人工智能、区块链等新型技术在公司债权管理体系中的应用。

十八、区块链仲裁

> **格言：**
> 第四次工业革命方兴未艾，科学技术催发诉讼革命。

众所周知，诉讼催收的基本模式是两审终审制 + 基层法院执行，商事仲裁则是一裁终局制，且由中级人民法院执行。二者的效率和力度高下立判。所以，不少债权人选择通过仲裁方式化解诉争清欠债权。随着区块链技术来袭，商事仲裁又有了升级版，不仅将大大降低商事仲裁中高收费而让其更具亲民性，且通过区块链这个新技术加持，线上跨区域仲裁不再是梦。

1. "区块链仲裁"的含义

"区块链仲裁"是采用区块链技术处理网上纠纷的产品，并由银行（微众银行）、仲裁委（广州仲裁委）、亦笔（杭州亦笔科技有限公司）共同推出的仲裁联盟链。仲裁链也是全球第一个将线上交易通过区块链技术在线上的解决方案。

2. "区块链仲裁"的原理

"区块链仲裁"基于区块链多中心化、防篡改、可信任的特征，利用分布式数据存储、加密算法等技术对交易数据共识签名后上链，实时保全的数据通过智能合约形成证据链，满足证据真实性、合法性、关联性的要求，实现证据及审判的标准化。

通过"区块链仲裁"，仲裁机构可参与到保存证据的业务过程中来，一起共识、实时见证，一旦发生纠纷，经核实签名的存证数据可视为直接证据，极大地缩减了仲裁流程，有助于仲裁机构快速完成证据的核实，快速解决纠纷，进一步提升司法效率，降低仲裁成本。

3. "区块链仲裁"的价值

（1）降低司法成本。

（2）司法涉网后只需 7～15 天。

（3）线上审查，处理案件的数量大幅提升。

综上，在未来仲裁链日益完善的情况下，通过在网上交易的模式也可采用仲裁链的方式快速立案、执行，促使债权快速回收。

目前这个技术虽然尚在试水阶段，但是由于该技术可以做到快审快结，大大降低司法成本，符合诉讼经济原则，所以一旦成熟，必然会成为债权催收的利器，值得期待。

No Overdue Debt | 第八章

In The World | 诉讼清欠攻防实战详解

　　诉讼清欠是解决债权逾期问题的重型武器，包括公司诉讼管理理念与诉讼策略的制定、案件的准备及走向预判等内容。本章从诉前案件评估到诉后法院作出最终裁判结果，详细阐述了诉讼过程中需要注意的事项。

一、案件评估

　　目前诉讼清欠存在保全难、送达难和执行难三大难题。启动诉讼程序耗费大量人力、物力，但是否能够完全达到预期效果存在不确定性。因此，一定是在穷尽非诉手段无效后，充分评估案件胜诉率并考虑诉讼成本等问题后，再启动诉讼程序。

1. 诉讼效果

　　在具体案件的诉讼过程中，需要结合不同的请求权、掌握诉求实现的方法，以期做到精准发力，实现回款目的。

（1）诉前保全：形成压制性优势迫使还款或和解。

主办人：法务人员

重点注意事项：

① 核实客户是否有可以查封/扣押/冻结的不动产、动产以及银行账户、股票等；

② 核实有无保全错误可能性，评估保全错误可能产生的赔偿额；

③ 核实采取保全措施的法院是否对己方有利。

（2）连坐式起诉，扩大被告范围，增加欠款受偿的可能性。

主办人：法务人员/律师

重点注意事项：

① 核实欠款人、担保人及配偶相关信息，以明确可以列为被告的人员范围；

② 核实案件是否有实际控制人，如实际控制人非适格被告，可考虑将其列为无独立请求权的第三人；

③ 核实是否存在债务人对次债务人的到期债权，评估案件能否进行代位起诉；

④ 核实债权转让案件中，是否已受让原债权人的担保权益。

（3）双方和解无望，采取诉讼手段救济权利。

主办人：律师

诉前准备：对以下事项审查核实

① 合同、与交易相关的文件资料以及债权催收中的法律文书等是否齐全、是否有原件；

② 是否涉及产品质量问题；

③ 案件是否在诉讼时效和保证期间内;

④ 分析客户有无反诉可能,或其他不利于公司的证据,如税务问题;

⑤ 核实起诉的欠款金额是否准确;

⑥ 公司对设备行使取回手续和措施是否合法,是否需要补充手续。

(4)保全时效(期间)。

主办人:法务人员

重点注意事项:针对客户财产采取保全措施的,应在保全客户财产后 30 日内尽快与客户协商还款事宜,根据客户还款情况确定是否必须立案起诉。

2. 方案预警

在起诉中,可能会面对客户的质疑与请求,方案预警就是针对客户可能提出的答辩意见、反诉请求,提前做好应对。

(1)客户以账目不清提出异议。

公司在起诉前应当核实诉讼请求金额所依据的收条、打款凭证、对账函,如发现与客户往来款项账目不清晰或不准确,可以与客户通过以下方式固定欠款金额:

① 电话核对账目并通过公证处对通话内容及过程公证;

② 向客户发送《询证函》,督促客户确认欠款金额;

③ 通过 EMS 方式发送《限期还款通知函》(函件中写明:如客户在限期内不回款、不回复的,视为客户认可通知函中的欠款金额);

④ 与客户签订《延期还款协议》。

(2)客户以质量问题提出异议。

对客户可能提出的设备质量问题，先行确定客户购买的设备是否已经超过质保期。如没有超过质保期，应在起诉前先行解决客户提出的设备质量问题，如已经将设备质量问题解决后客户依然不履行还款义务，则提起诉讼。

对超过质保期发生的设备质量问题，应寻找设备已过质保期并无法鉴定设备损坏系设备本身质量问题的理由和依据，以应对客户可能提出的鉴定申请或反诉。

如果客户在诉讼过程中提出质量异议，且公司能够确定设备有质量问题，做以下三方面的应对：一是应积极与客户进行和解，或在诉讼中追加生产商（制造商）为第三人；二是应核实对方当事人对设备损坏、灭失及损失扩大是否存在重大过失，若有，则需调查取得相关证据事实；三是应核实是否存在第三人、不可抗力等其他原因致使设备损坏、灭失。

（3）客户以案件超过诉讼时效提出异议。

起诉之前，核实向主债务人主张权利是否已经超过诉讼时效，在诉讼时效期间内是否有可以中止、中断的事由。如确认已过诉讼时效，在起诉前可通过电话或信函方式向客户再次催促还款，并对下述三种情况分别处理：

① 如客户承诺欠款事实且承诺还款时间，对客户起诉的诉讼时效补救成功；

② 如客户虽然认可欠款事实但已明确提出诉讼时效已过，关于诉讼时效问题无法补救，应考虑是否撤回已确认无法追究责任的客户的起诉；

③ 如客户认可欠款事实，但未作出还款承诺的，司法实践中倾向

性意见是认定诉讼时效重新起诉。

（4）保证人提出保证期间已过的异议。

起诉之前，应同时核实保证人的保证期间是否已过，如果核实的结果是未在保证期间内向保证人主张权利，则保证期间已过，如保证人拒绝出具继续承担担保责任的承诺函，则保证人的保证责任免除。如果核实的结果是在保证期间内已经向担保人主张要求承担担保责任，则自向担保人主张保证责任之日开始计算对保证人起诉的诉讼时效，关于对保证人起诉的诉讼时效应对要点同上述第（3）点。

同时需注意，在确定保证人的保证期间时，若合同未约定，保证期间为主债务履行期届满后六个月，若合同中虽然约定了保证期间但约定不明（如：约定为保证人承担保证责任直至主债务本息还清时为止等类似内容的视为约定不明），保证期间为主债务履行期届满后两年。保证期间为除斥期间，不适用中止、中断的规定。

（5）客户以笔迹非本人签署提出异议。

提前比对提起诉讼所依据的合同及其他文本的笔迹是否均保持一致，对存疑的签字文本与经办人核实，一经确认待核实的文本不是客户本人签字，应当安排人员尽快找客户补签字后再起诉。在客户拒绝补签字的情形下，核实是否有实际购买人、合伙人或存在表见代理等情形，如有则将实际购买人、合伙人或表见代理人一并追加为被告。

同时，对合同等重要文本如不是客户本人签字，根据客户履行合同情况判断客户是否涉嫌合同诈骗罪或诈骗罪，如客户有拒绝履行合同的客观行为且主观上具有非法占有财物的目的，则客户可能已涉及刑事犯罪，在充分评估后应优先启动刑事程序。

（6）以保险理赔问题提出异议。

对客户以保险理赔尚未办理完毕作为拒绝还款的抗辩理由的，公司在起诉前应提前告知客户保险理赔注意事项，并要求客户签署《保险理赔承诺函》，明确保险理赔不是拒绝还款的事由。同时，公司应核实是否存在实质性的过错，如未能及时代客户办理保险投保或为客户办理投保时遗漏重要的险种。如果确实存在上述情形，则应预估因公司过错可能向客户赔偿的项目，提出与客户欠款抵顶等和解方案，避免矛盾升级和损失扩大。

（7）以公司员工、二级代理商已经收取款项提出异议。

查阅与客户签订的合同中是否已经明确约定公司的收款账户，如已经明确约定且客户在合同中签字确认，应坚持向客户进行追索；如合同中未对公司收款账户做约定，则收集客户持有的已付款凭证，确认公司员工和二级代理商与客户之间是否存在其他经济纠纷，同时，公司应尽快和公司员工、二级代理商确认收款金额。对公司向公司员工、二级代理商要求退回收取客户款项无果的，尽快论证追究公司员工、二级代理商刑事责任的可能性和必要性后，确定是否向公安机关报案。

（8）以公司行使了取回权提出异议。

查阅合同中是否约定了所有权保留条款以及客户付款是否已经超过总金额的75%。如果客户付款金额未达到上述比例，公司可行使取回权。行使取回权的过程中应当做到事前向客户发送《限期付款通知函》、事后向客户发送《限期付款赎车通知函》，均写明最后还款期限以及逾期未付时公司将采取的措施。

如公司核实后确认客户付款金额已超过总金额75%的，行使取回权应谨慎，如果已经取回，应及时向法院提出法院保全申请，对取回的车辆采取查封、扣押措施。

（9）以行使取回权后确定的设备价值（价格）不合理提出异议。

查阅公司在行使取回权后，是否已经向权威的评估机构或者当地市场交易活跃的专业机构询价。若是，则留存被询价单位加盖公章的《询价函》以确定公司取回设备时的价格。若公司在取回后未评估、询价，则可在诉讼前或诉讼中委托评估机构对取回设备时的价值（价格）进行评估。

3. 跟进诉讼进程

诉讼进程的价值在于跟踪案件的进展、不错过关键节点、形成对案件所耗费时间成本的基本判断。图8-1为笔者团队绘制的诉讼进程时间轴。

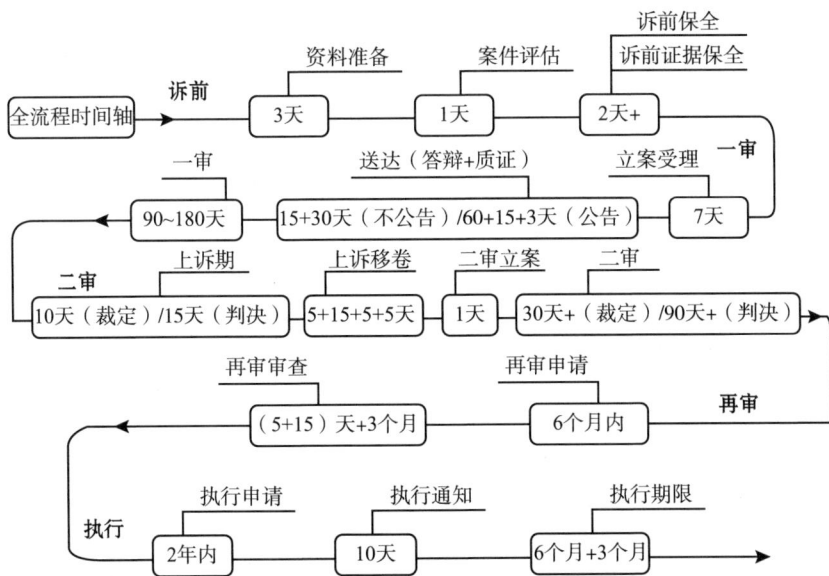

图8-1　诉讼清欠全流程时间轴

根据图 8-1 的时间轴，计算出每一个节点的具体日期（可以借助 Excel 表格计算），就可以制作出不同阶段的任务甘特图①，利用甘特图可以对诉讼中每一步程序的进程一目了然，将任务模块化，责任到人、精细分工，提高工作效率。

以诉讼进程中最常用到的一审和二审程序为例，图 8-2、图 8-3 为笔者制作的一审和二审程序的甘特图，在一起案件中，只需通过更改日期就可以掌握诉讼进展，适合打印出来张贴在醒目位置。

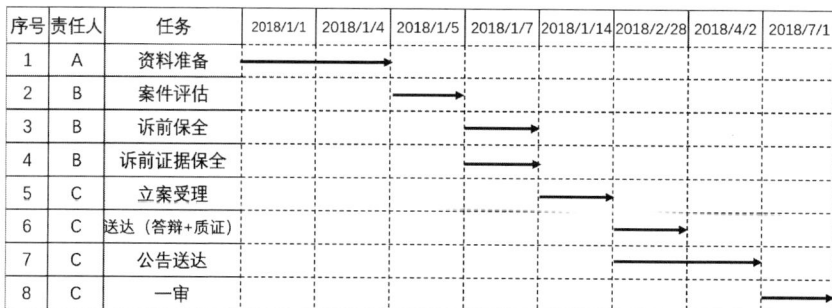

序号	责任人	任务	2018/1/1	2018/1/4	2018/1/5	2018/1/7	2018/1/14	2018/2/28	2018/4/2	2018/7/1
1	A	资料准备	→							
2	B	案件评估			→					
3	B	诉前保全				→				
4	B	诉前证据保全				→				
5	C	立案受理						→		
6	C	送达（答辩+质证）							→	
7	C	公告送达							→	
8	C	一审								→

图 8-2　一审程序任务甘特图

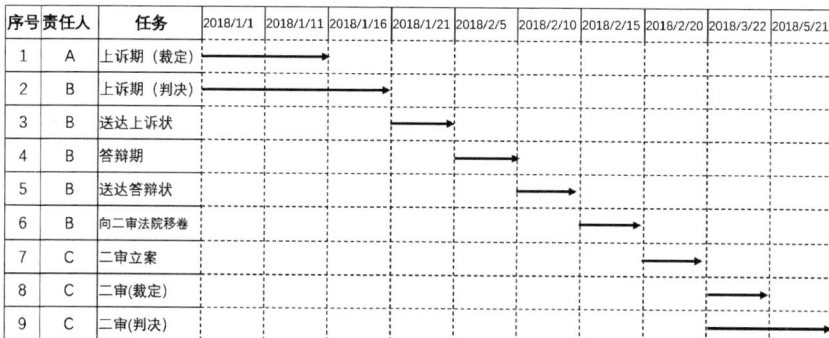

序号	责任人	任务	2018/1/1	2018/1/11	2018/1/16	2018/1/21	2018/2/5	2018/2/10	2018/2/15	2018/2/20	2018/3/22	2018/5/21
1	A	上诉期（裁定）	→									
2	B	上诉期（判决）	→									
3	B	送达上诉状			→							
4	B	答辩期					→					
5	B	送达答辩状						→				
6	B	向二审法院移卷							→			
7	C	二审立案								→		
8	C	二审(裁定)									→	
9	C	二审(判决)									→	

图 8-3　二审程序任务甘特图

---

① 甘特图是通过条状图来显示项目、进度和其他时间相关的系统进展的内在关系随着时间推进的情况。以提出者亨利·L. 甘特（Henrry L. Ganntt）先生的名字命名。

二、诉请确定

在实务领域，请求权不同，适用的法律依据不同，举证内容、要求及标准也不同，因此确定诉请是提起诉讼后能否获得心理预期效果的关键一步。

1. 根据不同基础事实确定诉讼请求类型

（1）纯货款的诉讼请求。

适用前提：双方之间形成书面买卖合同

案由：买卖合同纠纷

诉讼请求：

1. 判令被告1继续履行合同、支付货款等合计××元，其中：

（1）货款××元；

（2）违约金（利息）××元（自××年××月××日计算至××年××月××日，按照万分之×计算，之后的利息至全额付清支付之日利随本清，复杂的可以列明计算明细附后）；

（3）取回费用/清欠差旅费（若有）；

（4）律师费用（若有）。

2. 判令原告对被告1名下房产就拍卖、变卖所得价款享有优先受偿权。

3. 判令被告2对被告1的上述付款义务承担连带清偿责任（适用前提：对物保优先于人保的抗辩权做了放弃的约定）。

4. 确认被告1未付清货款前涉案设备（机号为×××）的所

有权归原告所有；如被告 1 不能支付上述第 1 项诉讼请求中的款项，则要求被告返还原告出售给被告的机号为×××的设备 1 台，由原告另行出卖，扣除取回、保管、出卖等相关费用后，以出卖款项折抵前述款项。若折抵款项后还有不足，由被告支付剩余未偿还部分；若有多余则退还被告。其余诉讼请求不变（适用前提：合同有约定）。

5. 本案的诉讼费用、保全费用由被告承担。

（2）货款转化为欠款的诉讼请求。

适用前提：双方对欠款达成统一的还款协议或欠款人出具了还款承诺书等

案由：合同纠纷

诉讼请求：

1. 判令被告 1 支付款项合计××元，其中：

（1）货款××元及违约金（利息）××元（自××年××月××日计算至××年××月××日，按照万分之×计算，之后的利息至全额付清支付之日利随本清；复杂的可以列明计算明细附后）；

（2）运费××元及违约金（利息）××元（自××年××月××日计算至××年××月××日，按照万分之×计算，之后的利息至全额付清支付之日利随本清；复杂的可以列明计算明细附后）；

（3）律师费用（若有）。

2. 判令被告 2 对被告 1 的上述付款义务承担连带清偿责任。

3. 本案的诉讼费用、保全费用由被告承担。

（3）首付款的诉讼请求。

适用前提：客户因资金紧缺向公司借款并出具借条

案由：民间借贷纠纷

诉讼请求：

1. 判令被告1偿还借款合计××元，其中：

（1）借款××元；

（2）违约金（利息）××元（自××年××月××日计算至××年××月××日，按照万分之×计算，之后的利息至全额付清支付之日利随本清，复杂的可以列明计算明细附后）。

2. 判令被告2对被告1的上述付款义务承担连带清偿责任。

3. 律师费用（若有）。

4. 本案的诉讼费用、保全费用由被告承担。

（4）融资回购款的诉讼请求。

适用前提：融资租赁公司在收到垫款之后将对客户的债权转让给公司并签订债权转让协议

案由：债权转让合同纠纷

诉讼请求：

1. 判令被告1继续履行合同、支付租赁租金等合计××元，其中：

（1）租赁租金××元；

（2）留购价××元；

（3）逾期利息××元（自××年××月××日计算至××年××月××日，按照万分之×计算，之后的利息至全额付清支付之日利随本清，复杂的可以列明计算明细附后）；

（4）取回费用/清欠差旅费（若有）；

（5）律师费用（若有）。

2. 判令被告2对被告1的上述付款义务承担连带清偿责任。

3. 确认被告1未付清货款前涉案设备（机号为×××）的所有权归原告所有；或如被告某某不能支付上述第一项诉讼请求中的款项，则要求被告返还原告出售给被告的机号为×××的设备一台，由原告另行出卖，扣除取回、保管、出卖等相关费用后，以出卖款项折抵前述款项。若折抵款项后还有不足，由被告支付剩余未偿还部分；若有多余则退还被告。其余诉讼请求不变。

4. 本案的诉讼费、保全费由被告承担。

（5）按揭回购款的诉讼请求。

适用前提：银行在收到垫款之后将对客户的债权转让给公司并签订债权转让协议

案由：债权转让合同纠纷

诉讼请求：

1. 判令被告1继续履行合同、支付欠款等合计××元，其中：

（1）欠款××元；

（2）逾期利息××元（自××年××月××日计算至××年××月××日，按照万分之×计算，之后的利息至全额付清支付之日利随本清，复杂的可以列明计算明细附后）；

（3）取回费用/清欠差旅费（若有）；

（4）律师费用（若有）。

2. 判令原告对被告2名下房产就拍卖、变卖所得价款享有优先受偿权。

3. 判令被告3对被告1的上述付款义务承担连带清偿责任。

4. 本案的诉讼费用、保全费用由被告承担。

（6）融资/按揭代垫款的诉讼请求。

适用前提：公司与客户之间有代垫追偿的合同约定

案由：追偿权纠纷

诉讼请求：

1. 判令被告1支付代垫款合计××元，其中：

（1）代垫款××元；

（2）违约金（利息）××元（自××年××月××日计算至××年××月××日，按照万分之×计算，之后的利息至全额付清支付之日利随本清，复杂的可以列明计算明细附后）。

2. 判令被告2对被告1的上述付款义务承担连带清偿责任。

3. 律师费用（若有）。

4. 本案的诉讼费用、保全费用由被告承担。

2. 对诉讼被告主体是否适格的核实

（1）将夫妻二人共同起诉，以夫妻共同债务要求承担连带责任。

在合同中，如果夫妻二人均在合同的买受人处签字确认，并且向公司提供了结婚证复印件，应当将夫妻二人同时列为被告；如果在合同中仅有一方签字，配偶既未在合同的买受人处签字，也没有作为担保人签字的，将配偶列为共同被告需谨慎，公司必须有证据证明一方购买设备是用于夫妻共同生活、共同生产经营或者夫妻双方共同同意的，否则，公司只能起诉在合同中签字的一方而不能起诉其配偶。

法律依据：《最高人民法院关于审理涉及夫妻债务纠纷案件适用法律有关问题的解释》第三条：夫妻一方在婚姻关系存续期间以个人名义超出家庭日常生活需要所负的债务，债权人以属于夫妻共同债务为由主张权利的，人民法院不予支持，但债权人能够证明该债务用于夫妻共同生活、共同生产经营或者基于夫妻双方共同意思表示的除外。

（2）针对一人公司的起诉。

实践中，针对一人有限公司股东责任承担问题，如果股东无法证明公司财产独立于股东自己的财产（一般以公司是否每年都聘请具有资质的审计机构作出审计报告为判断依据），法院将直接判决股东对公司债务承担连带责任。

法律依据：《中华人民共和国公司法》第六十三条：一人有限责任公司的股东不能证明公司财产独立于股东自己的财产的，应当对公司债务承担连带责任。

3. 金额复核

金额复核是确认起诉金额是否准确的重要步骤，包括对本金构成、利息以及计算公式的复核，尤其是涉及客户已经缴纳保证金、定金或客户已付款先行冲抵违约金或利息的，一定要制作客户还款明细单。

4. 依据检索

依据检索包括法规检索和判例检索。

在对法规检索时，必须要穷尽可能涉及的全部法律、行政法规、部门规章、地方法规等，避免遗漏。如果明确知道案件适用的法条，则进入该法条所在的法律规定中对法条内容进行核实，确认该法条是否适用于案件；若不知道案件应适用的法条，可采取的方法有：通过百度输入关键词，锁定案件适用法律条文的大致范围，再进入专业的法律法规库检索验证（注意，必须要对百度中的他人回复的法律规定进行验证，避免引用已失效、法条序号错误或根本不存在的法条）；通过在中国裁判文书网（http：//wenshu. court. gov. cn/Index），北大法宝（http：//www. pkulaw. cn），无讼（https：//www. itslaw. com/bj），聚法（https：//www. jufaanli. com），威科先行（https：//law. wkinfo. com. cn）等网站输入案件的关键词，查看案件的"本院认为"部分，了解已有案例法院的裁判思路，反向确认法院对该类案件适用的法条。

对与案件相同或相类似的判例检索方法如下：第一种，借助专业的裁判文书系统（如北大法宝），查询本案可能适用的法条，根据法条后所附的案例查看法院引用该法条作出的裁判结果；第二种，在裁判文书系统中输入案件的关键词，以关键词作为关联搜索，查看在具备同样关键词的案件中法院作出的裁判结果。

三、证据准备

如果说诉请的确定是整个诉讼过程的主轴和目的，那么证据的准备就是围绕主轴展开的事实回顾，让法官在法律依据的大前提下，认同证据所证明的案件事实的小前提，进而得出支持诉请的裁判结论。

1. 围绕诉请的证据准备

（1）纯货款类诉讼需准备的证据。

纯货款类诉讼案件需准备的关键证据在于买卖合同项下出卖方的供货义务和质保义务是否履行到位，依据此思路，对纯货款诉讼的证据目录如表 8 - 1 所示。

（2）货款转化为欠条类诉讼需准备的证据。

对该类诉讼请求需准备的证据材料如下：

第一组　证明主张欠款金额的证据：欠条/对账单/还款协议书。

第二组　证明主张欠款金额产生的基础事实的证据：买卖合同/委托运输合同/委托购买保险合同。

第三组　证明主张欠款在诉讼时效、保证期间内：催款函（只有在诉讼时效＋保证期间可能存在瑕疵的情况下为必需的证据，一般情况下为非必要证据）。

（3）融资回购款/按揭回购款类诉讼需准备的证据。

融资租赁和按揭回购后提起诉讼需准备的证据有相同点，具体如下：

纯货款诉讼的证据目录

表 8 - 1

证据目录

提交事由：原告×公司诉被告1、被告2买卖合同纠纷

提交人：原告×公司

提交日期：　年　月　日

证据组号	证据编号	证据名称	证明内容	页码
第一组（整体证明买卖合同、保证合同成立并生效等事实）	1 - 1	《买卖合同》	1. ××年××月××日，被告1向原告购买某品牌和型号的挖掘机一台，双方约定的设备价总价款为×元，分×期付清，需支付首付款×元，管理费×元，保险费×元；	1～2
	1 - 2	《保证合同》		3～25
	1 - 3	《结婚证》复印件	2. 《买卖合同》第×条约定，被告1出现连续逾期、原告即可取消预告告单方解约，不经预告取回设备，并主张到期未付和未到期货款以及违约金；	26～35
	1 - 4	《附条件取回及变现车辆协议书》	3. 被告2系被告1的配偶，向原告提供不可撤销的连带担保，保证期间为两年，自最后一期还款届满之日起算； 4. 被告1确认可在原告取回设备后后期赎回设备，并且限定回期，逾期赎回变卖冲抵欠款的事实；	36～40
	1 - 5	《催收及诉讼文书送达地址确认书》	5. 被告1、被告2确认相关法律文书以及诉讼文书的送达地址。	41～45
第二组（合同开始履行的事实）	2 - 1	《设备签收及验收证明》	××年××月××日，原告将设备交付给被告1，并通过验收的事实。	46
	2 - 2	付款明细清单确认表	自××年××月××日起算，被告1应按照《买卖合同》约定的款项及时间按时足额支付的事实。	47～50

续表

证据组号	证据编号	证据名称	证明内容	页码
第三组（被告 1 逾期还款，经原告催告并依约变更后，被告 1 尚欠原告 × 元的事实）	3 – 1	还款凭证 × 份及还款、欠付款项明细	1. 截至 × × 年 × 月 × 日，被告 1 还款 × 元，对比 2 - 2 付款明细清单确认表，被告 1 逾期 × 期，被告 1 应还本金 × 元、利息 × 元 / 违约金 × 元；	51 ~ 57
	3 – 2	《催款函》及 EMS 快递回执	2. × × 年 × 月 × 日，原告向被告发送限期还款的催款函，被告 1 签收但一直未履行的事实；	58
	3 – 3	设备取回短信回执		59 ~ 60
	3 – 4	《限期付款赎车告知函》及 EMS 快递回执	3. × × 年 × 月 × 日，原告知被告 1 已依约取回车辆并限期付款赎车，之后再次告知询价情况并最终取得最高价支付，所得价对比证据 3 – 1 依然欠付 × 元需要支付，被告 1 签收的事实。	60 ~ 61
	3 – 5	询价回复函		62 ~ 65
	3 – 6	《买卖合同》（设备转卖的合同）		66
	3 – 7	付款凭证		67 ~ 70

第一组　证明公司负有回购义务及取得回购权的依据：三方合作协议或代理商和融资租赁公司/按揭银行合作协议（重点指出代理商在承租人/借款人逾期后，要回购融资债权＋租赁物/按揭债权＋抵押权益的义务）。

第二组　证明公司回购的债权合法有效及回购债权的构成：融资租赁合同及租金明细表/按揭（或抵押）贷款合同/买卖合同及交付验收单/融资租赁公司支付租赁物价款凭证/银行放款凭证/客户还款流水及欠款回购明细报（如果能得到客户的确认最好）/回购通知及回购款支付凭证。

第三组　证明回购债权的事实已向客户履行告知义务，代理商主体适格：融资租赁债权及所有权转让通知及快递回执/按揭债权及抵押权益转让通知/快递回执。

（4）融资/按揭代垫款类诉讼需准备的证据。

第一组　证明代理商负有担保义务及取得担保追偿权的依据：三方合作协议或代理商和融资租赁公司/按揭银行合作协议（重点指出代理商在承租人/借款人逾期后，要代为清偿融资债权/按揭债权）。

第二组　证明代理商代偿的债权合法有效，及代偿项目及金额构成：融资租赁合同及租金明细表/按揭（或抵押）贷款合同/买卖合同及交付验收单/融资租赁公司支付租赁物价款凭证/银行放款凭证/客户还款流水及欠款回购明细表（如果能得到客户的确认最好）/代偿通知及代偿款支付凭证。

（5）首付款类诉讼需准备的证据。

第一组　证明法律关系成立生效及关键条款：借款合同/公司支

付凭证/公司按照客户指示支付给第三方凭证。

第二组　证明主张款项符合合同约定且在诉讼时效、保证期间内：主张款项的本金、利息及计算明细/催款函（在诉讼时效＋保证期间可能存在瑕疵的情况下为必须出示的证据，否则可以不出示）。

2. 证据应当编排得当

证据编排体现了出庭人员对整个案件诉讼请求的确定、案件的应对思路，根据每个案件的不同情况，证据的编排方式主要有以下两种：

（1）按照争议焦点编排证据，学会取舍。

庭审的时间是有限的，法官的注意力和关注度也是有限的，将每一个争议焦点所涵涉的与案件有关联、对己方有利的证据编排为一组，并按照主要争议焦点和次要争议焦点的顺序依次举证。

（2）按照时间顺序，依序展开。

如果案件较为复杂，需要对案件事实做还原，则按形成时间罗列证据。

在法庭上出示的证据必须要素完备，所出示的证据必须与待证事实相关联，尽量符合法院的装订要求。出示的证据组应包括：① 证据组号；② 证据编号；③ 证据名称；④ 证明事项及内容；⑤ 证据所在的页码等。

四、庭前准备

开庭之前的准备工作是为了在庭审中向法庭全面论证己方诉讼请

求成立，为取得良好的庭审效果，应当在庭审前作出以下准备：

1. 沙盘模拟

没有庭前百分之百的准备，就没有法庭上的半分自信，沙盘模拟就是通常所说的模拟法庭或者换位思考。在沙盘模拟中，组建原告方、被告方和"法官"方，原告方先行反复推演诉讼请求、法律依据、备用方案和证据体系，随后由代表被告一方站在客户的角度提出可能的抗辩意见以及证据，"法官"方对双方的理由和证据出示情况进行评判。"法官"评判后认定不支持原告的诉讼请求，则原告方出示另一套诉讼方案，再次进行推演。经过这样的反复推演，穷尽客户可能提出的答辩方案，确定最符合公司利益的诉讼请求，得到应对方案，避免法庭上的慌乱以及可能出现的重大失误。

> **举例**：公司发现客户擅自处置了公司保留所有权的车辆，公司决定以诉讼方式维护己方权利，现公司有两种诉讼请求可供选择：一是公司提出合同违约之诉，依据与客户签订的《买卖合同》，直接向客户主张逾期货款；二是公司提出侵权诉讼，公司有证据证明第三人从客户处购买的设备不构成善意取得，要求第三人返还设备并赔偿损失。公司面对上述两种诉求应该如何选择？
>
> 对上述两种诉求，可以通过沙盘模拟的方式判断哪种方式更有利于维护公司的权利。当公司选择合同之诉时，客户是直接的被告，公司的举证责任较轻，只需证明双方存在合同关系以及客户违约的事实，客户的抗辩点主要为自己经济实力不足，一时无法还款。当公司选择侵权之诉时，设备的直接购买人是被告，公司

举证责任重，但公司的诉讼请求可以直接指向设备，此时设备购买人的抗辩点主要为购买设备是善意的第三人，已经支付了合理的对价。在沙盘模拟中，公司一方出示证据，"客户"有针对性地反驳并出示证据，"法官"确定最优方案。

2. 直击要害

法庭的关键工作是对案件争议焦点进行总结和证成，并在此基础上围绕原告诉请以双方的证据优势作出裁决。争议焦点归纳被喻为"定轴"，理想化的争议焦点归纳模式为：确定无争议事实→归纳争议焦点→就争议事实分配举证责任→围绕争议焦点诸一举证、质证。因此，在确定了争议焦点后无论是从证据的排列还是法庭的陈述、发问均围绕争议焦点展开。对于其他非关键性的争议点叫以适当在质证意见中进行陈述，也可在庭后向法庭提交完整的《代理词》。

3. 便于审理及判决书的作出

在准备案件的过程中，应为法官撰写裁判文书提供便利，具体有如下工作要求：

（1）针对每一具体案件，根据需要提前准备：起诉状、答辩状、代理词、证据清单、发问提纲、诉请明细、可视化图打印版（3＋N）及电子版（一般用 U 盘或光盘存储）。准备充分不仅仅是在庭审时便于法庭快速准确地了解己方观点，也便于书记员记录。作为诉讼代理的准备工作成果，准备充分还彰显出公司的管理规范。

（2）发表意见时应当尽力脱稿，且根据庭审情况，围绕争议焦点摘要式发表意见。

（3）语速适中，尽量做到逻辑清晰，语言简练。

（4）注意停顿，对关键证据或条款要当庭向法官及对方当事人及时指出。

（5）对法庭发问和争议焦点总结要占据主动，在辩论环节要时刻站在己方观点，以此发问。

五、判前沟通

判前沟通是庭审结束后对庭审过程的复盘，是将己方对整个案件的思考以及支持的理由选择着重点与法官深入交流，通过判前沟通，能够达到如下效果：

1. 预估结果

不确定性往往意味着风险和损失，因此，预估结果也是为了消除不确定性，因此，在与法官交流做结果预估时应注意：与法官交流中多探讨业务，通过沟通案件的结果会逐步清晰可见；根据法庭的发问和法官对证据关注的程度判断对己方观点支持的可能性；对类似的裁判文书做案件结果预估的检索，找寻其中对己方有利的裁决及时向法官提交。

2. 补强证据

补强证据是在庭审结束后扭转局势的办法，当发现法庭围绕的焦点与己方预先设定的争议焦点不一致且该部分证据有缺失的，应及时补充法院总结的争议焦点中证据缺失的部分，并与法官做沟通，尚有挽回案件的余地。

3. 止损回撤

如果案件经过预估及补强证据后仍然出现不利的局面，在与法官做案件沟通时可以请求法院居中做调解，尽可能通过调解实现诉讼目的；如只是诉讼思路需要调整，则考虑先撤回诉讼，以便再次起诉。

No Overdue Debt | 第九章

In The World | 债权管理经典案例教学

案例教学是全球顶级商学院主要教学模式，笔者在为企业做培训时发现员工很喜欢案例教学，下面我们通过总结实践中常见的十大问题，并结合经典案例，讲述债权管理的一些经典思路和解决方案。

案例一 代垫后的追偿之诉

1. 案例梗概

冶某通过银行按揭抵押贷款方式从某代理商处购买四台挖掘机，冶某的合伙人向银行出具《担保还款承诺书》，后冶某逾期未还款，代理商按照与银行签订的《合作协议》之约定，向银行履行垫款义务，如图 9 - 1 所示。

2. 案件突破口——诉请设计

银行债权的保障方式：冶某对银行的还款义务 + 冶某以所有的四台挖掘机向银行提供抵押 + 冶某合伙人向银行提供的担保 + 代理商向银行提供的担保 + 代理商/厂家回购。

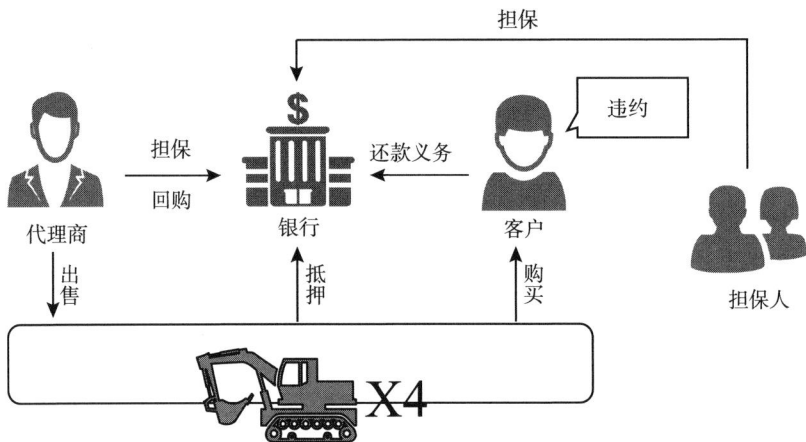

图 9-1 本案例关系示意图

代理商垫款后债权的保障方式：冶某向代理商的还款义务＋四台挖掘机的抵押权由代理商行使＋代理商在出售设备时与冶某签署的《取回挖掘机授权委托书》。

对比银行和代理商实现债权的保障机制，如果代理商垫款后直接向冶某行使追偿权诉讼回收债权，效果必然大打折扣。

3. 追索建议

（1）巧用回购机制，和银行打好协同牌。

如上所述，代理商向银行垫付客户逾期款后，如果代理商代垫后启动担保追偿之诉，诉讼和执行的效果很难达到理想状态。因此，代理商需跳出固化的救济途径，在为客户向银行代垫款项后，借助银行的力量向客户追偿，也即代理商直接从银行处回购债权，将垫付款转化为转让债权，债权回收效果会大幅提升。

从结果上看，无论代理商是履行担保责任还是回购责任，代理商都要全额代垫客户的逾期款，但是两者在代垫时获得的权利却大不相同，具体区别如图 9 - 2 所示。

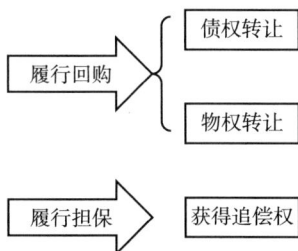

图 9 - 2　履行回购与履行担保的权利区别

因此，在本案中，笔者建议代理商通过受让银行债权并承继银行对客户设定的债权保障机制，在代理商替客户代垫时，向银行索要贷款合同、保证合同、抵押合同、放款凭证、银行向代理商发出的回购通知、银行为代理商开具的清偿证明、银行与代理商签订的债权转让协议、银行向客户/保证人/抵押人送达债权转让通知/抵押权转让通知等资料原件（或证明与原件一致的复印件），并据此提起债权转让之诉，关于担保之诉与债权转让之诉的区别如表 9 - 1 所示。

表 9 - 1　　　　　　　　担保之诉 VS 债权转让之诉

序号	项目	担保之诉	债权转让之诉
1	管辖	有约定从约定，无约定适用就被告所在地原则	直接适用贷款合同的约定
2	违约责任	有约定从约定，无约定则只能主张中国人民银行同期贷款利率	直接适用贷款合同的约定
3	抵押权等担保权利	有约定从约定，无约定则无权主张	直接适用贷款合同及担保协议的约定，代理商受让银行的债权并依据贷款合同向保证人、抵押人主张权利

（2）理清垫付款明细，避免客户以账目不清抗辩。

在很多行业赊销业务中，客户首次付款的项目繁多，如首付款、保证金、保险费、手续费等项目，所以理清垫付款明细很关键，防止造成账目混乱。

本案中同样涉及诸多账目数据问题，为了核算清楚代垫款金额，需明确几个关键数据：冶某与代理商合计向银行支付的款项总额、冶某应当支付的首笔款项总额（包括首付款及手续费等）、冶某为购买本设备共支出的金额（包括直接向银行还款、向代理商支付后由代理商转付银行款、向代理商支付的首笔款项等），最终确定冶某应当偿还代理商代垫款金额＝冶某与代理商合计向银行支付款项总额－（冶某实际为购买本设备支出的款项总额－冶某应当支付的首笔款项）。代理商垫付后产生的资金机会成本按照《贷款合同》约定的延期付款利率计算。

综上，解决此类纠纷只需三步："诉前确定诉讼方案＋完善债权转让通知等资料＋清晰的财务账目"，即可一举拿下客户。

案例二　多台设备的欠款追索

1. 案例梗概

赵某通过分期付款方式从某代理商处购买 5 台挖掘机，双方签订了一份《买卖合同》，且合同未对赵某如何对 5 台设备分配还款金额做明确约定。合同履行期间，赵某陆续还款，代理商按照自己的操作方式自行下账，后因赵某经营不善出现逾期，代理商为此诉至法院。如何确定客户所付款项的分配问题，是本案的焦点所在

（见图 9 – 3）。

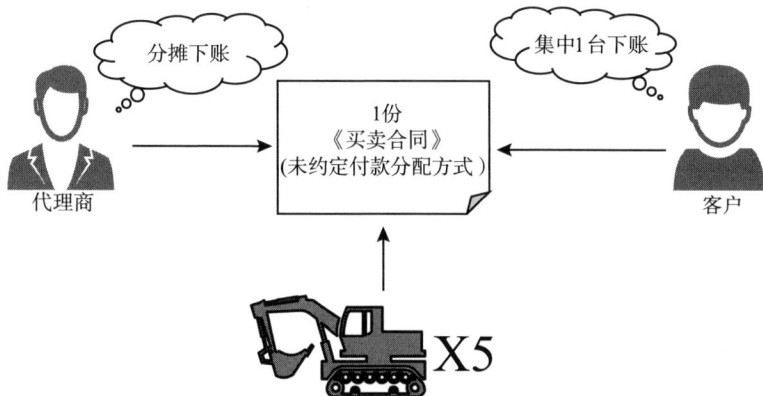

图 9 – 3　本案例关系示意图

2. 案件突破口——用好"互保机制"及"下账对应机制"

客户心理预期：优先付清其中的 1 台或多台，进而取得相应设备所有权和发票，这样就可拿挖掘机对外抵押融资，缓解资金周转压力。

代理商心理预期：5 台设备中，只要有 1 台设备未付清全款，就不能取得所有挖掘机的所有权，且这 5 台设备需相互提供担保。

通过分析双方对已付款项的心理预期，客户和代理商各有立场和诉求，到底谁能实现心理预期，关键在于《买卖合同》中约定的权、责、利及后续还款和下账习惯，哪一方收集并形成完整的证据链，哪一方就拥有决定下账方式的主动权。

3. 追索建议

（1）明确担保机制，为后续取回或保全提供依据。

建议在双方签订的《买卖合同》中明确约定，5 台挖掘机在全部款项未结清前，所有权均归代理商所有，如果其中 1 台提前结清，则应为其他未付清的设备提供抵押担保，代理商有权对抵押设备采取取回等保障债权措施。

（2）建议代理商在客户还款时，针对每一台车辆分别出具收款收据，以此确定双方认可的下账习惯，确保每期还款不会集中用于其中的 1 台。

在本案中，代理商的心理预期最终被法院支持，原因在于客户每期还款未明确指示付款车辆，代理商参照其他客户的下账方式，将收取客户的款项平均分配至 5 台车中，并在财务凭证中体现上述下账方式。

案例三　行使取回权后的下欠款项追索之诉

1. 案例梗概

某代理商通过分期付款方式向满某销售 1 台挖掘机，协议中约定了代理商所有权保留条款，后满某逾期还款，代理商多次催收无果，取回挖掘机并将其变卖，因变卖价款不足以弥补代理商的损失，后代理商将满某诉至法院，主张扣除挖掘机变卖款项后剩余的欠款（见图 9 - 4）。

2. 案件突破口——做到取回及变卖约定明确、程序留痕

对于取回设备，主张下欠款最大的难点在于取回后对设备的变卖价款能否得到客户和法院认可，如果不被认可，因提前出售导致设备价值无法评估的不确定性将影响最终法院判决结果；但是等待法院评估，成本高且周期长，代理商和客户遭受的损失更大。对此，根据

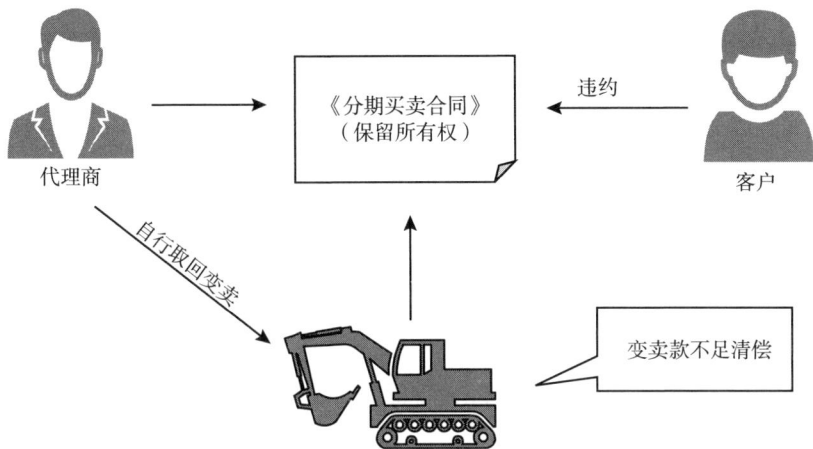

图 9 - 4　本案例关系示意图

《最高人民法院关于审理买卖合同纠纷案件适用法律问题的解释》第三十七条规定，"出卖人取回标的物后，买受人在双方约定的或者出卖人指定的回赎期间内，消除出卖人取回标的物的事由，主张回赎标的物的，人民法院应予支持。买受人在回赎期间内没有回赎标的物的，出卖人可以另行出卖标的物。出卖人另行出卖标的物的，出卖所得价款依次扣除取回和保管费用、再交易费用、利息、未清偿的价金后仍有剩余的，应返还原买受人；如有不足，出卖人要求原买受人清偿的，人民法院应予支持，但原买受人有证据证明出卖人另行出卖的价格明显低于市场价格的除外"。因此，如果代理商已经通过合理方式向客户发出限期付款赎车的通知，但客户拒绝付款赎车的，代理商有权自行处置设备。

3. 追索建议

（1）事先在合同中明确约定取回程序及违约后果。

双方签订合同有两个作用：备忘、保险。备忘指固定双方的权责利和交易程序，避免发生争议时双方各执一词；保险则是指双方将最不愿意发生的风险提前做预设性方案，一旦一方违约，另一方即可立即采取补救措施。取回程序的约定就是合同的保险，一方面可威慑客户，由客户自行评估违约成本和损失；另一方面也授予代理商私力救济权，可弥补司法救济的不足。

（2）向客户发送《限期付款赎车通知》，保证取回程序符合约定。

这是很关键的一步，如果代理商和客户在合同中对行使取回权做了明确约定，客户违约并触发取回条款，代理商就必须按合同约定履行合同中约定行使取回权的程序。代理商要向客户发送《限期付款赎车通知》，并将《限期付款赎车通知》原件（一式两份，一份发客户，另一份存档）及 EMS 快递回单留存，将发送的短信/微信内容截屏留存，做到每个程序都留存充足证据。同时，给予客户合理的期限以便客户筹款赎回设备，如合理期限过后客户不作为，客户将自行承担不利后果。

案例四　故障设备的欠款追索

1. 案例梗概

方某从某代理商处分期购买一台挖掘机，使用 100 小时后设备出现故障并向代理商报修，代理商及时为方某提供售后服务，在对设备检修期间发现方某没有使用正品机油，代理商立即向客户提出需使用正品油的改正意见并短信告知方某不利后果，设备经代理商维修后正常投入使用。随后，方某的设备不时出现问题，其以设备存在质量为由拖延付款。代理商将方某诉至法院，要求方某立即支付货款，方某以设备存在质量问题为由提起反诉，要求代理商赔偿设备故障期间给其造成的损失（见图9-5）。

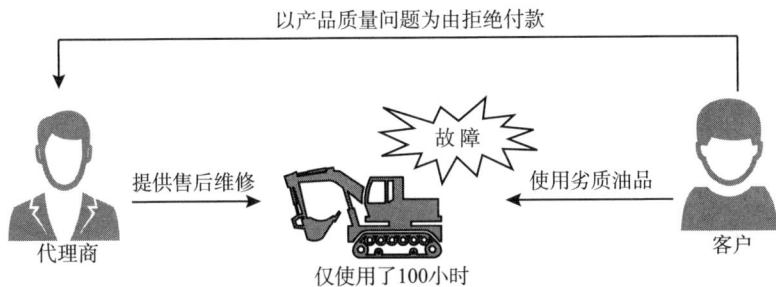

图9-5　本案例关系示意图

2. 案件突破口：排除法 + 时效性

本案的关键在于确定方某报修原因是设备发生故障还是设备存在质量问题。

代理商在接到方某报修后，应及时查明产生故障的原因，在本案中，代理商对设备发生故障部位进行排查，确认设备系因没有使用正品机油导致，可以排除设备存在质量问题。此时，代理商应第一时间获取证据，在为方某提供售后服务并检查车况时将方某未使用正品机油的情况做好记录，要求方某在《检修记录单》上签字确认。如果检查确定方某的设备存在质量问题，建议代理商、客户方某与厂家三方共同协商解决。若协商解决难度大，短时间内无法解决的，则考虑提前启动诉讼程序，并追加厂家作为第三人参加诉讼，在诉讼程序中启动鉴定程序，由专业的鉴定机构对设备是否存在质量问题定性。

本案在诉讼中，法院释明方某是否申请对设备质量进行鉴定以及不申请鉴定将要承担的不利后果，方某在法院限定的期限内未缴纳鉴定费。法院最终支持了代理商要求支付货款的请求，驳回方某要求代理商承担质量问题的诉讼请求。

3. 追索建议

以产品质量问题为由拒付货款情形经常发生，为避免不利局面，代理商为客户提供完售后服务后，应以 EMS 快递方式向客户发送《质量异议告知函》，以防客户随意以质量为由拒绝付款。同时，在向客户提供完售后服务后 2 天内，委派服务人员与客户联系再次确认车辆使用状况，并采用拍照、录像的方式确定设备处于正常工作的状态。

需要注意的是，设备出现质量问题的举证责任应由客户承担。在司法实践中，法官对产品质量问题的认定，更侧重以鉴定机构出具的鉴定结论评判设备是否真正存在质量问题。且就诉讼成本而言，客户提出反诉、对设备质量申请鉴定都需要预先缴纳一笔不菲的费用，所以代理商起诉客户后，客户能否以设备质量问题为由提出反诉、对设备质量是否具备鉴定能力以及鉴定结果都是未知的，但客户逾期欠款确是客观真实的，现实中，客户以设备质量问题为由拒绝还款获得胜诉的概率很低。因此，客户欠款后，该起诉时就起诉，不要犹豫不决，如果鉴定出来确实是质量问题，上报厂家或追加厂家为第三人参加诉讼，逐一处理也是可以的。

案例五　追索失联客户

1. 案例梗概

某代理商向王某销售一台挖掘机，起初王某按时付款，随后王某将挖掘机运至一矿区施工后，出现逾期还款情况，后来王某干脆与代理商玩"躲猫猫"，代理商多次联系王某未果，向当地经济侦查大队咨询，回复不予刑事立案，只能提起民事诉讼。代理商将王某诉至法院后，又面临法院无法向王某送达诉讼文书的尴尬局面，陷入被迫撤诉的困境（见图 9 - 6）。

图 9 - 6　本案例关系示意图

2. 案件突破口——用好最高院关于送达的法律规定

针对"送达难"的问题，最高人民法院发布了《最高人民法院关于进一步推进案件繁简分流优化司法资源配置的若干意见》《最高人民法院引发〈关于进一步加强民事送达工作的若干意见〉的通知》，上述两个规定均是应对客户失联并无法送达的情形。本案中，笔者在中国裁判文书网对失联客户王某近一年内产生的诉讼案件做检索，找到了在王某出庭的案件中王某向法院提供的地址，并将该地址提供给本案的法院后，法院顺利地向王某送达了诉讼文书。

3. 追索建议

（1）如果当事人拒绝确认送达地址或以拒绝应诉、拒接电话、避而不见送达人员、搬离原住所等躲避、规避送达，人民法院不能或无法要求其确认送达地址的，可以分别以下列情形处理：

当事人在诉讼所涉及的合同、往来函件中对送达地址有明确约定的，以约定的地址为送达地址；没有约定的，以当事人在诉讼中提交的书面材料中载明的自己的地址为送达地址；既没有约定、当事人也未提交书面材料或者书面材料中未载明地址的，以一年内进行其他诉讼、仲裁案件中提供的地址为送达地址；无以上情形的，以当事人一年内进行民事活动时经常使用的地址为送达地址。

（2）借助行业、媒体等社会公众力量找人找车。

在人、车消失导致公司自行催收或司法催收无果的情况下，代理商可以以有奖悬赏的方式，通过互联网的力量对失联客户展开搜索。同时，对同一品牌的设备，全国债权经理可以建立微信群，对失联客户和失联车辆随时发现随时协查，实践中效果很好。

案例六　以旧换新设备的欠款追索

1. 案例梗概

赵某从某代理商处购置挖掘机后，在赵某将设备从一工地运输至另一工地时，因车辆侧翻，挖掘机严重损坏，保险公司据实赔付。后赵某与代理商口头协商用该台挖掘机以旧换新购置一台新机，代理商和赵某签署了新的《分期销售合同》，在双方履行合同过程中，赵某以第一台挖掘机抵顶款过低为由，拖延付款，最终代理商将赵某诉至法院，要求偿还置换的新机的剩余欠款（见图9-7）。

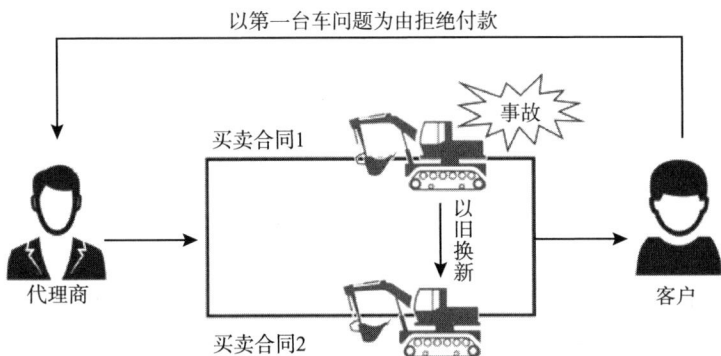

图9-7　本案例关系示意图

2. 案件突破口——两个合同做好切割

客户心理预期：我虽然以旧换新了，但是公司给我抵顶的价款实在太低，我还得继续说。

代理商心理预期：之前双方签订的合同已经翻篇，在为客户置换挖掘机时就已经把该兑现的兑现完毕，现在客户重提实属耍无赖。

对比两者的心理，关键在于以旧换新时双方对之前的设备折价问题是否已经全部解决并落实到了合同内容中。而本案中，正是因为双方仅是口头达成了以旧换新的约定，并未将原设备价格确定方式以及抵顶的金额进行明确，导致客户对该问题一直纠缠并以此拒绝付款。在法院审理阶段，法院查明双方口头认可的对原挖掘机的抵顶价格后，最终支持了代理商要求客户偿还新机剩余款项的诉讼请求。

3. 追索建议

对客户用旧机置换新机的情形，由于是两次购买行为，所以必然存在两份合同，为避免在履行过程中双方再对第一份买卖合同以及置换设备抵顶的价款产生争议，杜绝该类问题发生的方式有两种：一是在第二份合同签署时一并声明解除之前签订的合同，确认置换车辆抵顶的方式及价格；二是单独向客户发送《合同解除通知函》。

案例七　无财产线索的欠款追索

1. 案例梗概

苌某是某代理商的大客户，由于经营不善，其购置的设备都未付清。考虑到苌某没有支付能力，直到诉讼时效即将届满时，代理商才将苌某诉至法院并很快进入执行环节，但一直未找寻到可供执行的财产，陷入执行僵局（见图9－8）。

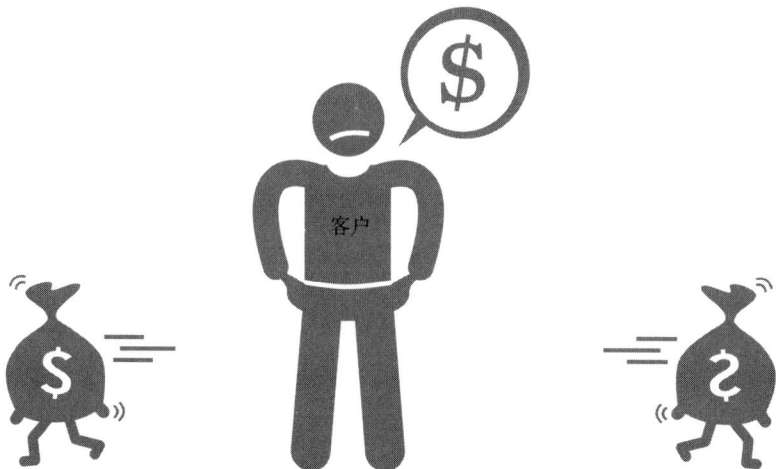

图9－8　本案例关系示意图

2. 案件突破口——巧用《关于民事执行中财产调查若干问题的规定》

执行就是猫和老鼠的游戏，有履行能力而无还款意愿的被执行人永远都在躲猫猫，所以需要充分利用现有的法律规定对客户施压，倒逼被执行人履行。本案中，经过前期法院和代理商多方找寻苌某的财产线索无果，后来代理商向苌某周边的熟人打听，得知苌某的养老金挂靠单位，法院执行了苌某的养老金，虽然金额小、时间长，但最终实现了债权。

3. 追索建议

（1）向被执行人发出报告财产令。

执行案件关键在于寻找财产线索，当案件进入执行阶段后，由法院向被执行人发送报告财产令，被执行人应如实填写财产状况，如被执行人拒绝填写或拒绝如实填写，对发现被执行人隐瞒财产信息的，执行人收集到被执行人财产信息的，可以以被执行人拒不执行判决、裁定罪提请法院移交公安机关或自行向公安机关报案。

（2）善用审计。

如果被执行人为公司的，申请人对被执行人的财产情况不了解，可以向法院提交对被执行人财务状况进行审计的申请，一旦法院同意，通过对被执行人进行审计，可以较为详尽的了解被执行人财产去向的真实状况，尤其是可以核查出股东出资瑕疵问题，一经确认股东出资存在瑕疵的，就为追加被执行人创造了条件。

案例八 对二级经销商的欠款追索

1. 案例梗概

某独家代理商在地级市发展了二级经销商，并向二级经销商调拨部分样机。后独家代理商向二级经销商推荐的客户催收时，客户反映已将部分款项打至二级经销商卡内，独家代理商未收到二级经销商转支付的款项，至此，独家代理商才发现二级经销商侵占、挪用了公司货款（见图 9 – 9）。

图 9 – 9 本案例关系示意图

2. 案件突破口——关系定性

如果二级经销商与独家代理商签署《劳动合同》，当二级经销商侵占公司货款的，则按照职务侵占或挪用资金罪，追究二级经销商的刑事责任。

如果二级经销商与独家代理商签署《合作协议》，当二级经销商侵占公司货款的，则通过民事诉讼程序解决。

本案中，因二级经销商与独家代理商之间签署的是《合作协议》，因此，对二级经销商截留货款的追索，需通过民事诉讼程序解决（两者区分的关键之处是在于二级经销商与独家代理商签订的协议性质，若是劳动合同，则意味着二级经销商不具有独立的主体性质，其涉及的代理款项仍为独家代理商公司所有，此时只能以职务侵占或是挪用资金罪追究刑事责任。而在合作协议中，对方是独立的法人主体，可以以民事诉讼进行诉讼）。

3. 追索建议

（1）对账优先，固定证据。

本类案件最大的困难就是固定二级经销商欠款数额，实践中的做法是先行与二级经销商对账确认二级经销商收款数额，再向客户索要已经向二级经销商转账或付款凭证，避免遗漏数额。

（2）做好应对二级经销商反诉或抵销权的准备，厘清双方的账目。

发生二级经销商截留客户货款的情况时，二级经销商一般会以独家代理商未向其返利为由，要求与独家代理商对截留货款行使抵销。这就要根据合同履行期间双方对账目结算的情况进行判断，如果合同约定必须以结清货款才能支付返利为前提，则二级经销商要求抵销的前提条件不满足。如果合同中没有约定，建议与二级经销商核对账目以确定二级经销商实际欠款金额。

案例九　职工侵占款的追索

1. 案例梗概

杨某是某代理商的债权催收人员，在履职过程中，收取部分客户货款不上交公司。杨某离职后，公司委派其他债权催收人员对杨某负责区域的客户追索欠款时，多名客户反映他们偿还的金额与公司财务统计的欠款数额不符，公司经核查发现系杨某收到客户货款后据为己有，代理商随后向公安机关报案，并要求追究杨某的刑事责任（见图9－10）。

图 9－10　本案例关系示意图

2. 案件突破口——扎实的证据是快速立案，通过强制措施逼其退赃退赔的保证

这类案件在公安机关未立案、采取拘留措施前，犯罪嫌疑人一般不会意识到事情的严重性，会与代理商讨价还价，以此拖延。本案中，杨某正是如此，在代理商向公安机关报案后，公安机关对杨某采取拘留措施，杨某的家属在拘留后的三天就凑钱退赃退赔。

3. 追索建议

（1）及时固定证据，跟客户交涉，让客户配合调取并搜集其向公司职员打款的凭证、出具其向公司职员打款的具体时间和金额的说明。

（2）和公司职员对账，尽量让其出具书面材料，确认侵占金额和具体客户名称，如公司职员不配合，则代理商应尽快启动刑事追索程序。

案例十　对厂家应收款的追索

1. 案例梗概

某代理商在和厂家合作期间，因市场行情和融资渠道中断等问题，导致货款未及时结清被厂家取消经销权，但是厂家对之前代理商的销售返利和售后服务费用一直不予结算，厂家将代理商起诉后，代理商也随即提出反诉（见图9-11）。

图9-11　本案例关系示意图

2. 案件突破口——增强权利意识，注意留存证据

代理商欠货款不意味着代理商没有权利要求厂家支付未兑现的返

利，关键在于合同对货款和返利之间的关系是如何约定的。

3. 追索建议

提前固定并保留证据，后续灵活补充证据，对此需保留的证据及注意事项详见如下：

（1）对厂商销售管理平台涉及代理商权益的文件、通知、协议、电邮及时截图下载保存，一般可采取半年就将上述文件公证一次。

（2）对于代理商向厂家发送的申请、会议纪要，采取 EMS 快递方式寄送或通过电子邮件发送，如果与厂家的沟通方式为 QQ 或微信，则应保存向厂家发送文件的 QQ 或微信聊天记录。

（3）涉及厂家要求回传签章的文件，在回传前要复印留存一套。

（4）涉及销售应得返利和服务费兑现问题，要将主张和计算的依据，即厂家的文件、销售报表或服务报告全部留存。

（5）对于厂家给予的承诺或渠道支持政策应及时固定、留存证据并单独建立文件夹，一旦有厂家未兑现的都可以据以提出主张。

（6）代理商与厂家签约后的基建投资、地租支出、广告宣传、人员培训等支出都应单独建账，留存合同凭证等资料，一旦代理商被无故单方解约，可作为主张前期投入的损失。

No Overdue Debt
In The World

第十章

债权管理心理学

心理学是一门研究人类心理现象及其影响下的精神功能和行为活动的科学，兼顾突出的理论性和应用实践性。心理学包括基础心理学与应用心理学两大领域，其研究涉及知觉、认知、情绪、思维、人格、行为习惯、人际关系、社会关系等许多领域，也与日常生活的许多领域——家庭、教育、健康、社会等发生关联。心理学一方面尝试用大脑运作来解释个体基本的行为与心理机能，同时，心理学也尝试解释个体心理机能在社会行为与社会动力中的角色。

　　心理学家从事基础研究的目的是描述、解释、预测和影响行为。债权管理有两个客体，一个是客户购买设备后的经营质量，代表还款能力，另一个是客户的主观心态，代表还款意愿，而且主观心态往往起着决定性作用。所以，通过债权心理学研究，一方面学会描述和解释客户的各类逾期行为，另一方面预测和控制客户的逾期行为。研究债权心理学，我们的出发点是帮助债权工作者增加智慧，掌握"四两拨千斤"的工作技能。近几年来，笔者通过反复研究心理学历史上有名的八大心理学效应，将心理学与债权管理相结合，为债权经理们抛砖引玉，启发心智，提供了一些符合人性而又事半功倍的管理方式。同时，债权心理学研究及实践永无止境，希望债权工作者能够潜心钻研这个领域，一定会对实践起到巨大帮助。

一、洞察债务人的心理

根据债务人一般心理特征，当其面对即将到期的债务时，总是以不同方式试探债权人心理底线，有着比较明显的心理学规律。现实中研究发现，债务人存在如下付款心理状态：

1. 不同债务人的付款心理及债权管理要点（见表 10－1）

表 10－1　　　　　　　不同债务人的付款心理及债权管理要点

序号	付款心理状态	催款难度	债权管理要点
1	该付款时就付款	易	鼓励客户提前付款
2	被提醒后才付款	易	要求客户不能逾期
3	被催讨后才付款	较难	严格收取滞纳金
4	被诉讼后才付款	难	寻找可执行财产
5	死拖活赖不付款	很难	持续跟踪，等待天亮

（1）该付款时就付款。

该类债务人一般拥有较为体面、稳定的工作及收入，个人素质高，对自身的名誉看得很重，不允许自己信用上有任何污点。

（2）被提醒后才付款。

该类债务人有相对稳定的工作及收入，素质一般，对自身信用也比较注重。

（3）被催讨后才付款。

该类债务人怀有投机主义心态，总想着从逾期中获取个人利益，所以有意无意地拖欠款项，只有被催急了，才极不情愿地偿还债权。

（4）被诉讼后才付款。

大多数该类债务人客观上财务状况在走下坡路或出了一定问题，但不一定没钱，主观上可能在计划做一些财产转移动作。债权管理人员要提前调研客户及担保人的财产信息，果断诉讼，不能拖延，防止客户转移财产。

（5）死拖活赖不付款。

该类债务人本身没有过多的财产，即使有财产，也已经通过各种方式隐匿，属于既没有好态度也没有钱还的主。到这个时候，我们只能感叹前期销售政策过于宽松，信审不严，此时收回债权，难于上青天！持续跟踪，不言放弃，等待天亮吧。

2. 同一债务人不同账龄期付款"心电图"

从表10－2不难发现，同一债务人，随着账龄增加，还款心态越来越消极，主动性越来越差，债权催收难度和成本越来越大。债务人在不同阶段心态迥异，规律明显，通过债务人心理变化，我们不难找到债权管理规律，笔者总结了债权管理二十四字方针："纪律威严，拒绝逾期；持续教育，欠款从严；久欠必败，预防为先"。

表 10－2　　　　　　　不同账龄期的付款心理及债权管理要点

序号	账龄期	付款心理	债权管理要点
1	到期前几天	想办法安排付款	因势利导，不准逾期
2	过期几天后	想办法把款还了	给予教育，下不为例
3	过期1个月	有些难为情	死缠烂打，必须清款
4	过期3个月	拖一拖再说	收取罚息，追加担保
5	过期6个月	不再想它了	法务清收，进入诉讼
6	过期1年	还钱好心疼	诉讼解决后不再合作
7	过期2年	不用还钱了	诉讼解决后不再合作

二、八大经典心理学效应在债权管理中的应用

格言：

人类的心理活动都是在下决心去求取欢乐，避免痛苦。债权管理者掌握了这条规律，就掌握了债务人的心理本质，然后顺势而为，持续行动，债权困境与时必破。

1. 破窗效应

此理论认为环境中的不良现象如果被放任存在，会诱使人们仿效，甚至变本加厉。以一幢有少许破窗的建筑为例，如果那些窗不被修理好，可能将会有破坏者破坏更多的窗户。最终他们甚至会闯入建筑内，如果发现无人居住，也许就在那里定居或者纵火。一面墙，如果出现一些涂鸦没有被清洗掉，很快的，墙上就布满了乱七八糟、不

堪入目的东西；一条人行道有些许纸屑，不久后就会有更多垃圾，最终人们会认为可以理所当然地将垃圾顺手丢弃在地上。任何坏事，如果在开始时没有阻拦，形成风气，将再也无法改正，就好像河堤，一个小缺口没有及时修补，可以崩坝，造成千倍万倍的损失。

"第一扇破窗"常常是事情恶化的起点。在债权管理中，"破窗效应"有非常重要的启示，主要包括两点。第一，针对单一逾期客户而言，如果在其逾期一期时不加以催收，而是采取放任、纵容的态度，过度理解客户，那么该客户再次出现逾期的可能性会非常大，逾期期数会越来越多，逾期金额会越来越大。第二，针对某一片区的客户而言（如果该片区的客户有相互沟通的可能），如果任由其中的某一客户逾期而不及时制止，那么该片区内产生逾期的客户数量肯定会越来越多，逾期金额也会越来越大。

破窗效应要求代理商在债权管理过程中，要从严管控应收债权，在制度上，明确约定 2015 年及以后信用销售的车辆"零逾期"，要求客户严格按合同约定按时、足额还款，培养客户良好的还款意识和还款习惯，尤其是前 3 期，绝不允许出现任何逾期，哪怕该客户听上去有多么合理的逾期理由，对于首付欠款，更要及时追回，甚至可在合同中设置更高代价的违约责任。情况非常特殊的，经债权总经理和总经理共同签批同意的，延迟还款时间不能超过 7 天。当然，就某一片区而言，代理商也要防止"千里之堤，溃于蚁穴"，即使因特殊情况出现某一客户产生逾期，也要做好保密工作，要让其他客户感觉到"只有我一个人产生了逾期，其他人都是按时还款"的印象。只有这样，债权管理才能站得住脚，守得住底线，逾期防线就稳固多了。

2. 增减效应

人际交往中的"增减效应"是指：任何人都希望对方对自己的喜欢能"不断增加"而不是"不断减少"。比如，许多销售员就是抓住了人们的这种心理，在称货给顾客时总是先抓一小堆放在称盘里再一点点地添入，而不是先抓一大堆放在称盘里再一点点地拿出。

心理学定律"增减效应"阐述的是社会人对他人行为及语言的感知规律，债权人员如果能够熟练掌握"增减效应"，就能有效调动客户在整个还款周期的心理活动，使客户的还款行为朝着我们期望的方向发展。

（1）客户前 6 期回款，采取严格的管控方案。规定客户逾期 1 期，债权人员必须上门催收，客户逾期 2 期，通过 GPS 锁机并收取 2000 元至 5000 元不等的开机费，客户逾期 3 期，严格按照合同约定取回标的物。前 6 期不能有任何逾期行为，一旦逾期，令行禁止，给客户养成良好的还款习惯。

（2）第 7 期至第 12 期，一般这个阶段车辆过了风险期，即公司在这个阶段拖车，不会有财务损失。公司取得战略上的主动权以后，债权催收方案发生改变，灵活性与原则性并存。对一些优质客户，可给予逾期 1 期授信政策支持，但要求客户必须追加一对担保人，让客户感觉到公司是理解和支持他的，但如果客户认为找担保人麻烦或困难的话，就无法享受逾期 1 期支持政策。

（3）还款超过一年后，公司对客户信用和实力有了充分认知，债权人员判定客户风险基本消除后，开始注重维护客情关系，目的是配合销售人员经营好客户资产，让客户重复购买公司产品，或将公司产品推荐给他所认识的朋友。基于维护客情关系的需要，债权管理方案开始走向人性化。债权外勤会给予正常还款客户表扬措施，比如通过短信、微信及相关新媒体，表扬其严格履行合同按时还款的精神、表扬其重合同守信用的好人品。对于法人客户按期还款的，公司通过快递向其寄发"表扬信"或"重合同守信用"荣誉证书，并将其放在公司官方网站或微信公众号上公示，以使"增减效应"发挥最大作用并影响到其他还款客户。若客户由于特殊情况不能按期还款，债权外勤会及时提示逾期会对其信用有重大影响，建议客户想办法筹资支付货款，不要因为逾期有损"重合同守信用"荣誉，从而使客户从内心上感觉到做一名诚信客户是无比自豪的。

某法人客户付清首付欠款及前 7 期货款后，债权人员通过一些渠道打听到其后期还款可能会有点问题，后来打电话时，果不其然该公司经理总以各种理由推迟还款。债权外勤电话沟通无效后，天天上门催收，对其施加压力，费了九牛二虎之力，客户终于按时还款。还款到第 10 期时，债权外勤和债权总经理开始改变策略，带着公司准备好的小礼品上门拜访，表扬他过去按时还款、诚实守信的契约精神，并向其说明，如果能继续按时还款，遵守信用，公司拟将其列为"6 月份好客户"名单，在年底有资格参与《重合同守信用》单位评定，有了此殊荣，可以终身享受我公司配件 9 折、工时费 8.8 折优惠政策；最终通过顺应客户的"增减效应"心理，该客户走向正常还款的道路。

3. 贴标签效应

在第二次世界大战期间，美国由于兵力不足，而战争又的确需要一批军人。于是，美国政府就决定组织关在监狱里的犯人上前线战斗。为此，美国政府特派了几名心理学专家对犯人进行了战前的训练和动员，并随他们一起到前线作战。训练期间心理学专家们对他们不过多地进行说教，而特别强调犯人们每周给自己最亲的人写一封信。信的内容由心理学家统一拟定，叙述的是犯人在狱中的表现是如何的好，如何的接受教育，改过自新等。专家们要求犯人们认真抄写后寄给自己最亲爱的人。三个月后，犯人们开赴前线，专家们要犯人给亲人的信中写自己是如何的服从指挥，如何的勇敢等。结果，这批犯人在战场上的表现比起正规军来毫不逊色，他们在战斗中正如他们信中所说的那样服从指挥、勇敢拼搏。后来，心理学家就把这一现象称为"贴标签效应"，心理学上也叫"暗示效应"。

"贴标签效应"在债权团队建设中应用效果非常卓著，其本质内涵是给予员工正能量鼓励，将其塑造成一名英雄，员工会给你英雄般的业绩反馈。"贴标签效应"是调动员工积极性、提升债权业绩的不二法宝。工作实践中，债权人员承受着巨大的外部压力，经常会遇到刻意刁难、恶语相对、胡搅蛮缠的客户，同时，债权人员还面临来自公司内部的压力与阻力，比如在一些恶性债权处置方式上，债权人员往往与销售人员观点有所分歧；售后服务不及时、不到位会影响回款结果，债权人员又经常会与售后服务人员有所摩擦。所以，如果债权总经理不能及时发现员工心态变化，给予心理引导、鼓励、打气，债权员工工作积极性往往会走一段下坡路。

小张从公司其他部门调到债权部工作，刚进入债权部时信心百倍，豪情满怀，参加第一次债权会议时立志，"为了让公司尽快渡过难关，我一定要把分管客户的欠款100%收回"。经过为期一周的培训与指导后，小张走上了电话催收工作岗位。向第一个客户打电话时，客户对其恶语相待，他很委屈。接下来的催款工作也不是很顺利，一个月之后，小张遭受了严重心理打击，郁郁寡欢，与小张同一办公室工作的债权内勤张燕看到了问题，便不断鼓励小张："你是最棒的，你是老赖的克星，因为我发现你有坚韧不拔、持之以恒、认真负责的工作精神，而且你之前的部门同事也是这么评价你的，只要坚持住，你迟早会成功的，将来你一定会成为公司最棒的债权专员"。经过团队成员全方位鼓励与支持，小张很快成为债权部门新星，他所分管的客户，平均月度资金平衡率达到103%。取得这样优秀的业绩，离不开同事对他的鼓励、肯定与支持。

优秀的债权总经理，要敏于发现员工心态变化，一旦员工遇到困难与压力，要创造聚餐、出去唱歌、一起拜访客户等机会，反复鼓励，为其贴上"你是最棒的、你是欠款客户克星"等英雄标签，并仔细察言观色，直至他接受了这一标签为止，从而使其信心大增，浑身充满力量，达成既定债权回收目标。

4. 罗森塔尔效应

"罗森塔尔效应"就是皮格马利翁效应，也有译作"毕马龙效应"、"比马龙效应"或"期待效应"的。由美国著名心理学家罗森塔尔和雅各布森在小学教学上予以验证提出。暗示在本质上，是人的情感和观念，会不同程度地受到别人下意识的影响。人们会不自觉地接受自己喜欢、钦佩、信任和崇拜的人的影响和暗示。而这种暗示，正是让你梦想成真的基石之一。

"罗森塔尔效应"留给我们这样一个启示：赞美、信任和期待具有一种能量，它能改变人的行为，当一个人获得另一个人的信任、赞美时，他便感觉获得了社会支持，从而增强了自我价值，变得自信、自尊，获得一种积极向上的动力，并尽力达到对方的期待，以避免对方失望，从而维持这种社会支持的连续性。

罗森塔尔效应在债权管理中经常被我们用到。在做市场营销"债权管理方案"时，为了降低风险，一般本着"能全款，不分期""分期期限尽量短""首付比例尽量高"的原则。为了达到效果，面对客户时，我们会把客户放在"上帝"的位置，赞美之词毫不吝啬："您这个项目投资好几千万吧，您新买的奔驰是最新款吧，像您这样有实力的大老板在周边我还没遇到过，就这几十万的设备，全款买呗，省得您每月操心付款耽误挣钱"。客户听完这样的评价，"上帝"般的存在感油然而生，为了面子，为了所谓的"身价"，经常会想办法全款购买。

不断的、积极的心理暗示，往往在指引着客户向着我们想要的结果靠近。每个客户都会有还款惰性，能拖就拖，能赖就赖，当客户还款出现第 1 期逾期时，我们要想方设法把客户拉回诚信、高尚道义的天平一边。在实际债权催收过程中，反其道而行之更有效，给客户一种人格上的信任、肯定："张老板，整个工程机械圈子都知道您是个守信用的人，没欠过谁一分钱，我还听说您会从别处拆借资金，把欠款清掉，我最佩服你这种企业家"，"李老板，您手底下的员工都很钦佩您，感觉您这人诚信，可靠，能干成大事业，都想跟您一起发财呢！"。当把"诚实、可靠、守信"的帽子给客户戴上的时候，由于人内心都喜欢正面评价，他会想办法把这种赞美持续下去。

5. 超限效应

"超限效应"，指刺激过多、过强和作用时间过久而引起心理极不耐烦或反抗的心理现象。

"超限效应"在债权管理工作中应用广泛。每当客户还款日临近时，债权人员一般都会提前三天持续电话提醒，然而作为债务人，客户并不希望债权人每天强势催收影响到他的工作、生活、心情，密集的债权催收，反而引起客户的反感，让他产生公司对他丧失信任的感觉，不利于后期合作。这个时候，不如变换一种方式，还款日前编辑温馨提示短信："张先生您好！今日天气雷阵雨，北京工语公司提醒您注意天气变化，做好车辆防护及保养工作，同时提醒您，7月15日为您的车辆还款日，本期应还款金额15863元，今天距还款日还剩2天，请提前准备还款，避免产生逾期，影响您的信用"。我们还可以在还款日前一天，带上公司制作的小礼品（水杯、茶具、雨伞等），送到客户手里，这个时候不用提还款的事，债务人看到债权人登门拜访，心里很清楚来因，一般通情达理的客户，第二天会自动把月供款汇到公司账户。

当我们对老赖客户进行债权催收时，没必要拐弯抹角，几句开场语之后直接切入主题，会谈时间不宜过长，半小时为佳。谈判过程中，债权人也不能一味地以"再逾期公司就起诉你"等言辞威胁债务人，一味地压迫式打法反而使客户产生逆反心理，话不在多，动之以情、晓之以理，点到为止，债务人若不接受谈判内容，直接下律师函，一步步采取升级措施，谈判越简短，债务人越体会到公司留给他的时间越少了。

作为债权管理者，团队内部管理的道理也一样，如果有员工表现不佳，一般债权事业部总经理就会批评，"你这个月业绩怎么这么差"，"你整天都在忙什么呢，工作怎么干的"，对失败者持续的否定会动摇他的努力，使他对自己不自信、产生怀疑，影响以后工作积极性。好的债权管理者，会用幽默诙谐的话语激励团队："张三，你这个月在国家的税收工作上又偷懒了吧"，"张三，你这个月催收的货款够我们喝顿小酒的了……"，此时此刻，可以想象出张三的心理阴影面积。好的团队管理，规章制度只能起到基础作用，对短期表现并不是很好的员工，可通过表扬其努力程度、细节上的成功、短期的进步，激发起员工斗志，这种发自内心的力量、凝聚力，才是债权团队勇往直前的原动力。

6. 南风效应

"南风效应"也称"温暖"效应，源于法国作家拉·封丹写过的一则寓言：北风和南风比威力，看谁能把行人身上的大衣脱掉。北风首先来一个冷风凛凛、寒冷刺骨，结果行人为了抵御北风的侵袭，便把大衣裹得紧紧的。南风则徐徐吹动，顿时风和日丽，行人觉得春暖上身，始而解开纽扣，继而脱掉大衣，南风获得了胜利。

"南风效应"启示我们在债权管理工作中，需要灵活应用各种催收方式，不能过分咄咄逼人，尽量多动脑子，以智取胜，毕竟通过维护客情关系实现客户重复购买是企业经营的根本利益所在。仔细分析发现，目前中国工程机械行业 70% 以上的客户是 80 后或 90 后，他们生长在改革开放之后，比 70 后教育背景更好，他们债权逾期，一般是由于上游工程款结算期推迟，或公司多元化经营后资金流动压力大，并没有太多客户愿意恶意赖账。债权人员在工作过程中，可给予这部分年轻客户更多鼓励与表扬，表扬其按时足额还款、坚守诚信、年轻有为的精神与努力，在此基础上，如果他们真有资金困难，鼓励他们想办法通过短期借款偿还货款，保护自身"金字招牌——诚信"声誉。这个道理很简单，上到老人下到小孩，左到生活右到工作，每个人都渴望得到别人的肯定与认可，这种肯定和认可，往往会成为别人行为的引路灯，这恰恰是人性的需要。

"周总，您是拥有我们公司5台设备的标杆大客户，您的企业也被市政府列为《重合同守信用》单位，您能获此殊荣，是政府给予您最高的肯定与表彰，我想您所购的5台设备肯定都能够按时回款，今天您的公司出现资金压力，您不会因短期困难输掉此殊荣，一定会想办法催收别人对您的欠款或向兄弟公司、亲戚、朋友求助，从而能够按时还上货款，不会因为这一期货款影响到您的信誉与信用"。给予此类客户鼓励与肯定，往往会产生事半功倍的还款效果。

如果某些客户由于特殊原因，逾期金额较大，债权人员也不能莽撞行事，更要开动脑筋，采取一些方式打动或感动客户让其主动回款。江西客户胡某，好面子之人，购买一台20吨级挖掘机，逾期15.5万元。债权人员张凯平非常焦虑，多方走访打听到，该客户妹妹五一出嫁，家里兄弟四个，只有这一个妹妹，所以非常重视这桩喜事，邀请了一些当地比较有实力的人参加婚礼。张凯平认为这是解决债权逾期的最佳时机，便提前一天带了几位同事，帮助胡某家属布置酒店宴席，里里外外，忙前忙后，表现勤快；第二天张凯平邀请其妹夫一同参加婚礼，张凯平妹夫是本县民政局副局长，与婚礼现场好多来宾都认识，相互打招呼，给足了客户面子，婚礼结束后，客户很受感动，主动付清了逾期款，问题得到了圆满解决。

7. 木桶效应

"木桶效应"是讲一只水桶能装多少水取决于它最短的那块木板，一只木桶想盛满水，必须每块木板都一样平齐且无破损，如果这只桶的木板中有一块不齐或者某块木板下面有破洞，这只桶就无法盛满水，也称为短板效应。任何一个组织，可能面临一个共同问题，即构成组织的各个部分往往是优劣不齐的，而劣势部分往往决定整个组织的水平。因此，企业债权管理过程中，债权总经理应思考清楚当下债权管理中的"短板"是什么，并尽早补足它。

"木桶效应"启示我们在债权催收与风险管理过程中，应管理好每一名赊销客户，做到风险均衡，无不良逾期；一旦出现"人机消失"或客户恶意欠款，若不能得到及时有效解决，会给公司造成呆坏账损失；任何一家企业健康可持续经营的前提是赚取利润，如果一台大型设备丢失或欠款得不到最终清偿，就需要用其他更多整机利润来弥补；"丢失"的设备或不能得到清偿的欠款，就是客户债权管理中的那个短板，直接影响公司当年度利润率和现金流，如果呆坏账过多的话，可能会影响到市场竞争力。所以，债权管理的边界，就是要定义好债权管理中的"短板"，并想尽一切办法防止短板发生。

李总是某公司重点客户，2016 年 5 月，以短期分期付款方式购买了一台装载机，每期还款 30000 元；前两期均能按时足额还款，第三期时，其石料厂受到国家环保政策影响而关闭，造成了第三期还款困难，得知此情况后，债权部门立即组织相关外勤赶到现场了解情况并与李总进行了深入沟通，"李总，您是我们公司忠实客户，现在您公司虽然受国家政策影响暂时停工，但您在当地是很有经济实力的客户，为了确保您在行业内的诚信及下次购买设备时的优惠政策，您一定要按时还款"。遗憾的是，李总当月到期货款仍没能按时偿还。按照公司债权薪酬管理办法，当月应收回款率不达标，债权外勤当月所有提成减半发放，债权外勤石生林深知李总这块短板影响了他的业绩达成，所以将李总列为次月重点催收对象，经过持续不断地跟催，李总最终通过借款还清了第三期与第四期货款。债权人员通过努力，消除了李总这块短板，使得公司现金流没有出现恶化，保证了公司正常运营。

8. 霍桑效应

美国芝加哥郊外的霍桑工厂是一家制造电话交换机的工厂，有较完善的娱乐设施、医疗制度和养老金制度等，但工人们仍然愤愤不平，生产状况很不理想。后来，心理学专家专门对其进行了一项试验，即用两年时间，专家找工人个别谈话两万余人次，规定在谈话过程中，要耐心倾听工人对厂方的各种意见和不满。这一谈话试验收到了意想不到的结果：霍桑工厂的产值大幅度提高。

"霍桑效应"在企业管理中应用非常普遍，在债权管理中亦然。对于不按时还款的客户，首先要深入了解客户不还款的具体原因，是对我们的售后服务不满意、整机故障多还是其经营不善、资金周转困难、合伙人散伙、政策性影响等，了解清楚客户欠款原因后，要频繁地与客户进行电话或上门沟通。与客户频繁沟通有两个价值：一是动态掌握客户经营质量与还款风险，二是倾听客户对我们公司的产品、售后服务等工作的反馈，尽早发现个别产品质量问题或客户对公司售后服务的不满情绪，通过倾听安抚客户，尽早解决问题，防止风险蔓延。

举例：

客户张总因公司售后服务工作不及时拒绝还款，债权外勤王青山通过如下倾听与沟通，最终解决了还款问题：

王青山："张总，您前六期款都按时还上了，今天是还款日，本月到期月供款 2.5 万元，请您按时打款。"

张总："现在到还款日了，你们公司想起我了，为什么我的车干活无力，你们公司派人检查后至今无人来修，打了售后工程师的电话，总说让等等，结果等了 5 天也没有人给我维修，严重影响了我的生产，这些损失你们公司必须赔偿我，这期款我不打了。"

王青山："张总，您先别生气。我通过售后服务部门了解到，您的车变矩器出了故障，由于公司配件储备不足，向厂家下订单后还未到货，耽误了时间。张总，真是不好意思，这是我们的过错，给您带来了不便，请您谅解。如果您急着用车，我立马协调公司的备用车给您暂用。同时我负责督促售后服务部在配件到货后第一时间派最好的工程师给您维修。而且，我会让售后工程师在本次维修时，给您的车做一个全方位故障排查，防止再次出现类似情况。希望不要因为这个问题影响到了您的良好信誉，请您按时还款。"

......

经过债权外勤王青山与张总的充分沟通，倾听了张总的负面情绪，让其把对我们工作的不满发泄出来，并通过努力，解决了张总提出的维修问题，从而使张总所关注的问题得以有效解决，最终偿还了当期月供款。

在债权催收过程中，要善于倾听客户的想法与不满情绪，确实是我们自身问题的，要勇于担当，积极地为客户着想，实实在在解决问题，这样债权催收的阻力才会真正减少。

No Overdue Debt | 第十一章

In The World | 未来债权管理的十一大定律

一、理性人定律

理性人定律指销售人员选择客户时，要选择相对理性的客户，也就是选择年龄在 28～55 岁之间的已婚人士，未来要重点防范 25 岁以内的未婚客户债权风险。

作为专业债权管理人员，我们不断探索债权管理规律，试图通过数据分析，找到风险来源及风险解决方案。在总结过程中，有一条规律非常醒目，出现债权风险的客户中，有 70% 以上是年龄在 25 岁以内的未婚人士。这个数据，给了我们很大警示，这些未婚小青年，号称自己父亲、亲戚、同学、朋友有多大工程，实力很强，现实证明，他们无知者无畏、好忽悠，涉世不深，资源有限，前期可能确实有一些工程，但后期如果工程量减少，往往缺乏高质量社会关系依赖，难以找到新工程，造成债权逾期。面对债权逾期，他们往往无能为力。所以，我们如果遇到年龄小的未婚客户，要尽量做好担保手续，由其父母、我们双方共同认识的优质客户或者公务员做担保。如果购买的是中大型挖掘机，必须追加两对或以上夫妻担保。

二、一年风险定律

60%左右的中大型挖掘机客户购机时，有效工程期为一年左右，到期衔接不上就会出现债权风险，未来债权管理，首先要重点关注并做好客户工期管理。

我们认真总结过，小型挖掘机客户拥有半年左右有效工期，就敢去购买一台新挖掘机施工赚钱，中大型挖掘机客户购机时，有效工期为一年左右。工程衔接期，是应收账款风险爆发期，我们要在客户工程到期前，提示客户寻找到下一个工程，确保工程衔接紧密，防止出现因工程结束，没有经济来源，产生还款风险。

"一年风险定律"，是行业经验规则，对债权风险管理工作提供了有效思路，在前期信审阶段，信审专员要想办法拿到客户的《施工合同》，并依据经验或者调查判断合同真实性，防止客户伪造合同内容骗取车辆，确认合同真实无误后，债权管理人员要记录好施工到期时间，在客户施工到期日前两三个月，不断提醒客户把重点精力放在寻找新工程上，同时也可以帮助客户联系一些优质工程，比如借助其他购买我们设备的优质客户，帮其联系施工工程。从本质上讲，管理好债权，就是管理好客户的还款来源和还款意愿，还款来源就是客户的工期管理，做好客户工期管理的观点，就是债权管理的唯物主义物质观。

三、定期体检定律

随着我国市场经济发展及司法改革不断深入，债权管理的重点由债权逾期客户管理转向正常还款客户管理，即信审不仅是售前标准动作，而且是债权管理过程中的日常行为，定期对客户实施"风险体检"，即定期走访正常还款客户，充分掌握客户债权风险发展趋势，是有效预防债权风险发生的"防火墙"。

自 2016 年 10 月，工程机械行业企稳复苏，市场保有量开始新一轮上升，客户债权逾期率逐步下降。随着应收账款总额不断增加，债权管理的重点也由管理逾期转向管理正常还款客户，如何确保正常还款客户不产生逾期，是新时代背景下债权管理的核心要义。

那如何做好新客户债权管理？有一个很重要的法则：信审日常化，也就是定期走访债权不逾期的客户，以前对债权不逾期客户的管理比较松懈，只要能正常还款，就不去现场走访，但工程机械行业信用销售周期较长，平均付款期限在 24 个月左右，中大型挖掘机付款期限往往在 36 个月、48 个月，客户经营是个动态过程，客户在经营过程中会受到各种不确定性因素影响，应通过定期信审方式，充分了解客户经营状况，权衡经营风险，对可能发生的问题，提前采取预防措施。

这个理念，跟医学上"定期体检"差不多，定期与正常还款客户见面，了解其工程状况，包括工程进度、结算情况、对外负债情况等等，对已出现的问题引以为戒，甚至采取积极措施。做好了这一点，债权风险管理就找到了预防解决方案。

那如何做好这一点呢？很简单，公司可要求债权管理人员定期与客户对账，与客户签订《季度/月度对账函》确认账目，这样一方面对客户还款有较大警示作用，是将来诉讼的确凿证据；另一方面，能有效预防债权管理人员偷懒，避免不去拜访客户的被动局面。

四、外行人再见定律

一旦市场形势出现新一轮火爆，一些没有行业经验、凭个人关系能找到一部分施工项目的"新客户"又开始出现。2012～2016年五年间出现的债权风险，60%以上源自于行业"新客户"，所以原则上不向这些"外行人"赊销产品！除非高首付、强担保或全款购买，拒绝向"外行人"赊销产品，能有效预防60%以上债权风险。

2018年初，挖掘机市场形势异常火热，销量大增，风险必然快速上升，在这么好的市场形势下，很多没有行业经验的年轻"新客户"，花10万块钱首付，就能买到一台挖掘机，属于低成本创业的好项目。所以，会有一些年轻人头脑发热，盲目冲动买车，一旦市场形势稍微下滑，就会造成一部分设备没有工程，风险随之出现。

如何解决这类风险呢？

（1）信审时，要充分考察这类客户的信用、经济实力、家庭背景、业务范围，如果客户确实没有从事工程行业经验的话，就要确保其工程及结算质量非常高，否则宁愿让利低价，也要全款销售。

（2）即使客户自身信用好，家庭背景不错，也要提高该部分客户的首付比例，防止后期高昂的催收成本，建议首付比例不低于50%，并根据其工程收入，协商较为短期（建议 10 个月以内）的分期期限。如果客户非常有实力，也要对首付比例和分期期限两者至少管控到位其中一个方面。

（3）必须追加 1~2 对担保人。

（4）密切关注车辆 GPS 数据，与客户保持高频互动，及时充分了解客户施工及收入情况，只要客户出现债权逾期，即刻要求客户再追加一对担保人。

五、主人翁定律

将优秀债权管理总经理发展成为公司股东，是未来保障公司债权资产安全的最实用解决方案。

不当老板，永远不会真正知道债权风险的味道。不是股东，由于权责不对等，无法设身处地地为公司资产负责，承担永久责任。但债权管理是一门专业技术，需要长期实践、不断总结才能形成智慧，而且对公司的生死存亡及股东声誉影响巨大。所以，债权总经理是公司的稀有资源，为了充分调动债权总经理积极性，彻彻底底地为公司债权资产质量负责，老板可以考虑将优秀债权管理总经理发展为公司股东，让债权总经理成为铁打营盘中最长久的战士，一荣俱荣，一损俱损，若因债权总经理不敬业或决策失误造成公司损失，作为股东，需要共同承担法律责任。这样才能有效调动债权总经理的积极性和风险意识。债权总经理以主人翁的身份管理债权，实实在在把公司的债权资产当成自家的钱来管理，把公司的应收账款当成自己的私人外债来清收，公司债权业务没有理由管不好。

六、信用管家定律

为客户量身定做融资解决方案、成为客户购机"信用管理顾问"是高级债权管理人员的决定性能力，帮助客户提升信用资产，是未来最明显的发展趋势。

代理商主要职责是开发市场，将一般客户转化为忠诚客户，忠诚客户转化为金牌客户，公司经营理念升级对债权管理者提出了更高要求。未来债权管理者的主要职业方向是成为客户的信用管理顾问，从客户的年龄、资质背景、工程、团队能力、资金实力、收入、负债等多方面因素进行分析，帮助客户分析是否需要添加设备，添加什么型号设备最合适，拥有多少台设备为最佳施工规模，多少融资额和付款期限风险最低。

债权管理人员一定要专业、自信、有财务头脑，通过与客户共同核算经营及购机财务数据，制定合理的首付款比例和与收入相匹配的付款期限，同时要帮助客户做好工程款未按计划结算时的"危机处理预案"，确保客户债权不逾期，提升客户信誉资产质量。

一名优秀的信用管理专家，应该每月至少提醒客户两遍还款时间和还款金额，告诉客户如选择银行代扣，请确保在合同规定的还款日之前将所有的到期应还款存至指定账户，否则可能会导致代扣失败产生债权逾期；如选择银行代扣以外的其他方式还款，考虑到缴款、转账或汇款到账受周末、节假日等因素影响，建议提前 5 天完成还款，以确保款项不晚于还款日到账；同时，严禁代理商销售人员、服务人员等代收代付，否则可能导致还款失败或延迟还款。若到期客户未还款，记录好客户的逾期金额、逾期账龄、当月应收款、逾期利息及违约金等相关数据，反复通过电话或上门当面同客户一起分析，协商合理的还款时间、金额，重新拟定还款计划，告知客户如果晚于规定还款日尚未收到款项，将根据实际逾期天数产生相应的高额违约金，让客户知道债权管理人员催促他还款，是帮他避免收取高额的逾期利息和违约金，是为了给他省钱，也是真正地在帮客户着想。

债权管理人员要反复和客户沟通，充分统一思想：现代社会下，良好的信用记录是每个人成就事业和人生理想的核心资源，拥有良好的信用记录，就如同拥有了一件"信誉抵押品"，银行会在贷款规模、期限和利率上给予更多的优惠；如果信用报告存在不良记录，银行就会慎重考虑是否接纳该笔申请，优惠也会被取消；如果不良记录太多或太严重，银行甚至有可能会拒绝贷款申请。信誉太差会导致日后生活处处碰壁，比如：办理银行信用卡、出国、就业、提拔等都会受到影响，珍爱信用记录应从正常支付每一期货款做起。客户在优秀信用管理专家的影响下，会提升自身信用意识，降低债权逾期风险。

七、债权盈利定律

债权管理学科的核心是经济学，通过债权杠杆给企业带来利润，是企业承担债权风险责任的应有之义。未来债权管理部门也必须成为企业利润中心。

在信用销售非常发达的今天，客户债权逾期是较为平常的现象，除了一小部分客户恶意欠款外，还有很多其他原因，包括设备开工率不足、经济增速回落、市场竞争加剧、台班费价格降低、经营利润摊薄、工程结款困难等等。有信用销售，必定会产生逾期，有逾期必然存在潜在风险。对债权风险的规律性认识不但要学会防范风险，控制风险，更重要的是学会利用风险资源为公司创造利润，向违约客户追偿债权逾期代价（滞纳金、追讨费、律师费、公证费等费用）能给公司带来利润，并增加债权管理人员收入。

融资租赁业务在国内各行各业中开展非常普遍，其最大优势是法律关系简单、诉讼成功率高。因此，对于融资租赁业务的客户债权逾期，要坚决抓住违约事实，依据合同约定的违约条款和纠纷处理制度追究对方的违约责任，让客户支付债权逾期利息及相关违约金。

以往，大多数国内中小型企业将利润寄托在销售差价、上游返利以及相关销售激励政策上，在当前主推信用销售的市场形势下，竞争越来越激烈，利润越来越薄，倒逼企业实施精益管理，每个部门都要成为公司的"利润中心"，而不是"成本中心"。所以债权管理部门要通过向违约客户收取合同中约定的逾期利息、相关违约金，减轻公司高昂的债权管理成本压力，而且能对客户后期还款起到积极的预防作用，还可以对市场上的其他客户起到风险警示作用。

八、互联网＋定律

"互联网＋"对债权管理的帮助越来越大，通过债权网站悬赏出省、出国施工的老赖客户，能大大挤压老赖客户藏身空间，未来在风险客户管理方面，"互联网＋"将发挥出越来越明显的作用。

工程机械行业市场竞争不断升级，企业生存、发展遭遇危机，在这种形势下，债权管理中逾期款的回收、寻车、取车难等问题愈发凸显，成为代理商能否生存、盈利的关键性因素。由于工程机械设备施工地点偏远、设备移动频繁、GPS 易拆卸等因素导致诸多不可控的债权风险，淡化了客户的遵法守约意识，拆卸 GPS 脱离监控、私自转卖机器及人机失联情况屡见不鲜。

"互联网＋债权管理"有效解决了客户跨省、跨国施工后，债权管理人员对老赖客户的讨债难、寻车难、取车难、效率低、成本高等问题。债权人通过相关专业债权网站发布老赖客户信息（目前国内有该类专业网站），向债权网站的盟友悬赏讨债，这些盟友是来自全国各地的债权律师团队、专业债权管理团队、债权收购团队等。债权人通过网络平台和他们建立联系，充分沟通达成一致后，双方签署《免责委托协议书》，专业团队接受悬赏，协助债权人开展跨区域回收债权、寻车、取回标的物等工作，极大地降低了债权人时间成本，最大限度地挽回了公司财务损失。

相关专业债权网站汇集了国内诈骗团伙及恶性债务人的姓名、身份证号、家庭住址、联系电话、作案事实等基本信息，建立了一个全国范围内的网络查询平台，还能有效防止他们继续在行业内作案，大大挤压"老赖"们生存及藏身空间。

九、多元信审定律

信审不怕关卡多，实践证明销售、服务、债权管理人员均参与信审流程，是售前防范客户债权风险效果最好的办法，未来的趋势就是多岗、多元、多时段信审。

信审，即信用审查，是信用销售中债权风险的事前控制环节，实施事前控制方案，淘汰那些信用不佳客户，严格把控好设备交付关卡。债权管理需坚持"全员信审、全面信审、全程信审"的"大信审"理念，在销售前期、中期、后期均需对客户进行360度信用审查，充分做到动态掌握、评价、行动管理。

多元信审内容如下：

（1）销售人员在谈判期间要对客户的家庭情况、社会背景、行业口碑及收入情况等有大致了解，防止骗子乘虚而入；

（2）债权部信审专员在销售部和购机人签订买卖合同之前收集购机人及担保人相关资料（购机人和担保人夫妻双方的基础资料、自有资产证明、工程合同、房产证明、银行流水等），并进行实地资信调查审核（实地走访工程场地及住所，了解购机人的还款能力、工程情况及口碑等），综合考虑后决定是否需要提高购机门槛或放弃对该客户的销售，剔除高风险客户；

（3）债权部在销售部向购机人交付产品之前对购机首付款及合同进行审核，阻止销售部向那些没有按照合同规定完全支付首付款的客户交付产品，避免在合同初期就形成欠款；

（4）服务部在购机人工地交机时对客户进行审核，交机过程中对工地规模摸底，从设备操作手处挖掘更多的购机人信息，形成报告提交至债权部备案，防备客户在还款途中失联情形发生。

售后债权管理的难度与售前信审质量有密切关系，售前信审把关不严格，获取债务人信息不够全面，售后债权管理的压力就会明显增大。

十、法律红利定律

近 5 年，我国司法改革成效明显，各地法院诉讼和执行速度提升很快，法律给予企业合法经营权益的保障越来越好，同时区块链技术在司法实践中的应用，使得"取证"变得方便快捷，客户无法耍赖，起诉恶性欠款客户的意义越来越大，未来企业家要充满信心，充分利用法律杠杆管理债权逾期客户。

起诉欠款客户是企业回收债权的最后手段，也是企业在客户债权逾期账龄越来越长的背景下被逼无奈的选择。诉讼不仅能够解决部分客户严重拖欠货款问题，还能对周边客户起到威慑作用。诉讼分为两类，一类是因种种困难没法取回设备，需要通过法院查封后才能执行；另一类是设备已取回，但客户在当地的负面宣传严重影响了公司口碑或公司取回设备变现后财务亏损较大，需起诉客户追偿损失。近些年，国家采取了一系列措施解决执行难的问题，见效非常明显。国家法律对申请执行人合法权益的保护方法、措施、途径越来越多，企业起诉恶意欠款客户越来越有实在意义。

人民法院会定期组织专项活动，对"拒不执行生效判决"情节较为恶劣的债务人进行司法调查，证实符合该情形的被执行人，将依法按照《中华人民共和国刑法》第三百一十三条"拒不执行生效判决罪"追究刑事责任，对敢于挑战法律、挑战人民法院生效判决、有能力执行而拒不执行判决的狂妄行为追究刑事责任，从而维护法律的尊严以及被执行人的合法权益。当事人可以依法申请对被执行人的财产，包括动产或不动产进行依法查封，用于执行生效判决，维护己方合法权益。

最高人民法院于2014年12月成立了"人民法院执行指挥系统"，该系统与全国各地的法院，包括基层法院、各大商业银行的总行、政府机构等部门联网，人民法院的执行法官，在收到申请执行人的强制执行申请之后，将被执行人的姓名、身份证号码输入该系统后，全国各大商业银行总行就会向该执行法官反馈该被执行人在该行是否有存款，如果有存款会被人民法院依法冻结，用于执行生效判决，以维护法律的尊严与债权人的合法权益。

人民法院会定期公布"被执行失信人名单"，也就是"黑名单"，经人民法院执行法官认定的不积极履行判决的自然人被执行人，被采取限制消费措施后，不得有以下高消费及非生活和工作必需的消费行为：

（1）乘坐交通工具时，选择飞机、列车软卧、轮船二等以上舱位；

（2）在星级以上宾馆、酒店、夜总会、高尔夫球场等场所进行高消费；

（3）购买不动产或者新建、扩建、高档装修房屋；

（4）租赁高档写字楼、宾馆、公寓等场所办公；

（5）购买非经营必需车辆；

（6）旅游、度假；

（7）子女就读高收费私立学校；

（8）支付高额保费购买保险理财产品；

（9）乘坐G字头动车组列车全部座位、其他动车组列车一等以上座位等其他非生活和工作必需的消费行为。

被执行人消费被限制后将寸步难行，从而促使其积极履行生效判决，维护债权人合法权益。

十一、消灭债权定律

债权管理的终极目标是消灭债权，即通过互联网金融为客户提供个人贷款，不需要商家担保，是厂家及代理商应该积极探索的未来之路。

对信用销售而言，一台设备的合同总金额是固定的，但双方可以在合同签订之前充分协商债权金额，即客户首付款越高，债权就越小；客户后期贷款支付越多，债权就越少，直至客户结清尾款，债权清零。在贷款期间，95%以上的客户靠设备施工赚钱支付贷款，必然会面临客户没有工程或施工工程款无法正常结算导致债权逾期支付的情形。在此情形下，如何保证客户顺利还款而避免代理商或厂家被强制履行担保责任垫付贷款，我们反复研究后认为通过第三方金融平台，为客户本人提供个贷的方法切实可行。

结合现实，以下方法可实施：

其一，信用卡透支贷款。在业务往来中，销售员及债权管理人员可预先协助客户办理一张或多张额度较高的信用卡，客户不能正常付款的时候，可以考虑通过信用卡刷卡付款。

其二，互联网贷款、微信贷款。目前因互联网的快速发展及智能手机的普遍运用，出现了很多比较正规的网络小额贷款或微利贷款公司。这些贷款授信金额偏小、信审简单、程序简化、下贷快速。当客户遇到临时资金困难，可以考虑通过互联网贷款、微信贷款方式周转资金，缓解客户资金压力，有效减轻在融资租赁和银行按揭业务中，厂家和代理商承担担保责任垫付资金的压力。

其三，厂家通过"总对总"方式，与一些大型金融机构签订战略合作协议，金融机构直接向客户放贷，厂家和代理商共同为金融机构支付一定风险补偿金，无须商家担保，实现三方共赢。

No Overdue Debt In The World

附一：

债权管理快问快答

1. 对不同法律关系下的首付款与融资/按揭代垫款如何一并诉讼

答复：从法律角度讲，首付款的追索是基于买卖合同关系，融资/按揭代垫款的追索是基于担保追偿权关系，根据《民事诉讼法》一案一审的原则，首付款和融资/按揭代垫款明显不能放在一个诉中一并解决。对此，建议在代理商出卖设备时就与客户签署《垫付协议》，明确约定代理商可以直接向客户追索的权利，或由客户出具《欠条》，将首付款与融资/按揭代垫款的性质全部转化为欠款，就可以依据《垫付协议》或《欠条》直接向客户提起诉讼。

2. 融资/按揭未回购或全面代垫前，代理商如何行使取回权

答复：行使取回权的前提是享有所有权。实践中，很多代理商在紧急情况下，无论是否已经回购或是否已经受让所有权，为防止损失扩大就先取回。那么，如何完善手续让代理商行使取回权合法呢？

（1）如为融资租赁业务，取回车辆后应及时与融资租赁公司沟通，争取取得授权；如为银行贷款业务，取回车辆后争取与银行协商一致申请法院对车辆采取保全措施。

（2）取回车辆后及时向客户发出《限期付款赎车通知函》，如果限定期间内客户已还款或与公司达成延期还款协议则无须进行下一步动作；如果耗时过长或无法取得授权，则以先行发生的垫付款为由申请法院采取诉前财产保全措施，在30天内完善手续并提起诉讼。

3. 融资/按揭业务中，代理商需要大额垫付如何破解

答复：代理商通过向客户提起担保追偿权之诉。具体操作建议为代理商与客户在签订《买卖合同》时，与客户一并签订《垫付协议》，提前约定代理商享有的追偿权、行使追偿时的管辖法院。

4. 一个客户名下有多台设备且均有欠款，如何与客户对账

答复：笔者在诉讼催收中遇到多起案件，就是因为客户一次或多次购买多台车辆，客户在具体还款时也未明确还款具体对应到哪台设备，而代理商工作人员可能因为频繁更换，未与客户详细确认就单方进行调账和下账，给对账和催收造成了巨大的障碍。如不留意，还可能导致败诉的风险，基于此，笔者建议：

（1）在客户付款时留存客户付款凭证或者明确要求客户指示付款对应的下账车辆，杜绝在客户付款后自行调账；

（2）制作统一的对账函或询证函，要求客户签字确认，保证客户多台车辆账目明晰，一旦客户违约可以据此起诉。

5. 合同中约定的违约金容易被客户或法院无视如何破解

答复：建议通过定金罚则替代违约金，将合同总价款的20%作为定金，一旦客户出现违约可以直接扣抵，方便计算；可以在违约金中增加保证金冲抵条款，在起诉时根据合同约定把保证金冲抵完毕，这样即使后续违约金不被支持，之前已扣抵的款项和法院判决支持的违约金金额平均后应该基本可以弥补客户违约后公司遭受的损失。

6. 人车失联如何破解

答复：（1）穷尽司法执行措施，申请法院将被执行人列入失信被执行人名单、限制其高消费，倒逼客户现身。

（2）发布悬赏公告，征集被执行人财产线索。

（3）借助国内二手机平台、行业内微信群等相关资源查找失联车辆。

7. 执行乏力如何破解

答复：（1）积极与法院配合搜集财产线索。

（2）充分运用法律规定，在一审法院不执行或不配合的情况下，依法向上一级人民法院申请提级执行。

（3）撰写相关材料投递，充分运用人大及同级或上级人民检察院执行监督的力量。

（4）申请法院对拒不履行判决裁定的被执行人司法拘留。

（5）根据具体情况申请法院将拒不履行判决裁定的被执行人移送公安机关立案，追究刑事责任（《刑法》第三百一十二条：拒不执行判决、裁定罪，但是这一条须谨慎，因刑事诉讼周期长，且不排除激化矛盾，造成更大的损失。但是该措施必要时可以给对方执行判决的压力，所以是一个候选项）。

8. 融资租赁/银行按揭业务中，代理商代偿后如何取得设备的所有权/抵押权

答复：在融资租赁业务中，容易发生融资租赁公司忽视代理商代偿后对终端用户的追偿权益的保障，直接给承租人出具结清证明。为此，建议拟定《所有权转移证明》及《债权及抵押权转让通知书》，要求融资公司将主、从债权全部转移给代理商，且未经代理商同意，不得出具结清证明，确保代理商的权益。

在银行按揭业务中，一般都是将客户的设备为银行债权设定抵押，为此，代理商应及时与银行签订《债权转让协议》，受让债权同时取得设备的抵押权。

9. 诉讼时效和保证期间已过如何破解

答复：关键在于能否取得客户再次还款的承诺或实际付款行为，通过签署还款计划书或电话录音等方式，使得诉讼时效重新起算或保证人重新确认对保证责任的承担。

10. 抵押期间已过如何破解

答复：需要强调的是，抵押权的存续期限与主债权存续期限相一致，抵押权人与债务人无权约定抵押期限，双方约定的关于抵押期限的条款无效；登记的抵押期限届满后，抵押权不受影响。如果确实存在超过抵押权设定的行使权利期间的，应向法院提出保全申请对抵押物采取查封、扣押措施。

11. 行使取回权后被客户起诉如何破解

答复：实践中，代理商或融资公司在客户逾期后取回车辆时正处于施工期，待取回车辆后，客户往往会提起返还原物赔偿损失之诉，且胜诉概率较大。这个问题出现的原因主要在于代理商或融资公司取回车辆后未采取止损措施。正确的止损方法是根据车辆的具体情况起草对应的《律师函》或《行使取回权告知函》，限定时间要求客户付款赎车，否则承担相应损失或损失扩大部分，如客户收到该函后置之不理，损失扩大部分由客户自行承担。

12. 债权车变现金额无法覆盖全部债权金额，债权人如何挽回损失

答复：实践中债权车的变现一般有两种方式，一种是通过二手机市场折价买卖变现，需要由二手机买受人出具二手机买卖发票或打款凭证用以证明债权人合法合理地为客户的欠款下账；另一种是进入执行阶段后，由法院组织双方通过司法评估拍卖变现，如评估拍卖后价

值不足，则需要继续对被执行人其他财产执行以补足差额。

13. 员工侵占货款如何破解

答复：债权管理的本质就是公司内部风险管理体制的建立、执行、激励的考核，为防止员工私自收款并发生职务侵占，需要从以下几个方面入手：

（1）制度保障：在公司规章制度中明确规定不允许业务员、销售经理或债权管理人员未经许可个人收受客户回款，也不允许公司任何人员未经许可携带公司公章或空白收据；

（2）合同保障：在合同中明确设置指定收款账户，并载明如客户未将款项打入指定账户，均不视为客户已还款；

（3）对账：要求财务人员与客户书面对账，确认收付款情况。

14. 向客户发出的催收文书或诉讼资料无法送达

答复：在客户债权管理诉讼案件中，常常出现《律师函》《催款函》及法院传票等文书无法向客户送达的问题。基于此，笔者建议，公司应及时与客户签订《送达地址确认书》，注明"如债务人未及时告知新的住所地等，应视为已送达，导致的法律后果由其自行承担"。

15. 诉讼过程中法院要求债权人明确管理费、保险费的产生依据应如何应对

答复：笔者在办理担保追偿案件中遇到过追偿垫付管理费和保险费的问题，被告往往以不知道、未明确金额为由抗辩。笔者建议，在签订融资租赁合同/银行按揭合同时，应制作一份对管理费、保险费金额进行明确确定的书面材料，并要求对方签字确认，以便未来代理商垫付后追偿时有证据支撑。

16. 对买受人已经支付标的物总价款百分之七十五以上的设备能否行使取回权?

答复:不能行使自力取回权,但可以通过保全措施来变通实现取回权的目的。

根据《最高人民法院关于审理买卖合同纠纷案件适用法律问题的解释》第三十六条一款规定,"买受人已经支付标的物总价款的百分之七十五以上,出卖人主张取回标的物的,人民法院不予支持。"对于这一条,一定要结合上下条文来进行理解,最高院主要是提示出卖人在买受人已经支付百分之七十五以上后,不能按照解释第三十七条通过自力取回及自行变现的方式实现债权。但是,这也说明法院并未禁止出卖人通过申请法院采取保全措施的方式,来维护自身权利。

基于此,考虑到司法实践以及行业实际,建议通过自行取回并立即申请保全或者申请诉权保全的方式,来对设备采取查封措施。这里请注意,保全措施的介入将变向实现对设备的控制权。尽管,我们无法通过自力取回权的方式来实现快捷清欠,但是借助司法程序控制了设备,也会为之后的快速解决争议及财产执行提供保障。同时,这也让客户的赔偿之诉丧失了事实依据。

附:《解释》第三十七条 出卖人取回标的物后,买受人在双方约定的或者出卖人指定的回赎期间内,消除出卖人取回标的物的事由,主张回赎标的物的,人民法院应予支持。买受人在回赎期间内没有回赎标的物的,出卖人可以另行出卖标的物。出卖人另行出卖标的物的,出卖所得价款依次扣除取回和保管费用、再交易费用、利息、未清偿的价金后仍有剩余的,应返还原买受人;如有不足,出卖人要求原买受人清偿的，人民法院应予支持，但原买受人有证据证明出卖人另行出卖的价格明显低于市场价格的除外。

17. 公务员等国家机关人员可以担任担保人吗

答复：公务员可以担任担保人。

根据担保法的规定，下列主体不能担任担保人：

（一）国家机关不得为保证人，但经国务院批准为使用外国政府或者国际经济组织贷款进行转贷的除外；

（二）学校、幼儿园、医院等以公益为目的的事业单位、社会团体不得为保证人。

只要不是上述主体，且有代为清偿能力的个人是可以作为保证人提供担保的。公务员具有稳定的收入，可以以个人财产作为担保人提供担保。

18. 在债权合同中约定以某房地产或汽车作为抵押，但未在指定机构办理抵押登记手续，该抵押有效吗

答复：对于房地产抵押，若不在房地产所在地房地产交易中心抵押科完成抵押手续，抵押无效。

对于汽车作为抵押品，若未在国家指定机构登记，一旦出现善意第三者，善意第三者有权实现该汽车物权，所以，应当办理完善抵押登记手续。

19. 在合同条款拟定中，对担保人应当承担的责任表述为"保证人承担保证责任"还是"保证人对债务承担连带责任的保证"更好

答复：表述"保证人对债务承担连带责任的保证"对债权人更有利。

一般保证的保证人在主合同纠纷未经审判或者仲裁，并就债务人财产依法强制执行仍不能履行债务前，对债权人可以拒绝承担保证责任，即债权人必须先行对主债务人主张权利，在经强制执行仍不能得到清偿的情况下，方能要求保证人承担担保责任。连带责任保证人则只要主合同规定的债务履行期届满没有履行债务，债权人就既可以要求债务人履行债务，也可以要求保证人在其保证范围内承担保证责任。

从一般保证与连带责任保证的区别可以看到，连带责任保证比一般保证更有利于保证债权人利益，在选择何种保证方式时，债权人应尽量选择连带责任保证。

20. 同一债务有两个以上保证人的，保证人应如何承担保证责任

答复：两个或者两个以上的保证人为同一债务作保证的行为称为共同保证。共同保证对于债权人来说比单个保证更为可靠。共同保证承担保证责任的方式可以分为两种情况：

（1）共同保证人按照合同约定份额承担担保责任。即同一债务有两个以上的保证人时，保证人在合同中对保证份额有约定的，那么保证人按照合同约定的份额承担保证责任，保证人之间不承担连带责任。

（2）共同保证人承担连带责任。如果共同保证人在合同中没有约定保证份额，那么，保证人之间承担连带责任。各保证人对保证全部债权的实现都负有清偿责任，债权人可以向其中任何一个保证人要求履行全部清偿责任。已经承担保证责任的保证人，有权向债务人追偿。承担保证责任的保证人在向其他保证人追偿时，保证人内部有约定保证份额的，按其内部约定的份额分担，没有约定的，应当依据公平的原则平均分担。

21. 同一债务既有债务人提供的抵押物，又有第三人提供的抵押物，能否对所有抵押物同时实现担保物权

答复：如果抵押合同中未对顺序做约定，则应先行处分债务人提供的抵押物，不足部分再行处分第三人提供的抵押物；如抵押合同已明确约定了可不分先后顺序实现担保物权，则债权人才可同时要求对债务人和第三人提供的抵押物进行处分（但是金额不得超过债权总金额）。

22. 债务人死亡后，担保人是否继续履行连带担保责任

答复：还需要继续履行连带担保责任。

债务人死亡并不导致债的灭失，债务人的配偶等继承人应该在其继承的范围内清偿债务，所以保证人在承担了保证责任后，可行使追偿权，向债务人的配偶等继承人主张权利。

保证从其意义上说就是债务人不能履行债务时，由保证人负责履行，以保障债权人权利的实现。这里债务人的不能履行债务（包括债务人、借款人的死亡），并不等于主债务也随之消灭，保证人仍应在保证范围内对主债务承担连带清偿责任。

23. 合同诈骗等无效合同中担保人是否要承担担保责任

答复：具体需看担保人在签订合同过程中是否有过错，如果担保人无过错的，担保人不承担民事责任；如担保人有过错的，担保人承担民事责任的部分，不能超过债务人不能清偿部分的三分之一。

24. 在空白格式担保合同上签字是否具有法律效力

答复：有法律效力。

作为完全民事行为能力人，在签订合同时，应当仔细审核合同内容，在自身充分清楚、理解合同内容的前提下签字。核实债权人及真实债务情况，是保证人应尽的审慎注意义务，保证人在空白合同上签字，应该视为其放弃审查其担保债务的相关信息，不利后果应由保证人承担。

25. 公司为股东、实际控制人提供担保有效吗

答复：有效。

公司对外担保实质上属于担保人与债权人之间的合同行为，不因担保人未提供股东会或董事会决议而发生任何影响；担保人对债权人承担担保责任后，可以要求违反法律或公司章程的董事或高级管理人员承担民事责任。一般在债权人与公司股东利益冲突时，法律的天平倾向债权人。

26. 公司注销，公司存续期间有未清偿的债务该怎么办

答复：需要看公司在注销时是否按照法律规定进行清算，如果未清算的，即使公司注销，股东依然要对公司存续期间的债务承担清偿责任。

27. 机动车被质押，在质押期间，质押人驾驶机动车发生事故，应由谁担责

答复：应由肇事者担责。

该车辆出现交通事故，应由质押人来承担民事赔偿责任；因为债权人有保持质押物完好的义务，也就是说，以车作为质押物，债权人是无权私自动用的。

28. 担保人作为被执行人有唯一住房，是不是一定不会被执行

答复：不一定。最高人民法院于 2015 年 5 月 5 日颁布《关于人民法院办理执行异议和复议案件若干问题的规定》，在该规定中明确了被执行人名下仅有一套房产应如何执行的问题：一是被执行人名下仅有一套房屋，在执行程序中，人民法院保障的是被执行人的居住权，而不是房屋的所有权；二是这种居住权应是被执行人及所抚养的家属生存所必需的，否则就不属于必要的保障；三是这个保障是有期限的，所谓"救急不救穷"，不能将本应由政府承担的社会保障义务全部转嫁给申请执行人。因此，对被执行人名下仅有一套房产的情况，在满足一定条件之下是可以执行的。

No Overdue Debt

In The World

附二：

债权管理法规汇总

一、关于诉讼时效的法规汇总

备注:《中华人民共和国民法总则》(2017 年 10 月 1 日开始实施)第九章规定了诉讼时效,至此《民法通则》关于诉讼时效制度的部分条款被修订,未被修订的部分依旧有效,最重大的修改,莫过于普通诉讼时效由两年修改为三年。

1. 一般请求保护民事权利的诉讼时效为三年

《中华人民共和国民法总则》

第一百八十八条 向人民法院请求保护民事权利的诉讼时效期间为三年。法律另有规定的,依照其规定。

诉讼时效期间自权利人知道或者应当知道权利受到损害以及义务人之日起计算。法律另有规定的,依照其规定。但是自权利受到损害之日起超过二十年的,人民法院不予保护;有特殊情况的,人民法院可以根据权利人的申请决定延长。

2. 诉讼时效制度系强制性法律法规,人民法院不得主动援引,当事人约定无效

《中华人民共和国民法总则》

第一百九十三条 人民法院不得主动适用诉讼时效的规定。

第一百九十七条 诉讼时效的期间、计算方法以及中止、中断的事由由法律规定，当事人约定无效。

当事人对诉讼时效利益的预先放弃无效。

《最高人民法院关于审理民事案件适用诉讼时效制度若干问题的规定》

第二条　当事人违反法律规定，约定延长或者缩短诉讼时效期间、预先放弃诉讼时效利益的，人民法院不予认可。

第三条　当事人未提出诉讼时效抗辩，人民法院不应对诉讼时效问题进行释明及主动适用诉讼时效的规定进行裁判。

3. 引起诉讼时效中断的情形

《中华人民共和国民法总则》

第一百九十五条　有下列情形之一的，诉讼时效中断，从中断、有关程序终结时起，诉讼时效期间重新计算：

（一）权利人向义务人提出履行请求；

（二）义务人同意履行义务；

（三）权利人提起诉讼或者申请仲裁；

（四）与提起诉讼或者申请仲裁具有同等效力的其他情形。

《中华人民共和国民法通则》

第一百四十条　诉讼时效因提起诉讼、当事人一方提出要求或者同意履行义务而中断。从中断时起，诉讼时效期间重新计算。

《最高人民法院关于审理民事案件适用诉讼时效制度若干问题的规定》

第十条　具有下列情形之一的，应当认定为民法通则第一百四十条规定的"当事人一方提出要求"，产生诉讼时效中断的效力：

（一）当事人一方直接向对方当事人送交主张权利文书，对方当事人在文书上签字、盖章或者虽未签字、盖章但能够以其他方式证明该文书到达对方当事人的；

（二）当事人一方以发送信件或者数据电文方式主张权利，信件或者数据电文到达或者应当到达对方当事人的；

（三）当事人一方为金融机构，依照法律规定或者当事人约定从对方当事人账户中扣收欠款本息的；

（四）当事人一方下落不明，对方当事人在国家级或者下落不明的当事人一方住所地的省级有影响的媒体上刊登具有主张权利内容的公告的，但法律和司法解释另有特别规定的，适用其规定。

前款第（一）项情形中，对方当事人为法人或者其他组织的，签收人可以是其法定代表人、主要负责人、负责收发信件的部门或者被授权主体；对方当事人为自然人的，签收人可以是自然人本人、同住的具有完全行为能力的亲属或者被授权主体。

第十二条 当事人一方向人民法院提交起诉状或者口头起诉的，诉讼时效从提交起诉状或者口头起诉之日起中断。

第十三条 下列事项之一，人民法院应当认定与提起诉讼具有同等诉讼时效中断的效力：

（一）申请仲裁；

（二）申请支付令；

（三）申请破产、申报破产债权；

（四）为主张权利而申请宣告义务人失踪或死亡；

（五）申请诉前财产保全、诉前临时禁令等诉前措施；

（六）申请强制执行；

（七）申请追加当事人或者被通知参加诉讼；

（八）在诉讼中主张抵销；

（九）其他与提起诉讼具有同等诉讼时效中断效力的事项。

第十四条　权利人向人民调解委员会以及其他依法有权解决相关民事纠纷的国家机关、事业单位、社会团体等社会组织提出保护相应民事权利的请求，诉讼时效从提出请求之日起中断。

第十五条　权利人向公安机关、人民检察院、人民法院报案或者控告，请求保护其民事权利的，诉讼时效从其报案或者控告之日起中断。

上述机关决定不立案、撤销案件、不起诉的，诉讼时效期间从权利人知道或者应当知道不立案、撤销案件或者不起诉之日起重新计算；刑事案件进入审理阶段，诉讼时效期间从刑事裁判文书生效之日起重新计算。

第十六条　义务人作出分期履行、部分履行、提供担保、请求延期履行、制订清偿债务计划等承诺或者行为的，应当认定为民法通则第一百四十条规定的当事人一方"同意履行义务"。

4. 引起诉讼时效中止的情形

《中华人民共和国民法总则》

第一百九十四条　在诉讼时效期间的最后六个月内，因下列障碍，不能行使请求权的，诉讼时效中止：

（一）不可抗力；

（二）无民事行为能力人或者限制民事行为能力人没有法定代理人，或者法定代理人死亡、丧失民事行为能力、丧失代理权；

（三）继承开始后未确定继承人或者遗产管理人；

（四）权利人被义务人或者其他人控制；

（五）其他导致权利人不能行使请求权的障碍。

自中止时效的原因消除之日起满六个月，诉讼时效期间届满。

《最高人民法院关于审理民事案件适用诉讼时效制度若干问题的规定》

第二十条　有下列情形之一的，应当认定为民法通则第一百三十九条规定的"其他障碍"，诉讼时效中止：

（一）权利被侵害的无民事行为能力人、限制民事行为能力人没有法定代理人，或者法定代理人死亡、丧失代理权、丧失行为能力；

（二）继承开始后未确定继承人或者遗产管理人；

（三）权利人被义务人或者其他人控制无法主张权利；

（四）其他导致权利人不能主张权利的客观情形。

5. 诉讼时效届满当事人同意履行的，不得以诉讼时效抗辩

《中华人民共和国民法总则》

第一百九十二条　诉讼时效期间届满的，义务人可以提出不履行义务的抗辩。

诉讼时效期间届满后，义务人同意履行的，不得以诉讼时效期间届满为由抗辩；义务人已自愿履行的，不得请求返还。

《最高人民法院关于审理民事案件适用诉讼时效制度若干问题的规定》

第二十二条　诉讼时效期间届满，当事人一方向对方当事人作出同意履行义务的意思表示或者自愿履行义务后，又以诉讼时效期间届满为由进行抗辩的，人民法院不予支持。

《最高人民法院关于适用〈中华人民共和国担保法〉若干问题的解释》

第三十五条　保证人对已经超过诉讼时效期间的债务承担保证责任或者提供保证的，又以超过诉讼时效为由抗辩的，人民法院不予支持。

6. 超过诉讼时效期间当事人达成的还款协议受法律保护

《最高人民法院关于超过诉讼时效期间当事人达成的还款协议是否应当受法律保护问题的批复》

四川省高级人民法院：

你院川高法〔1996〕116 号《关于超过诉讼时效期限达成的还款协议是否应受法律保护的请示》收悉。经研究，答复如下：

超过诉讼时效期间，当事人双方就原债务达成的还款协议，属于新的债权、债务关系。根据《中华人民共和国民法通则》第九十条规定的精神，该还款协议应受法律保护。

此复。

最高人民法院

1997 年 4 月 16 日

7. 超过诉讼时效期间，债务人在催款通知单签字或盖章的行为，视为对原债务的重新确认

《最高人民法院关于超过诉讼时效期间借款人在催款通知单上签字或者盖章的法律效力问题的批复》

河北省高级人民法院：

你院〔1998〕冀经一请字第 38 号《关于超过诉讼时效期间信用社向借款人发出的"催收到期贷款通知单"是否受法律保护的请示》收悉。经研究，答复如下：

根据《中华人民共和国民法通则》第四条、第九十条规定的精神，对于超过诉讼时效期间，信用社向借款人发出催收到期贷款通知单，债务人在该通知单上签字或者盖章的，应当视为对原债务的重新确认，该债权债务关系应受法律保护。

此复

二、关于担保方式之定金的法规汇总

备注：法律规定的五种担保方式为抵押、质押、留置、保证、定金。

1. 定金适用双倍罚则

《中华人民共和国担保法》

第八十九条 当事人可以约定一方向对方给付定金作为债权的担保。债务人履行债务后，定金应当抵作价款或者收回。给付定金的一方不履行约定的债务的，无权要求返还定金；收受定金的一方不履行约定的债务的，应当双倍返还定金。

《中华人民共和国民法通则》

第八十九条 依照法律的规定或者按照当事人的约定，可以采用下列方式担保债务的履行：

......

（三）当事人一方在法律规定的范围内可以向对方给付定金。债务人履行债务后，定金应当抵作价款或者收回。给付定金的一方不履行债务的，无权要求返还定金；接受定金的一方不履行债务的，应当双倍返还定金。

......

《中华人民共和国合同法》

第一百一十五条 当事人可以依照《中华人民共和国担保法》约定一方向对方给付定金作为债权的担保。债务人履行债务后，定金应当抵作价款或者收回。给付定金的一方不履行约定的债务的，无权要求返还定金；收受定金的一方不履行约定的债务的，应当双倍返还定金。

2. 定金与违约金不能同时主张

《中华人民共和国民法通则》

第一百一十六条 当事人既约定违约金，又约定定金的，一方违约时，对方可以选择适用违约金或者定金条款。

3. 定金合同是要式合同、实践合同

《中华人民共和国民法通则》

第九十条 定金应当以书面形式约定。当事人在定金合同中应当约定交付定金的期限。定金合同从实际交付定金之日起生效。

第九十一条 定金的数额由当事人约定，但不得超过主合同标的额的百分之二十。

4. 因第三人过错导致合同不能履行的不影响向合同相对方承担定金责任

《最高人民法院关于因第三人的过错导致合同不能履行应如何适用定金罚则问题的复函》

江苏省高级人民法院：

你院关于因第三人的过错导致合同不能履行的，应如何适用定金罚则的请示收悉。经研究，答复如下：

凡当事人在合同中明确约定给付定金的，在实际交付定金后，如一方不履行合同除有法定免责的情况外，即应对其适用定金罚则。因该合同关系以外第三人的过错导致合同不能履行的，除该合同另有约定的外，仍应对违约方适用定金罚则。合同当事人一方在接受定金处罚后，可依法向第三人追偿。

此复

三、关于担保方式之保证的法规汇总

1. 何为保证

《中华人民共和国担保法》

第六条　本法所称保证，是指保证人和债权人约定，当债务人不履行债务时，保证人按照约定履行债务或者承担责任的行为。

2. 不能作为保证人的主体

《中华人民共和国担保法》

第八条　国家机关不得为保证人，但经国务院批准为使用外国政府或者国际经济组织贷款进行转贷的除外。

第九条　学校、幼儿园、医院等以公益为目的的事业单位、社会团体不得为保证人。

第十条　企业法人的分支机构、职能部门不得为保证人。

企业法人的分支机构有法人书面授权的，可以在授权范围内提供保证。

第十一条　任何单位和个人不得强令银行等金融机构或者企业为他人提供保证；银行等金融机构或者企业对强令其为他人提供保证的行为，有权拒绝。

《最高人民法院关于适用〈中华人民共和国担保法〉若干问题的解释》

第十四条 不具有完全代偿能力的法人、其他组织或者自然人，以保证人身份订立保证合同后，又以自己没有代偿能力要求免除保证责任的，人民法院不予支持。

3. 保证合同为要式合同

《中华人民共和国担保法》

第十三条 保证人与债权人应当以书面形式订立保证合同。

《最高人民法院关于适用〈中华人民共和国担保法〉若干问题的解释》

第二十二条 第三人单方以书面形式向债权人出具担保书，债权人接受且未提出异议的，保证合同成立。

主合同中虽然没有保证条款，但是，保证人在主合同上以保证人的身份签字或者盖章的，保证合同成立。

4. 保证合同具体内容约定不清的处理方式

《中华人民共和国担保法》

第十九条 当事人对保证方式没有约定或者约定不明确的，按照连带责任保证承担保证责任。

第二十一条 保证担保的范围包括主债权及利息、违约金、损害赔偿金和实现债权的费用。保证合同另有约定的，按照约定。

当事人对保证担保的范围没有约定或者约定不明确的，保证人应当对全部债务承担责任。

第二十二条 保证期间，债权人依法将主债权转让给第三人的，保证人在原保证担保的范围内继续承担保证责任。保证合同另有约定的，按照约定。

第二十五条 一般保证的保证人与债权人未约定保证期间的，保证期间为主债务履行期届满之日起六个月。

在合同约定的保证期间和前款规定的保证期间，债权人未对债务人提起诉讼或者申请仲裁的，保证人免除保证责任；债权人已提起诉讼或者申请仲裁的，保证期间适用诉讼时效中断的规定。

第二十六条 连带责任保证的保证人与债权人未约定保证期间的，债权人有权自主债务履行期届满之日起六个月内要求保证人承担保证责任。

在合同约定的保证期间和前款规定的保证期间，债权人未要求保证人承担保证责任的，保证人免除保证责任。

5. 保证担保与物的担保竞合的处理

《中华人民共和国物权法》

第一百七十六条 被担保的债权既有物的担保又有人的担保的，债务人不履行到期债务或者发生当事人约定的实现担保物权的情形，债权人应当按照约定实现债权；没有约定或者约定不明确，债务人自己提供物的担保的，债权人应当先就该物的担保实现债权；第三人提供物的担保的，债权人可以就物的担保实现债权，也可以要求保证人承担保证责任。提供担保的第三人承担担保责任后，有权向债务人追偿。

《中华人民共和国担保法》

第二十八条 同一债权既有保证又有物的担保的，保证人对物的担保以外的债权承担保证责任。

债权人放弃物的担保的，保证人在债权人放弃权利的范围内免除保证责任。

《最高人民法院关于适用〈中华人民共和国担保法〉若干问题的解释》

第三十八条 同一债权既有保证又有第三人提供物的担保的，债权人可以请求保证人或者物的担保人承担担保责任。当事人对保证担保的范围或者物的担保的范围没有约定或者约定不明的，承担了担保责任的担保人，可以向债务人追偿，也可以要求其他担保人清偿其应当分担的份额。

同一债权既有保证又有物的担保的，物的担保合同被确认无效或者被撤销，或者担保物因不可抗力的原因灭失而没有代位物的，保证人仍应当按合同的约定或者法律的规定承担保证责任。

债权人在主合同履行期届满后怠于行使担保物权，致使担保物的价值减少或者毁损、灭失的，视为债权人放弃部分或者全部物的担保。保证人在债权人放弃权利的范围内减轻或者免除保证责任。

6. 最高额保证

《中华人民共和国担保法》

第十四条 保证人与债权人可以就单个主合同分别订立保证合同，也可以协议在最高债权额限度内就一定期间连续发生的借款合同或者某项商品交易合同订立一个保证合同。

第二十七条 保证人依照本法第十四条规定就连续发生的债权作保证，未约定保证期间的，保证人可以随时书面通知债权人终止保证合同，但保证人对于通知到债权人前所发生的债权，承担保证责任。

《最高人民法院关于适用〈中华人民共和国担保法〉若干问题的解释》

第三十七条 最高额保证合同对保证期间没有约定或者约定不明的，如最高额保证合同约定有保证人清偿债务期限的，保证期间为清偿期限届满之日起六个月。没有约定债务清偿期限的，保证期间自最高额保证终止之日或自债权人收到保证人终止保证合同的书面通知到达之日起六个月。

7. 担保人的免责事由

《中华人民共和国物权法》

第一百七十五条 第三人提供担保，未经其书面同意，债权人允许债务人转移全部或者部分债务的，担保人不再承担相应的担保责任。

《中华人民共和国担保法》

第三十条 有下列情形之一的，保证人不承担民事责任：

（一）主合同当事人双方串通，骗取保证人提供保证的；

（二）主合同债权人采取欺诈、胁迫等手段，使保证人在违背真实意思的情况下提供保证的。

《最高人民法院关于适用〈中华人民共和国担保法〉若干问题的解释》

第二十八条 保证期间，债权人依法将主债权转让给第三人的，保证债权同时转让，保证人在原保证担保的范围内对受让人承担保证责任。但是保证人与债权人事先约定仅对特定的债权人承担保证责任或者禁止债权转让的，保证人不再承担保证责任。

第二十九条 保证期间，债权人许可债务人转让部分债务未经保证人书面同意的，保证人对未经其同意转让部分的债务，不再承担保证责任。但是，保证人仍应当对未转让部分的债务承担保证责任。

第三十条 保证期间，债权人与债务人对主合同数量、价款、币种、利率等内容作了变动，未经保证人同意的，如果减轻债务人的债务的，保证人仍应当对变更后的合同承担保证责任；如果加重债务人的债务的，保证人对加重的部分不承担保证责任。

债权人与债务人对主合同履行期限作了变动，未经保证人书面同意的，保证期间为原合同约定的或者法律规定的期间。

债权人与债务人协议变动主合同内容，但并未实际履行的，保证人仍应当承担保证责任。

第三十八条 同一债权既有保证又有第三人提供物的担保的，债权人可以请求保证人或者物的担保人承担担保责任。当事人对保证担保的范围或者物的担保的范围没有约定或者约定不明的，承担了担保责任的担保人，可以向债务人追偿，也可以要求其他担保人清偿其应当分担的份额。

同一债权既有保证又有物的担保的，物的担保合同被确认无效或者被撤销，或者担保物因不可抗力的原因灭失而没有代位物的，保证人仍应当按合同的约定或者法律的规定承担保证责任。

债权人在主合同履行期届满后怠于行使担保物权，致使担保物的价值减少或者毁损、灭失的，视为债权人放弃部分或者全部物的担保。保证人在债权人放弃权利的范围内减轻或者免除保证责任。

第三十九条 主合同当事人双方协议以新贷偿还旧贷，除保证人知道或者应当知道的外，保证人不承担民事责任。

新贷与旧贷系同一保证人的，不适用前款的规定。

第四十条　主合同债务人采取欺诈、胁迫等手段，使保证人在违背真实意思的情况下提供保证的，债权人知道或者应当知道欺诈、胁迫事实的，按照担保法第三十条的规定处理。

四、关于担保方式之抵押的法规汇总

1. 何为抵押

《中华人民共和国担保法》

第三十三条　本法所称抵押，是指债务人或者第三人不转移对本法第三十四条所列财产的占有，将该财产作为债权的担保。债务人不履行债务时，债权人有权依照本法规定以该财产折价或者以拍卖、变卖该财产的价款优先受偿。

前款规定的债务人或者第三人为抵押人，债权人为抵押权人，提供担保的财产为抵押物。

2. 抵押合同为要式合同

《中华人民共和国物权法》

第一百八十五条　设立抵押权，当事人应当采取书面形式订立抵押合同。

抵押合同一般包括下列条款：

（一）被担保债权的种类和数额；

（二）债务人履行债务的期限；

（三）抵押财产的名称、数量、质量、状况、所在地、所有权归属或者使用权归属；

（四）担保的范围。

《中华人民共和国担保法》

第三十八条 抵押人和抵押权人应当以书面形式订立抵押合同。

3. 不动产抵押

《中华人民共和国物权法》

第一百八十七条 以本法第一百八十条第一款第一项至第三项规定的财产或者第五项规定的正在建造的建筑物抵押的，应当办理抵押登记。抵押权自登记时设立。

第一百八十条 债务人或者第三人有权处分的下列财产可以抵押：

（一）建筑物和其他土地附着物；

（二）建设用地使用权；

（三）以招标、拍卖、公开协商等方式取得的荒地等土地承包经营权；

（四）生产设备、原材料、半成品、产品；

（五）正在建造的建筑物、船舶、航空器；

（六）交通运输工具；

（七）法律、行政法规未禁止抵押的其他财产。

抵押人可以将前款所列财产一并抵押。

《中华人民共和国担保法》

第四十一条 当事人以本法第四十二条规定的财产抵押的，应当办理抵押物登记，抵押合同自登记之日起生效。

第四十二条 办理抵押物登记的部门如下：

（一）以无地上定着物的土地使用权抵押的，为核发土地使用权证书的土地管理部门；

（二）以城市房地产或者乡（镇）、村企业的厂房等建筑物抵押的，为县级以上地方人民政府规定的部门；

（三）以林木抵押的，为县级以上林木主管部门；

（四）以航空器、船舶、车辆抵押的，为运输工具的登记部门；

（五）以企业的设备和其他动产抵押的，为财产所在地的工商行政管理部门。

4. 动产抵押

《中华人民共和国物权法》

第一百八十八条　以本法第一百八十条第一款第四项、第六项规定的财产或者第五项规定的正在建造的船舶、航空器抵押的，抵押权自抵押合同生效时设立；未经登记，不得对抗善意第三人。

《中华人民共和国担保法》

第四十三条　当事人以其他财产抵押的，可以自愿办理抵押物登记，抵押合同自签订之日起生效。

当事人未办理抵押物登记的，不得对抗第三人。当事人办理抵押物登记的，登记部门为抵押人所在地的公证部门。

5. 抵押不破租赁，但转让已设定抵押的抵押物，必须通知抵押权人或告知受让人

《中华人民共和国担保法》

第四十八条　抵押人将已出租的财产抵押的，应当书面告知承租人，原租赁合同继续有效。

第四十九条　抵押期间，抵押人转让已办理登记的抵押物的，应当通知抵押权人并告知受让人转让物已经抵押的情况；抵押人未通知抵押权人或者未告知受让人的，转让行为无效。

《中华人民共和国物权法》

第一百九十条 订立抵押合同前抵押财产已出租的，原租赁关系不受该抵押权的影响。抵押权设立后抵押财产出租的，该租赁关系不得对抗已登记的抵押权。

6. 抵押权转移的从属性

《中华人民共和国物权法》

第一百九十二条 抵押权不得与债权分离而单独转让或者作为其他债权的担保。债权转让的，担保该债权的抵押权一并转让，但法律另有规定或者当事人另有约定的除外。

《中华人民共和国担保法》

第五十条 抵押权不得与债权分离而单独转让或者作为其他债权的担保。

7. 抵押权的实现

《中华人民共和国物权法》

第一百七十条 担保物权人在债务人不履行到期债务或者发生当事人约定的实现担保物权的情形，依法享有就担保财产优先受偿的权利，但法律另有规定的除外。

第一百七十四条 担保期间，担保财产毁损、灭失或者被征收等，担保物权人可以就获得的保险金、赔偿金或者补偿金等优先受偿。被担保债权的履行期未届满的，也可以提存该保险金、赔偿金或者补偿金等。

第一百九十五条 债务人不履行到期债务或者发生当事人约定的实现抵押权的情形，抵押权人可以与抵押人协议以抵押财产折价或者以拍卖、变卖该抵押财产所得的价款优先受偿。协议损害其他债权人利益的，其他债权人可以在知道或者应当知道撤销事由之日起一年内请求人民法院撤销该协议。

抵押权人与抵押人未就抵押权实现方式达成协议的，抵押权人可以请求人民法院拍卖、变卖抵押财产。

抵押财产折价或者变卖的，应当参照市场价格。

《中华人民共和国担保法》

第五十三条 债务履行期届满抵押权人未受清偿的，可以与抵押人协议以抵押物折价或者以拍卖、变卖该抵押物所得的价款受偿；协议不成的，抵押权人可以向人民法院提起诉讼。

抵押物折价或者拍卖、变卖后，其价款超过债权数额的部分归抵押人所有，不足部分由债务人清偿。

第五十四条 同一财产向两个以上债权人抵押的，拍卖、变卖抵押物所得的价款按照以下规定清偿：

（一）抵押合同以登记生效的，按照抵押物登记的先后顺序清偿；顺序相同的，按照债权比例清偿；

（二）抵押合同自签订之日起生效的，该抵押物已登记的，按照本条第（一）项规定清偿；未登记的，按照合同生效时间的先后顺序清偿，顺序相同的，按照债权比例清偿。抵押物已登记的先于未登记的受偿。

五、关于担保方式之质押的法规汇总

1. 何为动产质押

《中华人民共和国物权法》

第二百零八条 为担保债务的履行，债务人或者第三人将其动产出质给债权人占有的，债务人不履行到期债务或者发生当事人约定的实现质权的情形，债权人有权就该动产优先受偿。

前款规定的债务人或者第三人为出质人，债权人为质权人，交付的动产为质押财产。

《中华人民共和国担保法》

第六十三条 本法所称动产质押，是指债务人或者第三人将其动产移交债权人占有，将该动产作为债权的担保。债务人不履行债务时，债权人有权依照本法规定以该动产折价或者以拍卖、变卖该动产的价款优先受偿。

前款规定的债务人或者第三人为出质人，债权人为质权人，移交的动产为质物。

2. 权利质权

《中华人民共和国物权法》

第二百二十三条 债务人或者第三人有权处分的下列权利可以出质：

（一）汇票、支票、本票；

（二）债券、存款单；

（三）仓单、提单；

（四）可以转让的基金份额、股权；

（五）可以转让的注册商标专用权、专利权、著作权等知识产权中的财产权；

（六）应收账款；

（七）法律、行政法规规定可以出质的其他财产权利。

《中华人民共和国担保法》

第七十五条　下列权利可以质押：

（一）汇票、支票、本票、债券、存款单、仓单、提单；

（二）依法可以转让的股份、股票；

（三）依法可以转让的商标专用权，专利权、著作权中的财产权；

（四）依法可以质押的其他权利。

3. 质押合同为要式合同及质权的设立

《中华人民共和国物权法》

第二百一十条　设立质权，当事人应当采取书面形式订立质权合同。

质权合同一般包括下列条款：

（一）被担保债权的种类和数额；

（二）债务人履行债务的期限；

（三）质押财产的名称、数量、质量、状况；

（四）担保的范围；

（五）质押财产交付的时间。

第二百一十二条　质权自出质人交付质押财产时设立。

《中华人民共和国担保法》

第六十四条　出质人和质权人应当以书面形式订立质押合同。

质押合同自质物移交于质权人占有时生效。

第七十六条　以汇票、支票、本票、债券、存款单、仓单、提单出质的，应当在合同约定的期限内将权利凭证交付质权人。质押合同自权利凭证交付之日起生效。

第七十八条　以依法可以转让的股票出质的，出质人与质权人应当订立书面合同，并向证券登记机构办理出质登记。质押合同自登记之日起生效。

股票出质后，不得转让，但经出质人与质权人协商同意的可以转让。出质人转让股票所得的价款应当向质权人提前清偿所担保的债权或者向与质权人约定的第三人提存。

以有限责任公司的股份出质的，适用公司法股份转让的有关规定。质押合同自股份出质记载于股东名册之日起生效。

第七十九条 以依法可以转让的商标专用权，专利权、著作权中的财产权出质的，出质人与质权人应当订立书面合同，并向其管理部门办理出质登记。质押合同自登记之日起生效。

六、关于担保方式之留置的法规汇总

1. 何为留置

《中华人民共和国物权法》

第二百三十条 债务人不履行到期债务，债权人可以留置已经合法占有的债务人的动产，并有权就该动产优先受偿。

前款规定的债权人为留置权人，占有的动产为留置财产。

《中华人民共和国担保法》

第八十四条 本法所称留置，是指依照本法第八十四条的规定，债权人按照合同约定占有债务人的动产，债务人不按照合同约定的期限履行债务的，债权人有权依照本法规定留置该财产，以该财产折价或者以拍卖、变卖该财产的价款优先受偿。

2. 可以设定留置的情形

《中华人民共和国担保法》

第八十四条 因保管合同、运输合同、加工承揽合同发生的债权，债务人不履行债务的，债权人有留置权。

法律规定可以留置的其他合同，适用前款规定。

当事人可以在合同中约定不得留置的物。

3. 留置权消灭的情形

《中华人民共和国物权法》

第一百七十七条　有下列情形之一的，担保物权消灭：

（一）主债权消灭；

（二）担保物权实现；

（三）债权人放弃担保物权；

（四）法律规定担保物权消灭的其他情形。

《中华人民共和国担保法》

第八十八条　留置权因下列原因消灭：

（一）债权消灭的；

（二）债务人另行提供担保并被债权人接受的。

4. 留置权的实现

《中华人民共和国物权法》

第二百三十六条　留置权人与债务人应当约定留置财产后的债务履行期间；没有约定或者约定不明确的，留置权人应当给债务人两个月以上履行债务的期间，但鲜活易腐等不易保管的动产除外。债务人逾期未履行的，留置权人可以与债务人协议以留置财产折价，也可以就拍卖、变卖留置财产所得的价款优先受偿。

留置财产折价或者变卖的，应当参照市场价格。

《中华人民共和国担保法》

第八十七条　债权人与债务人应当在合同中约定，债权人留置财产后，债务人应当在不少于两个月的期限内履行债务。债权人与债务人在合同中未约定的，债权人留置债务人财产后，应当确定两个月以上的期限，通知债务人在该期限内履行债务。

债务人逾期仍不履行的，债权人可以与债务人协议以留置物折价，也可以依法拍卖、变卖留置物。

留置物折价或者拍卖、变卖后，其价款超过债权数额的部分归债务人所有，不足部分由债务人清偿。

七、关于配偶责任的法规汇总

《最高人民法院关于审理涉及夫妻债务纠纷案件适用法律有关问题的解释》

第一条　夫妻双方共同签字或者夫妻一方事后追认等共同意思表示所负的债务，应当认定为夫妻共同债务。

第三条　夫妻一方在婚姻关系存续期间以个人名义超出家庭日常生活需要所负的债务，债权人以属于夫妻共同债务为由主张权利的，人民法院不予支持，但债权人能够证明该债务用于夫妻共同生活、共同生产经营或者基于夫妻双方共同意思表示的除外。

八、关于诉讼程序中各程序期间的法规汇总

1. 关于期间的概括性规定

《中华人民共和国民法总则》

第二百条　民法所称的期间按照公历年、月、日、小时计算。

第二百零一条　按照年、月、日计算期间的，开始的当日不计入，自下一日开始计算。

按照小时计算期间的，自法律规定或者当事人约定的时间开始计算。

第二百零二条　按照年、月计算期间的，到期月的对应日为期间的最后一日；没有对应日的，月末日为期间的最后一日。

第二百零三条　期间的最后一日是法定休假日的，以法定休假日结束的次日为期间的最后一日。

期间的最后一日的截止时间为二十四时；有业务时间的，停止业务活动的时间为截止时间。

第二百零四条　期间的计算方法依照本法的规定，但是法律另有规定或者当事人另有约定的除外。

《中华人民共和国民事诉讼法》

第八十二条　期间包括法定期间和人民法院指定的期间。

期间以时、日、月、年计算。期间开始的时和日，不计算在期间内。

期间届满的最后一日是节假日的，以节假日后的第一日为期间届满的日期。

期间不包括在途时间，诉讼文书在期满前交邮的，不算过期。

2. 关于诉讼中各期间的具体规定

《中华人民共和国民事诉讼法》

第一百四十九条　人民法院适用普通程序审理的案件，应当在立案之日起六个月内审结。有特殊情况需要延长的，由本院院长批准，可以延长六个月；还需要延长的，报请上级人民法院批准（一审普通程序的审限）。

第一百六十一条　人民法院适用简易程序审理案件，应当在立案之日起三个月内审结（简易程序的审限）。

第一百七十六条 人民法院审理对判决的上诉案件，应当在第二审立案之日起三个月内审结。有特殊情况需要延长的，由本院院长批准。

人民法院审理对裁定的上诉案件，应当在第二审立案之日起三十日内作出终审裁定（上诉案件的审限）。

第二百零四条第一款 人民法院应当自收到再审申请书之日起三个月内审查，符合本法规定的，裁定再审；不符合本法规定的，裁定驳回申请。有特殊情况需要延长的，由本院院长批准（再审申请的审查期限）。

第二百零五条 当事人申请再审，应当在判决、裁定发生法律效力后六个月内提出；有本法第二百条第一项、第三项、第十二项、第十三项规定情形的，自知道或者应当知道之日起六个月内提出（当事人申请再审的期限）。

第二百零九条 有下列情形之一的，当事人可以向人民检察院申请检察建议或者抗诉：

（一）人民法院驳回再审申请的；

（二）人民法院逾期未对再审申请作出裁定的；

（三）再审判决、裁定有明显错误的。

人民检察院对当事人的申请应当在三个月内进行审查，作出提出或者不予提出检察建议或者抗诉的决定。当事人不得再次向人民检察院申请检察建议或者抗诉（当事人申请再审检察建议或抗诉的审查期限）。

第二百三十九条 申请执行的期间为二年。申请执行时效的中止、中断，适用法律有关诉讼时效中止、中断的规定。

前款规定的期间，从法律文书规定履行期间的最后一日起计算；法律文书规定分期履行的，从规定的每次履行期间的最后一日起计算；法律文书未规定履行期间的，从法律文书生效之日起计算（申请执行的期限）。

九、关于善意取得的法规汇总

《中华人民共和国物权法》

第一百零六条 无处分权人将不动产或者动产转让给受让人的，所有权人有权追回；除法律另有规定外，符合下列情形的，受让人取得该不动产或者动产的所有权：

（一）受让人受让该不动产或者动产时是善意的；

（二）以合理的价格转让；

（三）转让的不动产或者动产依照法律规定应当登记的已经登记，不需要登记的已经交付给受让人。

受让人依照前款规定取得不动产或者动产的所有权的，原所有权人有权向无处分权人请求赔偿损失。

当事人善意取得其他物权的，参照前两款规定。

《最高人民法院关于适用〈中华人民共和国物权法〉若干问题的解释（一）》

第十八条 物权法第一百零六条第一款第一项所称的"受让人受让该不动产或者动产时"，是指依法完成不动产物权转移登记或者动产交付之时。

当事人以物权法第二十五条规定的方式交付动产的，转让动产法律行为生效时为动产交付之时；当事人以物权法第二十六条规定的方式交付动产的，转让人与受让人之间有关转让返还原物请求权的协议生效时为动产交付之时。

法律对不动产、动产物权的设立另有规定的，应当按照法律规定的时间认定权利人是否为善意。

第十九条 物权法第一百零六条第一款第二项所称"合理的价格"，应当根据转让标的物的性质、数量以及付款方式等具体情况，参考转让时交易地市场价格以及交易习惯等因素综合认定。

第二十条 转让人将物权法第二十四条规定的船舶、航空器和机动车等交付给受让人的，应当认定符合物权法第一百零六条第一款第三项规定的善意取得的条件。

第二十一条 具有下列情形之一，受让人主张根据物权法第一百零六条规定取得所有权的，不予支持：

（一）转让合同因违反合同法第五十二条规定被认定无效；

（二）转让合同因受让人存在欺诈、胁迫或者乘人之危等法定事由被撤销。

十、关于执行措施的法规汇总

1. 报告财产

《中华人民共和国民事诉讼法》

第二百四十一条 被执行人未按执行通知履行法律文书确定的义务，应当报告当前以及收到执行通知之日前一年的财产情况。被执行人拒绝报告或者虚假报告的，人民法院可以根据情节轻重对被执行人或者其法定代理人、有关单位的主要负责人或者直接责任人员予以罚款、拘留。

《最高人民法院关于适用〈中华人民共和国民事诉讼法〉执行程序若干问题的解释》

第三十一条 人民法院依照民事诉讼法第二百一十七条（现应为二百四十一条）规定责令被执行人报告财产情况的，应当向其发出报告财产令。报告财产令中应当写明报告财产的范围、报告财产的期间、拒绝报告或者虚假报告的法律后果等内容。

第三十二条 被执行人依照民事诉讼法第二百一十七条（现应为二百四十一条）的规定，应当书面报告下列财产情况：

（一）收入、银行存款、现金、有价证券；

（二）土地使用权、房屋等不动产；

（三）交通运输工具、机器设备、产品、原材料等动产；

（四）债权、股权、投资权益、基金、知识产权等财产性权利；

（五）其他应当报告的财产。

被执行人自收到执行通知之日前一年至当前财产发生变动的，应当对该变动情况进行报告。

被执行人在报告财产期间履行全部债务的，人民法院应当裁定终结报告程序。

第三十三条 被执行人报告财产后，其财产情况发生变动，影响申请执行人债权实现的，应当自财产变动之日起十日内向人民法院补充报告。

2. 查询财产

《中华人民共和国民事诉讼法》

第二百四十一条 被执行人未按执行通知履行法律文书确定的义

务，人民法院有权向银行、信用合作社和其他有储蓄业务的单位查询被执行人的存款情况，有权冻结、划拨被执行人的存款，但查询、冻结、划拨存款不得超出被执行人应当履行义务的范围。

人民法院决定冻结、划拨存款，应当作出裁定，并发出协助执行通知书，银行、信用合作社和其他有储蓄业务的单位必须办理。

3. 查封、扣押、冻结、拍卖、变卖

《中华人民共和国民事诉讼法》

第二百四十二条　被执行人未按执行通知履行法律文书确定的义务，人民法院有权向有关单位查询被执行人的存款、债券、股票、基金份额等财产情况。人民法院有权根据不同情形扣押、冻结、划拨、变价被执行人的财产。人民法院查询、扣押、冻结、划拨、变价的财产不得超出被执行人应当履行义务的范围。

人民法院决定扣押、冻结、划拨、变价财产，应当作出裁定，并发出协助执行通知书，有关单位必须办理。

第二百四十三条　被执行人未按执行通知履行法律文书确定的义务，人民法院有权扣留、提取被执行人应当履行义务部分的收入。但应当保留被执行人及其所扶养家属的生活必需费用。

人民法院扣留、提取收入时，应当作出裁定，并发出协助执行通知书，被执行人所在单位、银行、信用合作社和其他有储蓄业务的单位必须办理。

第二百四十四条　被执行人未按执行通知履行法律文书确定的义务，人民法院有权查封、扣押、冻结、拍卖、变卖被执行人应当履行义务部分的财产。但应当保留被执行人及其所扶养家属的生活必需品。

采取前款措施，人民法院应当作出裁定。

第二百四十七条　财产被查封、扣押后，执行员应当责令被执行人在指定期间履行法律文书确定的义务。被执行人逾期不履行的，人民法院可以按照规定交有关单位拍卖或者变卖被查封、扣押的财产。国家禁止自由买卖的物品，交有关单位按照国家规定的价格收购。

《最高人民法院关于人民法院民事执行中查封、扣押、冻结财产的规定》

（该规定于 2005 年 1 月 1 日施行，于 2008 年 12 月 16 日修订）

《最高人民法院关于人民法院网络司法拍卖若干问题的规定》

第二条　人民法院以拍卖方式处置财产的，应当采取网络司法拍卖方式，但法律、行政法规和司法解释规定必须通过其他途径处置，或者不宜采用网络拍卖方式处置的除外。

第十条　网络司法拍卖应当确定保留价，拍卖保留价即为起拍价。

起拍价由人民法院参照评估价确定；未作评估的，参照市价确定，并征询当事人意见。起拍价不得低于评估价或者市价的百分之七十。

第十一条　网络司法拍卖不限制竞买人数量。一人参与竞拍，出价不低于起拍价的，拍卖成交。

4. 拉入失信人名单

《最高人民法院关于公布失信被执行人名单信息的若干规定》

第一条　被执行人未履行生效法律文书确定的义务，并具有下列情形之一的，人民法院应当将其纳入失信被执行人名单，依法对其进行信用惩戒：

（一）有履行能力而拒不履行生效法律文书确定义务的；

（二）以伪造证据、暴力、威胁等方法妨碍、抗拒执行的；

（三）以虚假诉讼、虚假仲裁或者以隐匿、转移财产等方法规避执行的；

（四）违反财产报告制度的；

（五）违反限制消费令的；

（六）无正当理由拒不履行执行和解协议的。

第二条 被执行人具有本规定第一条第二项至第六项规定情形的，纳入失信被执行人名单的期限为二年。被执行人以暴力、威胁方法妨碍、抗拒执行情节严重或具有多项失信行为的，可以延长一至三年。

失信被执行人积极履行生效法律文书确定义务或主动纠正失信行为的，人民法院可以决定提前删除失信信息。

第三条 具有下列情形之一的，人民法院不得依据本规定第一条第一项的规定将被执行人纳入失信被执行人名单：

（一）提供了充分有效担保的；

（二）已被采取查封、扣押、冻结等措施的财产足以清偿生效法律文书确定债务的；

（三）被执行人履行顺序在后，对其依法不应强制执行的；

（四）其他不属于有履行能力而拒不履行生效法律文书确定义务的情形。

第四条 被执行人为未成年人的，人民法院不得将其纳入失信被执行人名单。

5. 限制高消费

《最高人民法院关于限制被执行人高消费的若干规定》

第一条 被执行人未按执行通知书指定的期间履行生效法律文书确定的给付义务的，人民法院可以采取限制消费措施，限制其高消费及非生活或者经营必需的有关消费。

纳入失信被执行人名单的被执行人，人民法院应当对其采取限制消费措施。

第三条 被执行人为自然人的，被采取限制消费措施后，不得有以下高消费及非生活和工作必需的消费行为：

（一）乘坐交通工具时，选择飞机、列车软卧、轮船二等以上舱位；

（二）在星级以上宾馆、酒店、夜总会、高尔夫球场等场所进行高消费；

（三）购买不动产或者新建、扩建、高档装修房屋；

（四）租赁高档写字楼、宾馆、公寓等场所办公；

（五）购买非经营必需车辆；

（六）旅游、度假；

（七）子女就读高收费私立学校；

（八）支付高额保费购买保险理财产品；

（九）乘坐 G 字头动车组列车全部座位、其他动车组列车一等以上座位等其他非生活和工作必需的消费行为。

被执行人为单位的，被采取限制消费措施后，被执行人及其法定代表人、主要负责人、影响债务履行的直接责任人员、实际控制人不得实施前款规定的行为。因私消费以个人财产实施前款规定行为的，可以向执行法院提出申请。执行法院审查属实的，应予准许。

第九条　在限制消费期间，被执行人提供确实有效的担保或者经申请执行人同意的，人民法院可以解除限制消费令；被执行人履行完毕生效法律文书确定的义务的，人民法院应当在本规定第六条通知或者公告的范围内及时以通知或者公告解除限制消费令。

第十一条　被执行人违反限制消费令进行消费的行为属于拒不履行人民法院已经发生法律效力的判决、裁定的行为，经查证属实的，依照《中华人民共和国民事诉讼法》第一百一十一条的规定，予以拘留、罚款；情节严重，构成犯罪的，追究其刑事责任。

6. 拘留

《中华人民共和国民事诉讼法》

第一百一十一条　诉讼参与人或者其他人有下列行为之一的，人民法院可以根据情节轻重予以罚款、拘留；构成犯罪的，依法追究刑事责任：

　　……

（六）拒不履行人民法院已经发生法律效力的判决、裁定的。

人民法院对有前款规定的行为之一的单位，可以对其主要负责人或者直接责任人员予以罚款、拘留；构成犯罪的，依法追究刑事责任。

第一百一十五条　对个人的罚款金额，为人民币十万元以下。对单位的罚款金额，为人民币五万元以上一百万元以下。

拘留的期限，为十五日以下。

被拘留的人，由人民法院交公安机关看管。在拘留期间，被拘留人承认并改正错误的，人民法院可以决定提前解除拘留。

7. 限制出境、征信记录及媒体公布

《中华人民共和国民事诉讼法》

第二百五十五条 被执行人不履行法律文书确定的义务的，人民法院可以对其采取或者通知有关单位协助采取限制出境，在征信系统记录、通过媒体公布不履行义务信息以及法律规定的其他措施。

《最高人民法院关于适用〈中华人民共和国民事诉讼法〉执行程序若干问题的解释》

第三十六条 依照民事诉讼法第二百三十一条规定对被执行人限制出境的，应当由申请执行人向执行法院提出书面申请；必要时，执行法院可以依职权决定。

第三十九条 依照民事诉讼法第二百三十一条的规定，执行法院可以依职权或者依申请执行人的申请，将被执行人不履行法律文书确定义务的信息，通过报纸、广播、电视、互联网等媒体公布。

媒体公布的有关费用，由被执行人负担；申请执行人申请在媒体公布的，应当垫付有关费用。

8. 执行担保

《最高人民法院关于执行担保若干问题的规定》

第一条 本规定所称执行担保，是指担保人依照民事诉讼法第二百三十一条规定，为担保被执行人履行生效法律文书确定的全部或者部分义务，向人民法院提供的担保。

第二条 执行担保可以由被执行人提供财产担保，也可以由他人提供财产担保或者保证。

后　记

　　由凯文·科斯特纳与惠特尼·休斯顿主演的经典电影《保镖》里，有一个经纪人叫鲍曼。他在惠特尼·休斯顿饰演的梅伦冒着危险演出时，对身为保镖的弗兰克说，"我懂你的意思，你要尽保护之责，但你必须明白瑞秋也有事情要做，那就是她要做的事，上台表演，瞧，她现在很红，这是她的时代，先撇开那疯子的恐吓，如果她不去演唱，就是死路一条"。这句话道出了所有做信用销售公司的无奈，也凸显了公司里销售和风控的冲突。

　　但是，正如梅伦得知杀手会出现奥斯卡典礼时，说出了片中最经典的一段话："我有今天，不是靠苟且偷安，你呢，你在危险边缘生活，有没有做过不理智的事，在感情上却认为应该做，我知道你有过，因为没有感情成不了高手……。所以，我要参加奥斯卡典礼，看我会不会得奖，而且我一点也不担心，因为……有你护卫我。"

　　这部影片生动地诠释了公司风控和发展的关系，公司要发展就不能惧怕风险，而风控部门的主要职责是风险防范与博弈，谈"险"色变不是一流企业家精神的表现。但一个公司不懂风险管控的基本功、最新经营与管理理念和技术，一方面无法驾驭风险提升经济收益，另一方面会因为缺乏基本的风险防御能力涉险经营，上演步步惊心的剧情！我们认为中国企业的债权风险控制能力和企业转型升级能力是健康长寿的两大基石，所以要想成为"长寿企业"，企业家应当充分重视风险管控并拿出实际的行动和预算。同时，风控部门应当管理风险、驾驭风险，保障公司业务健康发展，让风控部门成为公司核心竞争力与利润产出部门之一。

回归到本书，债权管理本质就是管理信用，对公司可能产生的债权风险进行预防和管理，减少甚至消除债权风险。如同片中弗兰克守护梅伦母子安全一样，债权管理守护的是公司的现金流和资金安全。

我认为相对于计划经济，市场经济的活力主要在于交易方式的自由化和多元化，只要买卖双方觉得有利可图，合法合情，可以采取信用销售方式进行交易。很多国内企业为了获取竞争优势，采取信用方式营销产品，取得了企业效益和社会效益的双赢，但信用销售最大的问题是人的信用问题，现实中每个人的信用参差不齐，信用值处于动态变化中，所以才催生出了债权管理这门学科，解决产品"卖得出"后钱"收得回"的问题。通过多年实践，我们深感现实中具有完整体系的债权管理理论很少，信用销售时代强烈呼唤具有体系性、来源于实践又高于实践、操作性强的债权管理实战手册。这恰恰是我们团队写作的使命感，也是我们回报、感恩这个时代的动力源泉。我们希望通过提炼、创新债权管理知识和技能，推动我国信用经济的蓬勃发展。

我们也在不断总结，如果非要从专业角度找唯一一个关键点形容债权管理的秘诀，那就是"一把手的重视度"。一把手充分重视债权管理，给予债权部门充足的资源支持和信任，有利于企业充分利用债权管理技术，提升经营质量和可持续发展。

债权管理的高阶是全员风险意识的培养和塑造，要将公司风险管理意识渗透到经营的每个单元细胞中，需要公司管理层、销售、售后、财务、研发、生产等部门协作共赢。债权管理部门可以做好债权管理，但无法做好债权风险管理文化的普及并形成有效执行力。这也是我们最终要告诉企业家们的价值取向，让公司全体员工都学习本书内容，只有每位员工都深谙债权风险管理之道，公司才能真正实现长治久安，基业长青。

本书写作团队，每天都在接触大量债权管理案例，致力于研究中国企业债权管理、信用管理、风险管控建设，协助提供解决方案。我们以此为乐，以此为业，愿意帮助认同我们思想和价值观的企业提升债权管理能力。我们也会基于实践变化与新技术突破，不断研发、创造出最新的债权管理知识和理念，并通过"法阁咨询"公众号推送给大家。希望我们创造的管理知识，能够切实解决您的需求和痛点。

本书写作团队专家组：

序号	专家名称	擅长领域	手机号	微信号	备注
1	王世全	债权管理体系建设	18310012550	18310012550	债权管理培训专家
2	任立华	合规、风控、内训	15109570571	497036995	法阁咨询创始人
3	李 瑞	债权管理	13389514711	13389514711	法阁咨询专家
法阁咨询邮箱		fagezixun@163.com			

任立华

写于思静阁

2018 年 5 月 3 日